大宋

风云中国史

重文轻武的
大宋王朝

史海渔夫◎著

U0720994

中国铁道出版社有限公司
CHINA RAILWAY PUBLISHING HOUSE CO., LTD.

图书在版编目（CIP）数据

风云中国史：重文轻武的大宋王朝 / 史海渔夫著 . —北京：
中国铁道出版社有限公司 , 2024.8
ISBN 978-7-113-31199-5

Ⅰ . ①风… Ⅱ . ①史… Ⅲ . ①中国历史－宋代－通俗读物
Ⅳ . ① K244.09

中国国家版本馆 CIP 数据核字（2024）第 085803 号

书　　名：风云中国史：重文轻武的大宋王朝
　　　　　FENGYUN ZHONGGUOSHI : ZHONGWEN QINGWU DE DA SONG WANGCHAO
作　　者：史海渔夫

责任编辑：荆然子　马慧君　　　　电　　话：（010）51873005
装帧设计：尚明龙
责任校对：刘　畅
责任印制：赵星辰

出版发行：中国铁道出版社有限公司（100054，北京市西城区右安门西街 8 号）
网　　址：http://www.tdpress.com
印　　刷：河北燕山印务有限公司
版　　次：2024 年 8 月第 1 版　2024 年 8 月第 1 次印刷
开　　本：710 mm×1 000 mm　1/16　印张：14.25　字数：198 千
书　　号：ISBN 978-7-113-31199-5
定　　价：88.00 元

序

宋朝在我国历史上是一个很奇特的朝代。

这是一个物质高度发达的朝代。我们一贯把唐朝称为"盛唐"，但人口与之相差无几的宋朝，其国内生产总值（GDP）却是唐朝的 3 ~ 7 倍，占到了当时全球总量的一半以上（一说占到 80%）。

这是一个科技极为发达的朝代。中国引以为傲的古代四大发明中，活字印刷术是这个时期发明的，火药和指南针则在这一时期取得重大的技术突破，并被广泛应用于军事和航海活动中。这三大发明，都对后来世界历史的发展进程产生了巨大而深远的影响。在数学、天文学、医药学等诸多领域，宋代也居于世界领先地位。

这是一个文化极为辉煌灿烂的朝代。理学、文学、史学、艺术等领域硕果累累，为筛选官员而建立的科举考试推进了教育制度的发展，印刷品的广泛传播促进了文学的交流与对艺术的鉴赏。司马光，沈括，王安石，"二程"（程颢、程颐），"三苏"（苏洵、苏轼、苏辙），曾巩，欧阳修，黄庭坚，米芾，蔡襄，张择端，朱熹，陆游，杨万里，范成大，辛弃疾，范宽，李清照……一个个闪亮的名字，直到今天，还为人景仰。

这是一个社会高度自由的朝代。务工、经商、种田、读书、做官，抑或风风火火闯神州，你都尽可发挥你的才能。

然而这又是一个屈辱的朝代。在用兵打仗这个问题上，堂堂大宋朝总是显得那么无能和孱弱。本该一路顺风顺水走下去的王朝，最终只能在蒙古骑兵的铮铮铁蹄下，堕入万劫不复的深渊。

怎不叫人喜忧参半！

本书以纵横捭阖的笔法，讲述了宋朝三百年波澜壮阔而又充满矛盾与纠结的历史。有对宋朝高度文明的政治、文化生态的褒扬，也有对其军事、外交败笔的解读和抨击，更有对其兴亡沧桑的深思。

本书通俗易懂，雅俗共赏。既没有正史的艰深枯燥，又不似野史的信口开河，而是以生动幽默的文笔叙述严肃的历史故事，全面详细地剖析历史事件，解读历史人物，研读历史智慧，力图给读者还原一个直观而又贴近生活的宋代历史。

衷心感谢您对本书的关注，希望本书能带给您不一样的感受。

目 录

第一章　好的开始是成功的一半

一场没有腥风血雨的改朝换代

中国古代改朝换代多伴随着阴谋诡计和无情杀戮，哪怕面对的是自己的至亲也毫不例外。然而，大宋王朝的建立却几乎没有流一滴血，神州大地在一片祥和中变了天……

960 年正月初的一天，在一个叫陈桥驿的地方（今河南封丘东南陈桥镇），一群军人找来一件黄衣服，套在一个三十三岁的中年人身上，然后山呼"万岁"。由此，战乱频仍、生灵涂炭的"五代十国"将结束，统一的宋王朝正式登上中国历史的舞台。而这一出历史大剧的总导演，就是历史上大名鼎鼎的宋太祖赵匡胤。

927 年，赵匡胤诞生在洛阳夹马营的一个军人世家里。赵匡胤出生时家道已然衰落。他的父亲赵弘殷原来是一位赫赫有名的战将，是后唐庄宗李存勖面前的红人，庄宗遇害后受到牵连，淡出了政坛。受家庭影响，赵匡胤从小就喜爱武术，练就了一身好功夫。传说太祖拳、双节棍就是赵匡胤自创的。他从小就是孩子王，放学后玩游戏的时候，指挥小孩们排兵布阵，头头是道。

当时社会非常动荡，藩镇割据，战乱频繁。自从 907 年朱温建立后梁，此后五十多年的时间里，整个中国陷入了军阀混战之中，每个军阀只要手上有足够强大的兵力，就不惜代价地想要称帝，因此各种短命的政权走马灯似的更替。连年的战乱苦了普通百姓，连一个稳定的社会环

境都没有，哪还谈得上什么安居乐业呢？当然，乱世出英雄，混乱的时局也给了赵匡胤飞黄腾达的机会。

945年，赵匡胤结婚成家。娶妻之后，他毅然告别家人，风风火火闯神州，决心干出一番大事业。他先是去投奔父亲以前做官时的朋友，但世态炎凉，两年来他四处碰壁，不但没有得到关怀和帮助，反而受到了不少的白眼和冷遇。

他曾去复州（今湖北仙桃市）投奔王彦超，可是王彦超看他落魄的样子，只给了他一些钱就打发他走了！

幸好天无绝人之路，在他最困窘的时候，俗世间的人不愿帮他，出家人却对他伸出了援助之手。他离开复州后，肚饿无钱，便来到一家寺庙后的菜园偷菜吃。寺院的老僧看他相貌堂堂，不但没有怪罪他，反而留他在佛堂用斋。赵匡胤得志后，派人给那个老和尚盖了一座大寺庙报恩，取名晋安寺。

后来他又投靠随州刺史董宗本，虽然董宗本收留了他，但董宗本的儿子董遵诲却嫉妒他的才干，处处和他作对，有一次竟然对他说："自从你来了随州，城头上就有一股紫云笼罩着。昨晚我做梦，梦见有一条黑龙向北方飞去了。你知不知道这是什么征兆？"赵匡胤听了，心知肚明，只好离开随州。

他离开随州来到襄阳，已是囊空如洗，跑到一家寺庙借宿，主持懂看相，说他相貌非凡，往北走会有所成就，于是送给他路费，资助他北上。

北去的路上，有一天，赵匡胤进了一个庙宇，看见香案上有占卜吉凶的竹签，于是他一边祷告，一边抛掷竹签，想知道自己将来的命运。第一次问的是能不能当个小校，后来又问能不能当个节度使，可是连问好几次，都是不行；他有些气愤，恨恨地脱口而出："难道是做皇帝吗？"之后，他随手一抛。不料竹签一下现出吉兆，这给了他很多信心。

从此，他在心中就立下了要当皇帝的宏愿。

人们常说，心有多大，舞台就有多大。正是因为赵匡胤的心中有了做皇帝的梦想，从而激发出了无穷的斗志。他愈益变得坚毅和成熟，虽经千难万险，仍不堕凌云之志。

950年，志存高远的赵匡胤经过河北大名县时，当时的后汉枢密使郭威正在这里招募军队。于是，身手不错的赵匡胤就在这里入伍，成为军队里普通的一员，这也成了他人生的重要转折点。

赵匡胤当然不会满足于永远当个小小的士兵。

951年，郭威政变成功，改汉为周，是为周太祖，他提拔了在政变中表现出色的赵匡胤，让他在皇宫禁卫军里当了个小官。开封府尹柴荣是郭威的养子，后来赵匡胤又得到他的赏识并投至他的麾下。郭威一生没有儿子，他去世后，柴荣继承了皇位，是为周世宗。

周世宗具有统一天下的野心，并且治国有方。他很器重赵匡胤，为他提供了施展才华的空间。

周世宗即位后，赵匡胤随之被调到中央禁军任重要职务。同年二月，北汉对后周发动进攻，赵匡胤随周世宗前往迎敌。双方部队在高平（今属山西省）相遇，遂展开激战。战斗开始不久，北汉军队就占了上风。后周大将樊爱能、何徽畏敌如虎，一见阵势不好，竟临阵脱逃，一时间后周军队阵脚大乱，情形十分危急。此时的赵匡胤却很冷静，在他的建议下，周世宗将身边的禁军分为两部，一部由张永德指挥，抢占制高点，居高临下，以密集的箭矢压住敌人的进攻；另一支由赵匡胤率领，从左翼直扑敌阵。北汉军队抵挡不住这突如其来的冲击，纷纷败退，后周军队终于转败为胜。

赵匡胤以高平之战的出色表现，受到了周世宗的进一步赏识。战后，他不但被破格提拔为殿前都虞候，成为后周禁军的高级将领，而且还被委以整顿禁军的重任。在赵匡胤亲自主持下，后周禁军完成了淘汰老弱病残、调选精壮和组建殿前司诸军的工作。

赵匡胤利用主持整顿的机会，开始在军中培植自己的势力。他将罗彦环、郭延斌、田重进、潘美、米信、张琼、王彦升等亲信安排在殿前司诸军任中基层将领，同时又以自己高级将领的身份，主动与其他中高级将领交结，并同其中的高级将领石守信、王审琦、韩重赟、李继勋、

刘庆义、刘守忠、刘廷让、王政忠、杨光义结拜为"义社十兄弟"，形成一个以赵匡胤为核心的势力。

从956年到958年，周世宗对南唐前后发起过三次进攻，逼迫南唐将江北十四州的土地割让给后周。在整个战役中，赵匡胤表现得最为突出，被提升为忠武军节度使兼殿前都指挥使。

自南唐战役后，赵匡胤不仅注重在军队中结交武将，也开始对文人比较重视了。赵普、王仁瞻、楚昭辅、李处耘等重要臣属都是在这前后被他招致在麾下成为心腹幕僚的。除此之外，赵匡胤也准备改善自己的"老粗"形象，开始研读经史，立志文武兼备。

经过数年准备，赵匡胤几乎具备了发动政变的所有条件：结识了大批文人武将，自己又功名显赫，声名在外。政变可以说是"万事俱备、只欠东风"了。

这时，上天又赐给了赵匡胤一个绝好的机会。

959年，周世宗逝世，七岁的幼子柴宗训继位。一时间，人心惶惶。史书说："时人咸谓天下无主。"这就是说，当时的人们一下子没了主心骨，觉得偌大个国家突然就没有了主人了。

随后半年，禁军高级将领的安排，发生了对赵匡胤绝对有利的变动。整个殿前司系统的所有高级将领的职务均由赵匡胤的亲信担任。

这时候又发生了一件突如其来的事。960年正月初一，后周君臣正在朝贺新年，突然接到辽和北汉联兵入侵的战报。柴宗训征求了宰相范质、王溥的同意后，令赵匡胤率领禁军前往迎敌。

出发后，前进中的后周部队突然接到命令，在离京城汴梁（今河南省开封市）东北五十多里的陈桥驿驻扎下来。将校们一个个神情严肃、紧张，街上岗哨林立，一队队士兵穿梭般地来往巡行，气氛显得非同寻常。

不久，有传言在军队中很快传开了："主上年幼，未能亲政，我们这些人出生入死为国家打仗，他能知道吗？""有道理，我们的点检为人仗义，英武盖世，不如先策点检为天子，然后再北征！""对，咱们一块找点检去！"众人顿时群情激昂，有人带头呼喊着，叫嚷着，围住了点检赵匡胤的大帐。

当时，天刚蒙蒙亮，赵匡胤被呼喊声吵醒。他披衣走出大帐，见一群将校个个手执兵器，列队于帐前，他们齐声喊道："诸将无主，愿策点检为天子！"

赵匡胤还没来得及开口，已被大伙儿簇拥到厅堂。这时，有人把一件早已预备好的黄袍罩在赵匡胤的身上，然后众人口呼"万岁"，拜跪于地。

赵匡胤本想推辞，这时赵普高声说道："主帅素来爱兵如子，此次拥立如不应允，这些将校兵士将会落个大逆不道的罪名，必将死无葬身之地，主帅还是应允了吧！""对！应允了吧"！全体将士齐声呼喊着。

见此情景，赵匡胤装着无可奈何的样子说："你们立我为天子，必须听我的命令，否则我不应允！"

将士们异口同声地说："我们愿意听你的！"

"那好，现在我宣布两条纪律：第一，返回京城，不得抢掠、扰乱百姓；第二，少帝和太后都是我所侍奉的，公卿大臣都是我的平辈，你们不能伤害他们，以往改朝换代，都要大杀大抢，你们不能这样，如有违反，格杀勿论！"

几万大军一听，一起磕头表示服从。

当天下午，赵匡胤率领部队返回汴梁。京城中早有人接应，文武百官，列于殿前，欢迎新皇帝登基。因为赵匡胤所领的军队驻扎地为宋州（今河南省商丘市睢阳区），于是改国号为宋。

这就是历史上著名的"陈桥兵变""黄袍加身"的故事。至此，大宋王朝在中国历史上登场。

应当说，这是中国历史上极为成功的一次政变，几乎没流一滴血就完成了。赵匡胤干得相当不错。

厚道的"杯酒释兵权"

做了皇帝的赵匡胤同历代专制帝王一样，也深信军权是打江山和维持统治的基础，因此他必须把军权牢牢地握在手里。只不过，他没有采用杀戮的方式，而是采取喝酒谈心这类"厚道"的方式来实现，这就是历史上的"杯酒释兵权"……

春秋时期的范蠡帮助卧薪尝胆的越王勾践灭了吴国后，深知勾践此人可以同患难、不能同富贵，于是隐居起来，并留书一封给一同辅佐勾践的大夫文种说："飞鸟尽，良弓藏；狡兔死，走狗烹；敌国灭，谋臣亡。"这句话的意思是说：飞鸟都被射杀了，弓箭也就该歇歇了；兔子已经逮住了，捕猎的狗不正好用来美餐一顿吗？敌国已被消灭，那些建立了千秋功业的大臣们，也就该死到临头了。

可惜文种没有将范蠡的话当回事，结果在猜忌心极重的勾践逼迫下自杀。

不知是否自文种始，在此后绵延数千年的中国历史上，开国君王往往卸磨杀驴、过河拆桥，特别残忍、特别无情地剿杀开国功臣几乎成了历朝历代的惯例，遂令人们每每翻检史书时，总会对中国传统政治蕴含的险恶不寒而栗。

幸好，还有一个人让我们感到了一丝暖意，这个人就是赵匡胤。

建隆二年（961年）七月初七日晚，已经做了一年皇帝的赵匡胤留石守信、王审琦等禁军武将参加晚宴。酒至半酣，赵匡胤以亲切的语气对石守信等人低声说道："我能当上天子，全靠你们出了大力，我非常感谢。然而你们哪里知道，当皇帝也难得很，弄得我天天睡不着。"

石守信等人面面相觑，不知怎么回事，急忙问赵匡胤还有什么难处。赵匡胤说："你们想想，谁不想当皇帝？所以说，我的心里能安稳吗？"

石守信等人听话听音，吓出了一身冷汗，赶紧向赵匡胤发誓表忠心："陛下当上皇帝，是天命，我们决不会有异心。"

赵匡胤接着说："你们确实不会有异心。但是，你们想想，谁能保证你们的部属，不会为了贪图富贵，将黄袍加在你身上，拥立你当皇帝？"

石守信等人一听，汗都吓出来了，赶紧流着泪对赵匡胤说："我们可没想到这一层，还望陛下给我们指一条出路。"

赵匡胤这才说出了早就想好的解除他们禁军职务的办法："人生在世，无非是贪图荣华富贵，为子孙造福，我为你们考虑，最好的办法是放弃军权，离开京城，到外地去当个闲官，享清福，买田买屋，留给子孙。这样，你们可以永葆富贵，饮酒作乐，以终天年；如此，我同你们之间，也就用不着互相猜疑提防，可以上下相安。"

石守信等人听了赵匡胤这番话，知道自己再也不能掌军权，当面向赵匡胤称谢指点迷津之恩。第二天，武将们都称病，请求免去禁军重职。赵匡胤立即批准了他们的请求，罢去了原职，改命石守信、高怀德、王审琦、张令铎、赵彦徽等为节度使，并对他们加以重赏。从此，中央禁军的兵权，收归赵匡胤直接掌管。

为了"安抚"被释去兵权的石守信等人，赵匡胤不但向他们赏赐了大量的钱财，而且表示要同他们结为亲戚，"约婚以示无间"。不久，太祖寡居在家的妹妹燕国长公主就嫁给了高怀德，女儿延庆公主、昭庆公主则分别下嫁石守信之子和王审琦之子。除年幼夭折的以外，太祖只有一妹三女，她们中竟有三位下嫁到了被释去兵权的禁军高级将领家中，说明这种婚姻是有着强烈的政治色彩的。这不但使石守信等人在一失一得中获得了一种心理平衡，进而消除了"鸟尽弓藏，兔死狗烹"的疑惧，而且作为一种象征，也表明宋初皇帝与曾经拥立过皇帝的功臣宿将之间的矛盾也终于得到了较为合理的解决。

就这样，赵匡胤采用酷似梁山泊好汉们仗义疏财的方式，大块吃肉，大碗喝酒，大秤分金银，将功臣武将们手中的大权一点一点地赎买了回来。从当时的情况看，这的确是一切可能的选择中最好的一种。赵匡胤也成为中国古代少数不杀功臣的开国帝王。

由是观之，应该说赵匡胤是一个非常大气的政治家。这种大气建立在他对人情世故烂熟于心、对宏观大势与人的微观心理都具有极强的洞察力上，因而显出一种特别富有人性魅力、在中国人中极其罕见的王者风范。这种王者风范，是一种恢宏大度的行为方式和气质，不做作，很本色，有人情的味道。这和古今中外历史上常见的，将龌龊的内容隐藏在神圣的名义之下，通过阴谋的方式凶残地表现出来的所谓"雄才大略"，完全是不同的两回事儿，比秦始皇嬴政、汉高祖刘邦、汉武帝刘彻、明太祖朱元璋、明成祖朱棣这几位号称雄才大略者的角色要高明得太多了；甚至与"政治完人"唐太宗李世民比较起来，也不遑多让，或许还要出色几分。

"卧榻之旁，岂容他人酣睡"

"卧榻之旁，岂容他人酣睡"，是中国一条著名的成语，意思是说自己的床铺边，怎么能让别人呼呼大睡呢？用以比喻自己的势力范围或利益不容许别人侵占。可你知道吗？这句话最初就是出自赵匡胤之口……

宋建国后，虽然赵匡胤采取"杯酒释兵权"的方式使内部政局得到了平定，但是在宋的辖区外，北边有实力强盛的辽国和辽国控制下的北汉，南方有吴越、南唐、荆南、南汉、后蜀等割据政权。除去了境内的心腹之患，赵匡胤便把眼光投向了境外。

在宰相赵普的帮助谋划下，赵匡胤决定采取"先南后北"的策略统一中国。

建隆三年（962 年）九月，割据湖南的武平节度使周行逢病死，他年幼的儿子周保权继承其位，其下大将张文表盘踞衡州（今湖南衡阳），乘机起兵造反，发兵攻占了潭州（今湖南长沙），企图取而代之。周保权一面率军抵挡，一面派人向宋求援，这就给赵匡胤扫平荆湖提供了一个很好的出兵机会。

赵匡胤调遣兵将以讨伐张文表的名义从襄阳（今湖北襄阳）出兵湖南。当时宋军挺进湖南，要经过荆南节度使高继冲割据的地方。宋军早就探明，这个高继冲只有三万军队，且国内政事混乱。乾德元年（963 年），宋军兵临江陵府，要求借道过境，高继冲束手无策，仓皇出城迎接。等他再次回到江陵城的时候，发现宋军已经布满了大街小巷，他只好捧出三州十七县的图籍，表示归顺宋朝。

此时，周保权的军队已经打败了张文表的叛军。宋军却不管这个，继续向湖南进发，周保权这才意识到此次宋军其实是冲着自己来的，他赶忙组织军队固守于朗州城，但无奈大势已去，朗州很快城破，湖南全境落入宋军手中。周保权躲到澧水南岸的一个寺庙里，最终也被宋军擒获。

乾德二年（964 年）十月，赵匡胤以后蜀主孟昶暗中与北汉勾结，企图夹击宋朝为借口，任命王全斌为统帅，率兵六万分两路向后蜀进军。一路由王全斌、崔彦进率领自剑门（今四川剑阁北）入蜀，一路由刘光义、曹彬率领从三峡入川。

此时的后蜀君臣还在"天府之国"肆意挥霍。国主孟昶更是万般宠幸花蕊夫人。花蕊夫人很喜欢芙蓉花，孟昶就为美丽的花蕊夫人在城里城外种满了芙蓉花。每当芙蓉盛开，沿城四十里远近，都如铺了锦绣一般。四川成都由此有了"蓉城"之名。可惜，蓉城之名留下了，孟昶的蜀国却失去了。在宋军的凌厉攻势下，蜀军三战三败，成都很快就落入宋军的包围之下。乾德三年正月，孟昶出城向宋军缴械投降，后蜀灭亡。

消灭后蜀之后，宋军将下一个进攻的目标对准了南汉。开宝三年（970 年）十一月，赵匡胤命潘美为统帅，大举进攻南汉。孱弱的南汉哪是对手，至次年二月即告兵败国亡。南汉灭亡之后，南方剩下的最后三个割据政权个个自危，恐慌异常。他们纷纷上表称臣，接受宋朝的官职。

此时，割据政权中仅剩下了南唐。南唐是"五代十国"时期最大的一个割据政权，那里土地肥沃，在"五代十国"的割据局面中也没有像中原那样遭到战争的破坏，因此经济繁荣，国力富裕。但不幸的是，这

时候的南唐国主叫李煜。

李煜（937—978），史称李后主。他是一位天才的艺术家，为中国文学留下了许多辉煌的篇章。然而，作为一个政治家，他却非常不称职。

就在宋攻打南汉的时候，为了自保，李煜主动上书赵匡胤要求取消国号，放弃皇帝的称号，改称"江南国主"。他幼稚地认为只要自己示弱，不停地上贡，赵匡胤就会放过他，任他偏安于东南一隅。然而，心系天下的宋太祖怎能容忍他的存在呢？因此，当后蜀平定之后，赵匡胤便着手进行对南唐的战争。

不过，这时的赵匡胤还不敢轻举妄动。原来，南唐有一位勇猛无敌的武将名叫林仁肇，赵匡胤素来忌惮他的威名，认为他是宋朝灭南唐的一大障碍，因此决计先除掉他。

恰巧开宝四年（971年），李煜派其弟李从善前来朝贡，赵匡胤忽然心生一计，当即热情款待李从善，并把他留下任泰宁军节度使。李从善不敢违命，只得报告李煜。李煜也不知这宋太祖的葫芦里卖的是什么药，正好想通过李从善探听一些宋朝的情况，便同意他在宋朝任职。赵匡胤又派一名使者到林仁肇那里，用钱财贿赂林的仆人，搞到了一张林仁肇的画像。使者拿着画像回来后，赵匡胤命人把画像挂在自己的侧室。

一天，李从善来见宋太祖，侍从先把他领到侧室。李从善一眼就看到了林仁肇的画像，不解地问道："这是我国武将林仁肇的画像，怎么会挂在这里？"

侍从支支吾吾，欲言又止，半天才说："你已经是宋朝的人了，告诉你也没什么。皇上爱惜林仁肇的才干，下诏书让他来京城，他已经答应投降，先送来画像以表诚心归顺。"

侍从又指着附近一座华美富丽的房子说："听说皇上准备把这所房子赐给林仁肇，等他到了京城，还要封他为节度使呢！"

李从善立即回江南向李煜报告了此事。

愚蠢的李煜真的怀疑林仁肇怀有二心，便在一次设宴招待林仁肇时，让人事先在酒里下药，毒死了林仁肇。赵匡胤听到林仁肇的死讯后，立即发兵，很快就消灭了南唐。

史书记载说，就在宋军刚开始进攻南唐时，天真烂漫的李煜曾派使节去质问赵匡胤："我们已经够奴颜婢膝的了，况且又没招你惹你，你为什么一定要置我们南唐于死地呢？"赵匡胤则充满霸气地说出了那句直到今天还左右着许多中国人头脑的著名格言："卧榻之旁，岂容他人酣睡！"

颇有诗情画意的李煜只好做了宋朝的俘虏，最终吟唱着"故国不堪回首月明中"的哀婉词曲结束了曾经浪漫多情的人生。

重建中央集权与"重文抑武"国策的施行

作为宋朝的开国皇帝，赵匡胤关心的不仅仅是开疆拓土、实现统一大业，还有重建中央集权的专制统治。为此，他采取了一系列的措施，维护其统治……

赵匡胤夺得天下后，五代十国频繁更替政权的情势，让他心有余悸，所以在他统治时期，就要想方设法将一些隐患消除。就这个问题，他向以"半部论语治天下"扬名于世的赵普询问。赵普认为，要想消除隐患就须做到十二个字：稍夺其权，制其钱谷，收其精兵。赵匡胤深以为然，便以此为方针，分别从政权、财权、军权这三个方面来达到强本弱枝、居重驭轻的目的。

首先是"稍夺其权"，即削弱中央行政首长（即宰相）和地方官府的权力。

在古代中国，如果说能够对专制皇权起到一点制约作用的，那就是"一人之下，万人之上"的宰相。为了分化相权，赵匡胤将过去由宰相统筹负责的行政、军政、财政三大权力分别由中书省、枢密院与三司行使，从而达到分化相权、降低宰相地位的功效。当然，相权的削弱，并不代表宋朝皇权的恣意妄为，此是后话，暂且不表。

对削弱地方势力，赵匡胤也毫不含糊。乾德元年（963年），在平定了荆湖以后，赵匡胤即做出废除荆湖地区"支郡"的规定。他宣布，新征服地区仍保留节度使，但节度使驻地以外的州郡"直属京师"；同时，逐渐向各州郡派遣文臣出任"知州"，最终形成了宋代的"以文臣知州事"的制度。同年，赵匡胤又订立了两项限制州郡长官权力过重的措施。一是"三岁一易"，使"知州""知县"在一地任职以三年为限，不得久任。另一项措施是在州郡设立通判。通判名义上是与知州共同判理政务的，其地位略低于知州，但事实上由于其负有监督州郡长官的特殊使命（故通判又称监州、监郡），知州往往还要怵其三分。这样，两者共掌政权，互相牵制，分散和削弱了地方长官的权力。

其次是"制其钱谷"，即收夺地方上的财权。

唐末五代以来，拥有重兵的藩镇，往往兼领数州，不但操纵地方军事，也操纵着地方的财权。藩镇在财政来源、征收办法方面，自成一个不受中央管束的体制。即藩镇不但控制了国家税收的主要来源——两税（在农村征收的夏、秋二税），并通过征收过境商税和自营贸易，为它们军事上的专横跋扈提供了雄厚的物质基础。相反，中央财政则因州县上供财物日见减弱而虚竭。这就构成了"君弱臣强"的经济基础。

赵匡胤把改革军事机构的原则和经验，应用到改革经济制度上来。自建隆二年（961年）开始，赵匡胤陆续采取果断而有成效地收回财权的措施。一是由中央直接派京官主持地方税收，不许藩镇插手。路设转运使，州委通判，管领诸州县财政。酒坊、盐场等国家专利单位，增设场务监官。以上官员均由中央直接差遣。二是明令地方财政收入，除本地行政开支经费所需之外，其余全部输送京师，州县"不得占留"。三是限制州府官员私自贩卖牟利活动。

从此，地方财权收归中央。

第三是"收其精兵"，即收回地方兵权。

赵匡胤将厢军、乡兵等地方军中的精锐将士，统统抽调到中央禁军，使禁军人数扩充到几十万，而地方部队只剩下一些老弱兵员，只能充当杂役，缺乏作战能力，根本无法和中央禁军抗衡，这就摧毁了地方反抗中央的军事基础。

从此以后，出现了"天下之权悉归朝廷""四方万里之遥，奉遵京师"的新型的中央与地方的关系。在以后两宋三百多年的统治中，赵匡胤所确立的这种中央与地方的关系作为"祖宗之法"的主要内容，一直为宋代君臣所恪守。

为了从根本上解决皇权之忧，赵匡胤还首创了"重文抑武"的国策，并将之发挥到了极致。

历朝历代，开国之初大多是武盛文衰，而解决不好"马上得"与"马下治"的关系，往往会形成积弊，遗患无穷。赵匡胤认识到了这一点，所以他"杯酒释兵权"，建立"以文臣知州事"的制度外，又着力改变重武轻文的旧风气，特别是放宽科举考试的范围和创立皇帝亲自复试的殿试制度，使大批文人进入宋朝统治集团。

五代时期，武臣当道，文教不兴，校舍大多荒废。赵匡胤便下诏增修国子监学舍。不仅如此，他还下令修复孔庙，开辟儒馆，沿用耆学名儒。他还对隋唐就已兴起的科举制度进行了改革和推进。在中国历代王朝中，严格的门阀制度使朝廷漏选了大批有真才实学的人，这一选人痼疾在赵匡胤开始的宋朝得到了彻底纠正。一个人只要有才学，无论家庭贫富、声望高低，都可以被录取重用。随着这一政策的实行，大批文人进入了统治集团。赵匡胤终于有效扭转了唐末五代以来统治阶级内部畸形的文武关系。

不过，赵匡胤时期建立的"重文抑武"国策只能算是萌芽状态，真正完成则是在其弟宋太宗赵光义之时。

太宗不断加大取士规模，本来宋初每年参加省试的不过两千人，而在宋太宗时期，一次贡举考试即增至五千三百人。宋太宗还不断促进科举考试的严密，严防考官利用考试作弊。另外，他还亲自为自五代以来一直被忽视的昭文馆、史馆、集贤馆选定新址，并确定新名称：崇文院。建成后的崇文院精美壮观，其华丽堪比皇宫。

崇文院为宋代贮藏图书的官署。唐太宗贞观中设崇文馆，为太子学院，置学士等官，掌管东宫经籍图书，以教授诸学。宋建立后，沿袭唐代旧制，以汴京（开封）之昭文馆、史馆、集贤院为三馆，称为西馆。太平兴国三年（978 年），赵匡胤下令建三馆书院，迁贮三馆书籍。

皇帝的态度就是施政的风向标，赵匡胤、赵光义以及后来宋朝历代的皇帝对武人的态度，无一例外都是压制，而同时将文臣推举到一个无以复加的至高位置。文臣的社会地位之高，历史上任何一个朝代都无法比拟。

朝廷的重要职位全部由那些通过科举考试进入官场的读书人占据。这些人自称"天子门生"，不仅长期把持着宰相的高位，甚至将向来以武将任职的枢密使也占据着。士子们一旦通过了进士考试，便可以朝见皇上。那场面之疯狂，简直可以用万人空巷来形容。时人曾经发出这样的感慨："纵使一位大将于万里之外立功凯旋所受的欢迎，也不过如此。"宋朝"文人上位，武人为庶"的情况从当时流行的一句俗语中也可以看出来："好男不当兵，好铁不打钉。"

总之，宋代统治者对文人的待遇之高、风头之盛，真是令后世叹为观止。

客观地讲，宋代统治者"重文抑武"的国策，确实达到了加强中央集权的目的，同时使得宋朝出现了一大批充满了使命感的文人雅士，他们发出"为天地立心，为生民立命，为往圣继绝学，为万世开太平"的豪言壮语。有宋一代，赵匡胤所担心的五代十国时期那样的篡权弑君的事情，一直没有发生。而且在国家危亡之际，一些爱国的士大夫如李纲、胡铨、文天祥、陆秀夫等优秀的爱国志士确实没有辜负皇恩，他们奋起救国，死而后已，感人至深。正如明末大儒顾炎武所感叹的那样，恰恰是由于宋朝对文人的厚待，才使得"靖康之变，志士投袂，起而勤王。临难不屈，所在有之。及宋之亡，忠节相望"。这些文人士大夫"威武不屈、贫贱不移、富贵不淫"的精神也深深地影响了一代又一代的中华儿女。

但是，正所谓"凡事有度、过犹不及"，达不到，固然好，但若是做过了头,同样会带来危害。赵匡胤开创的"重文抑武"政策就是如此,它虽然消除了政权被武人取代的危险,但却走向了另一个极端,大大削弱了宋朝军队的战斗力,且埋下了隐患。

宋朝的统治者没有认识到,文人和武将是一个国家不可或缺的两个重要群体,二者关系要做好权衡,国家才能昌盛;过分抬高一个群体,打压另一个群体,二者的关系失衡,就会给国家带来灾难。相对于对文人的厚遇,宋代统治者对武人的冷遇真是令人心寒。先是太祖皇帝导演杯酒释兵权的好戏,相继罢掉了石守信等人的兵权,而任用一些资历较低的军官统帅禁军,以便于控制;然后又派文臣到各地任知州,取代了武人的权利;在朝廷内着力打压一些功勋卓著的悍将如张琼等人,这一切都使得在朝的武人战战兢兢、如履薄冰。

到了太宗一朝,对武人的打压更进一步。由于太宗取得政权的方式有颇多蹊跷,对武人尤其防范,武将出兵打仗,照例需由皇帝派文臣到军中做监军监督,弱不禁风的书生有几个通晓军事?因此他们与武将意见多有不合,使得将帅与监军之间的矛盾屡见不鲜,甚至出现监军逼死将帅却不用担负责任的先例。这样的军队焉有打胜仗之理?

由于宋朝诸帝,不管宋王朝的边患有多严重,依旧冥顽不化地片面行使"重文抑武"的政策,使得军队战斗力极弱,在对外战争中,败多胜少,一步步走上了灭国的悲剧。

正所谓"成也萧何,败也萧何",倘若宋太祖赵匡胤九泉有知,不知该怎样评价自己亲手缔造的"重文抑武"的国策?

"可爱"的"祖宗家法"

中国许多朝代的开国皇帝总要制定一些所谓的"祖宗家法",以便子孙后代效仿和执行。那么,赵家天子的"祖宗家法"又是什么样的呢……

一提起"祖宗家法",很多人会觉得这是一个贬义词,往往代表着

墨守成规、不思进取，甚至愚昧腐朽等。

确实，遍观中国历史，这种看法并非没有道理。

然而，凡事不可"一棍子打死"。至少对大宋王朝的"祖宗家法"来说，这种看法并不全面，甚至有害。

"太祖勒石，锁置殿中，使嗣君即位，入而跪读，其约有三……"

在中国所有世代里，只有宋太祖赵匡胤，以至高无上的开国皇帝之尊，给自己的子孙留下了这样的誓约：

一、保全柴氏子孙，不得因有罪加刑；

二、不得杀士大夫及上书言事之人；

三、不加农田之赋。

在这份誓约中，赵匡胤严厉地警告后世子孙，不得背弃上述誓言，否则是为不祥，将遭天谴。

在五千年中华文明史中，这是唯一一份出自皇帝之手、带有人性光辉的誓约。其意图，在于约束自己的子孙不要作恶。据说，这块刻着誓约的石碑，置于太庙寝殿的夹室内，封闭甚严。新天子继位时，朝拜完太庙，必须礼启后，跪着默诵誓词。届时，只有一个不识字的内侍跟随，其他人只能远远恭候。因此，除了历任皇帝，没有人知道誓约的内容。1127年，"靖康之变"后，宫门全部被打开，人们才一睹其神秘容颜。据说，该石碑高七八尺，阔约四尺余。碑文乃大宋的"祖宗家法"，世世传承。

纵观整个宋朝历史，第一条誓言，保全柴氏子孙，宋家天子的确做得很好。《水浒传》里的柴进柴大官人，虽然上了梁山，但他却是自愿的，并未有人相逼。况且小说里的事，不是历史上的真实。

对于第二条，大宋王朝则做得太出色了。

在宋朝，"礼不下庶人，刑不上大夫"这句话得到了充分的发挥。

如果你是个满腹经纶的才子，又喜欢玩"穿越"的话，那你最应该去的朝代就是宋朝。因为在宋朝，文官的地位非常之高，就算是你出言忤逆了当朝天子，放心好了，皇帝绝对不会因为恼羞成怒就要了你的小命。更不会因为你发表了一些过激言论，就要定你一个满门抄斩。在清朝那种因为一首诗就被杀头的"文字狱"，在宋朝是很难看到的。

宋朝的文官可以"放肆"到什么程度呢？很多人认为宋朝最昏庸的皇帝非宋徽宗莫属，那么我们不妨先来看一个与他有关的故事。

在宋朝，皇帝上朝的时候，文武百官可以在大殿之上畅所欲言，可能是针对某一件事情，也有可能是针对某一种现象，总之是什么时候说完了，什么时候退朝。

有一天，宋徽宗上朝，文武百官们照旧是针对各种朝政之事展开了激烈的讨论。就在这个时候，一个官员突然站出来，声明要弹劾大太监童贯。

童贯在漫长的中国历史中，可以说是前无古人后无来者。他是一位掌控军权最大的宦官，是获得爵位最高的宦官，是第一位代表国家出使的宦官，是唯一一位被册封为王的宦官。

想要弹劾童贯，需要不小的勇气，然而这个官员还真有胆量。在大殿之上，他开始了长篇大论，大有不达目的誓不罢休的架势。宋徽宗虽然被后人视为昏庸之帝，但他也一直坐在龙椅上，耐着性子听。

一般来说，皇帝上朝都是从早上开始，到中午就会结束，毕竟皇上也得回去吃饭。结果这个大臣一看皇帝肯听自己阐述观点，心里一高兴，就忘记了时间。从早上说到中午、从中午说到了晚上，眼看着就要夕阳西下了，旁边的文武百官一个个早就饿得前胸贴后背。

宋徽宗也早就饿了，只是碍于面子，不好意思开口，眼看西边的太阳就要下山了，他饿得实在受不了，只好一挥手打断了这位大臣的侃侃而谈，说道："爱卿啊，你看大家都累了一天了，你有什么话不如明天再说吧。"

这本来是宋徽宗给这个大臣一个台阶，可谁知这个大臣不仅没顺台阶下，反而上前一步，拱手说道："皇上，请听微臣直言。"

"别直言了，朕饿了！"宋徽宗也顾不上自己的九五之尊，有些烦躁地说完这句话之后，就站起身来，准备离开。可这位大臣正说在兴头

上，看到皇帝要离开，连君臣之礼都不顾了，上前一步，就抓住了皇帝的袖子。

宋徽宗没想到这个大臣居然如此不知礼数，情急之下，用手使劲一拽，没想到那个大臣居然还是不撒手，只听得"刺啦"一声，皇帝的袖子竟然被撕了一道口子。这下子，皇上的脸上再也挂不住了，只听他大喝一声："成何体统？你有话就说，撕朕袖子，这算怎么回事儿啊？"

旁边的众位大臣被皇帝这一声怒吼全都吓得跪在地上，而那位"罪魁祸首"却岿然不动地站在那里，目不转睛地盯着皇帝。

如果有一个人这样拽着你的衣袖，还把你最心爱的衣服撕了一道口子，估计任何人心里都会很生气，更何况被撕了袖子的人还是当时的皇帝。所以，宋徽宗此时的心里别提有多恼火了，他的脸色自然也不好看。

不过这个大臣似乎一点也不理会皇帝的感受，仍然拽着皇帝的衣服说道："撕破陛下的衣服罪该万死，但陛下不惜衣服撕碎，臣子我又何惜粉身碎骨报答陛下！"

这话说得慷慨激昂，而听的人也是热血沸腾。宋徽宗一听，如果自己要是真的再生气的话，那就显得太小肚鸡肠了，何况还有"祖宗家法"的约束。因此，他不仅没有追究这位大臣的不敬之罪，反而踏踏实实地坐了下来，认认真真地听完了他的话。

大宋的皇帝穿着一件被撕坏的龙袍上朝，这可是一件有损国体的事情。因此宋徽宗身边的宦官走到他旁边，小声提醒道："皇上，您的衣袖都破了，要不然先回后宫换一件吧。"

宋徽宗摆了摆手表示不用，还对宦官和文武百官郑重其事地说道："这件龙袍，朕会保留下来，当成一种激励，也希望今后仍然能够有敢于直言的大臣向朕进谏。"

要知道，这可是北宋亡国之君宋徽宗，一向以昏庸无道著称于世。然而通过这件事情我们仍然能看出来，宋朝的皇帝虽然有的昏庸、有的贪婪，但是绝对没有出现过类似秦始皇、汉武帝那样动不动就要摘人家脑袋的所谓"明君"，更没有出现过隋炀帝、秦二世那样草菅人命的暴君。

这不能不说与宋太祖赵匡胤制定的"祖宗家法"有莫大的关系。

一般来说，如果宋朝的文人通过了科举考试，考取了功名，那就等于是坐上了"平步青云"的快车——先是到地方上做几年的地方官员，之后就会接到京城来的任命诏书；进入京官的队伍之后，只要不犯大的错误，在几年之内，不说连升三级，至少也能够再升上两级，成为朝廷的中流砥柱。

除了升官速度快外，在宋朝任官还有另外一层保障，那就是绝对不用担心领导生气，什么"伴君如伴虎"，在宋朝，基本不存在。

虽然这种"刑不上大夫"的朝政风气使得宋朝出现了很多奸臣，也出现过宦官权力过大的弊端，但是我们仍然要承认，也有很多忠臣在这种风气中获得了能够直言的权利，这是非常难得的。比如刚正不阿的包拯，比如以大局为重的寇准，比如一马当先的"杨家将"等。

据史料记载，寇准当初为了说服宋真宗能够御驾亲征，在朝廷之上，他口若悬河、舌战群雄，甚至把口水都喷溅到了宋真宗的脸上。这种事情发生在历朝历代，估计都能够成功地使"龙颜大怒"，就算不满门抄斩，也得办个"忤逆之罪"。可是在宋朝，宋真宗并没有因此而生气，甚至还重用寇准，御驾亲征。

与其说"刑不上大夫"是对士大夫阶级的一种保护政策，倒不如说是宋代皇帝对待士大夫们的一种包容。也正是有了这样的包容，才能够让宋朝的政治呈现一片清明之景。当然，这也算是一种"言论自由"吧。只有在言论自由的环境之中，朝廷官员和黎民百姓才有勇气说出自己内心的真正想法，按照自己的意愿生活，也才能激发出整个国家和民族的活力与创造力。这不仅仅是一种政治上的开明，同样也是百姓之福、朝廷之福、国家之福。

至于赵匡胤"祖宗家法"的第三条，不加农田之赋，一开始做得很好，不过后来的执政者却没有遵守。这也是古代社会不可避免的现象，任何一个朝代都很难彻底解决这个问题。但无论如何，每每读到赵匡胤制定的"祖宗家法"，还是让人心生无限感慨，甚或潸然泪下。

是啊，想想汉高祖刘邦"不要封异姓王"之类的誓约，想想我们听到、看到的其他许多"祖宗家法"，但凡得势就翻脸无情、对政敌必欲斩草除根而后快的狠毒，以及夺得天下就将打天下时的许诺忘得一干二净的卑鄙，都不能不令人对大宋朝心生一丝敬意。

第二章　从锐意进取到"守内虚外"

"烛影斧声"之谜

"烛影斧声"是北宋年间，因宋太祖赵匡胤暴死、宋太宗赵光义即位而所发生的一个谜案。由于赵匡胤并没有按照传统习惯将皇位传给自己的儿子，而是传给了弟弟赵光义，后世因之怀疑赵光义谋杀兄长而篡位……

开宝九年（976年）十月二十日晨五更时分，北宋王朝的开国皇帝赵匡胤不幸辞世，时年五十岁，在位十六年。

赵匡胤去世次日，他的弟弟赵光义继承了皇位，史称宋太宗。对于宋太祖的死，《宋史·太祖本纪》上只有一段简略的记载："癸丑夕，帝崩于万岁殿，年五十，殡于殿西阶。"《宋史·太宗本纪》的记载也同样简单："开宝九年冬十月癸丑，太祖崩，帝遂即皇帝位。"赵匡胤是怎么死的？赵光义是如何登基的？这些关键内容都没有交代清楚，这就为野史提供了想象的空间。

关于这次权力交接的最详细记载是《宋史·纪事本末》中的内容："冬十月，帝有疾。壬午夜，大雪。帝召晋王光义，属以后事。左右皆不得闻。但遥见烛影下晋王时或离席，若有逊避之状。既而上引柱斧戳地，大声谓晋王曰：好为之！俄而帝崩。时漏下四鼓矣。宋皇后见晋王愕然，遽呼曰：吾母子之命皆托于官家！晋王泣曰：共保富贵，无忧也。"这段话用今天的语言来说就是：十月十九日夜里，开封城大雪飞扬。赵匡

胤派人召晋王赵光义入宫。赵光义入宫后，宋太祖屏退左右，与弟弟酌酒对饮，托付自己的身后事。宫女和宦官们都被赶得远远的，不知道兄弟两人在谈些什么，只看到房间里烛影摇晃，赵光义多次离席，像是在躲避什么。又看到宋太祖手持柱斧戳地，大声对赵光义喊道："好为之，好为之（就是好好干的意思）。"不久，赵匡胤就死了。宋皇后看到晋王赵光义在宫中，非常吃惊，对小叔子说："现在我们母子的性命都托付给你了。"（书中记载宋皇后称呼赵光义为"官家"，官家一般是官府和皇帝的代称。这个称谓出自皇后的口中，象征着宋皇后当时就以皇帝之礼对待赵光义了。）赵光义则对嫂子说："我们共保富贵，嫂子不要害怕。"后人用一个成语来概括当夜的情景，叫作"烛影斧声"。

可能这段传闻在宋代流行很广，因而李焘《续资治通鉴长编》虽认为这一传闻"未必然"，但也不得不摘录在书中，留待他人详考。由于《宋史·纪事本末》中的这段记载，语气隐隐约约，文辞闪闪烁烁，于是便给后人留下了一个很大的疑问：宋太祖究竟是怎么死的。

一种说法是，宋太宗"弑兄夺位"。持此说的人以《宋史·纪事本末》所载为依据，认为宋太祖是在烛影斧声中突然死去的，而宋太宗当晚又留宿于禁中，次日便在灵柩前即位，实难脱弑兄之嫌。蔡东藩《宋史通俗演义》和李逸侯《宋宫十八朝演义》都沿袭了上述说法，并加以渲染，增添了许多宋太宗"弑兄"的细节。

另一种说法则认为，宋太祖的死与宋太宗无关。这种说法的依据来自司马光《涑水纪闻》的记载。司马光在《涑水纪闻》中说，宋太祖驾崩后，已是四鼓时分，孝章皇后派人召太祖的四子秦王赵德芳入宫，但使者却径趋开封府召赵光义。赵光义大惊，犹豫不敢前行，经使者催促，才于雪下步行进宫。据此，太祖死时，太宗并不在寝殿，因而不可能"弑兄"。毕沅的《续资治通鉴》也认可这一说法。

还有一种说法认为，虽然难以断定宋太宗就是弑兄的凶手，但他仍然无法为自己开脱抢先夺位的嫌疑。在赵光义即位的过程中确实存在一系列的反常现象，即据《涑水纪闻》所载，宋后召的是秦王赵德芳，而赵光义却抢先进宫，造成既成事实。宋后一女流之辈，见无回天之力，只得向他口呼"官家"了。《宋史·太宗本纪》也曾提出一串疑问：其一，按理说，老皇帝去世，新君当年一般继续沿用旧有年号，直到第二年才启用新纪元。可是，赵光义却根本不顾这些"规矩"，还没等到这一年结束，他就迫不及待地把仅剩两个月的"开宝九年"，改为"太平兴国元年"。其二，太宗即位后，太祖的次子武功郡王赵德昭为何自杀？其三，太宗曾加封皇嫂为"开宝皇后"，但她死后，为什么不按皇后的礼仪治丧？上述迹象表明，宋太宗即位是非正常继统，后人怎么会不提出疑义呢？

近代学术界基本上肯定宋太祖确实死于非命，但有关具体的死因，则又有一些新的说法。一种是从医学的角度出发，认为宋太祖是病死的。主要依据是《宋史》中"太祖""太宗"两纪的有关字句，还有《续湘山野录》里太祖病重的记载。此外，日本学者荒木敏一在《宋太祖酒癖考》一文中认为，赵匡胤素嗜酒，可能是得了高血压、脑出血之类的急病抢救不及才猝死的。另一种是认为太祖与太宗之间或许有较深的矛盾，但所谓"烛影斧声"事件只是一次偶然性的突发事件。其起因是太祖病重，赵光义在进宫看望时趁其熟睡之际，调戏太祖宠姬花蕊夫人费氏，被太祖发觉而怒斥之。赵光义认为太祖已不可能传位于己，便下了毒手。

总之，有关宋太祖赵匡胤之死的各种说法，似乎都论之有据、言之成理，然而最终的真相如何，仍难以确定。

未竟的统一事业

宋太宗登基后，在宋太祖赵匡胤的基础上，继续进行着中国的统一事业。在他的努力下，北宋王朝完成了局部的统一。当然，那只是一份未竟的事业……

在北宋的皇帝中，宋太宗也是一位比较有作为的皇帝。他继承皇位以后，把宋太祖的统一战争等未竟事业继续进行了下去。

太平兴国三年（978年）三月，吴越国王钱俶到开封朝见宋太宗。在这以前，吴越对宋朝一直顺从听命，当宋朝出兵灭南唐时，钱俶也按宋太祖的要求，出五万兵夹攻南唐。南唐灭亡后，钱俶来到开封，受到宋太祖盛情接待。当时宋朝许多大臣都劝宋太祖扣留钱俶。宋太祖大概是考虑到南唐刚灭，有的地方还在据城反抗，还需要一段时间巩固在江南广大地区的统治，担心操之过急会在吴越地区引起反抗，不利于巩固在原南唐境内的统治。因此，他不仅没有采纳群臣的意见，反而把群臣主张扣留钱俶的奏疏都交给钱俶，使钱俶既惧怕，又感激不尽。

如今，事隔三年，形势不同了，宋朝已牢固确立了在江南的统治，宋朝消灭吴越的时机也成熟了。所以，这次钱俶带了大批宝物到开封朝贡，宋太宗在收下贡物后，既不说让他回吴越，又不明说要扣留他。钱俶要求除去吴越国王的封号和其他优待，只要求回吴越，宋太宗也不准许。

"识时务者为俊杰"。钱俶当时身处宋朝都城，知道如果不向宋朝纳土，取消自己对两浙的割据，恐怕连性命都难保，于是就上表把原割据的十三州八十六县交给朝廷。宋太宗这才点头准许，另对钱俶等人进行封赏，把钱俶的近亲和吴越的官吏都迁到汴京。吴越国至此被削平。

同一年四月，割据福建漳州、泉州一带的陈洪进，也迫于形势，自动取消对漳、泉二州十四县的割据，向宋朝纳土。

南方的割据势力至此被完全削平了。

接着，宋太宗就把消灭北汉的事提上了日程。

一开始，宋太宗在斧声烛影的迷幕中登上皇帝位后，虽然出于先稳定自己统治的考虑，把宋太祖派出攻北汉的宋军撤了回来，但并没有放弃消灭北汉的计划。鉴于北汉倚靠契丹援助及晋阳（今太原）城池坚固不易攻破，宋太宗即位后，就着手从外交和军事两个方面，积极作攻灭北汉的准备。

从即位的第二个月到太平兴国三年（978年）十二月的两年又两个月内，他先后派遣六批使臣出使辽，对辽作出和平友好的姿态。对辽来宋的使臣，宋朝也盛情款待。通过这种亲善的姿态，把准备对辽支持下的北汉大举进攻的战略意图掩盖起来，使辽放松同宋朝军事对抗的准备。

与此同时，宋太宗加紧精选将士进行军事训练。他亲自到制造弓箭的场所视察，又筑讲武台于开封城西，亲自检阅禁军的演习，厚奖训练有方的将官。他还在靠近北汉的晋、潞、邢、洛、镇、冀等州加紧修造兵器及攻城器械。当外交和军事两个方面都准备就绪后，宋太宗又同曹彬等大臣一起分析了从前周世宗和宋太祖进攻北汉皆未能成功的原因，分析了宋朝军队更加精强而北汉却更加危困的新形势，认为这时出兵同宋太祖时已经"事同而势异，彼弱而我强"，必能取得胜利，遂作出立即出兵消灭北汉的决定。

太平兴国四年（979 年），宋太宗觉得准备得差不多了，开始兴兵讨伐北汉。太宗吸收以往多次失利的教训，一开始就制定了周密的作战方案。他先命潘美统四路大军围攻晋阳，同时命郭进领精兵进驻石岭关，以阻击增援北汉的辽兵。三月，辽数万骑兵南下到石岭关南涧，郭进预先布好了阵，等辽军过河到半路的时候，宋军突然杀出，杀得辽军措手不及，在死伤一万多人之后，辽军被迫退回。这样晋阳就已成了瓮中之鳖。

四月，宋太宗亲率大军来到晋阳城下，修筑长连城将晋阳城围困起来，并在城西修筑了一座土山，用来观察城内的动静。太宗先写了一封劝降书投到城中，北汉君臣并不接受。于是太宗亲自督战，命宋军从四面猛攻城池。

北汉官兵顽强抵抗到五月后，已渐渐支持不住。太宗又亲自拟定诏书劝北汉国主投降。眼看形势不妙，北汉国主只好出城俯伏在连城台下向太宗请罪。

自此，五代十国中最后一个分裂的小王朝被消灭了。

北汉灭亡后，宋太宗为了在该地区彻底消除新的割据势力的出现，下令放火烧掉城坚壁固的晋阳城，又引汾水、晋水淹毁晋阳城城墙，使旧城成了一片废墟，另把晋阳地区改称并州，州址设在榆次，后又迁到唐明镇（今山西西羊），废除晋阳的藩镇建制。北宋的统一事业至此基

本完成。

然而，相比强汉盛唐以及后世的明清，宋太宗的统一事业并没有真正完成。

杨家将血战边关

杨家将的故事自南宋以来，就以演义、话本、戏剧等形式在中国民间广为流传。人们之所以怀念和崇敬他们，是因为他们的身上体现出了忠心为国的精神……

平灭北汉后，宋太宗将军队调到了河北地区，想一鼓作气收复燕云十六州，但他这一次低估了辽国的力量。有宋军将领认为战争刚结束，应该给军队一个休整的时间，而且现在粮草非常匮乏，不能支持长久作战，建议太宗做充分准备之后再攻打辽国。但宋太宗觉得辽刚刚吃了败仗，士气低落，应该乘胜追击，扩大战果。对辽战争刚开始时还很顺利：易州刺史主动献城投降；宋军到达涿州后，同样是兵不血刃地取下了城池；宋军前锋直抵幽州（今北京）。

幽州是辽的南京，也是一个军事重镇，防守很坚固。宋太宗亲自督宋将攻城，又制造在当时堪称新式的攻城设施的八百个炮具，自六月二十五日至七月初五日，连攻十一天未能把幽州城攻陷。七月初六日，辽将耶律休哥率领的援兵抵达幽州，同宋军在城西的高粱河（今北京西直门一带）展开激战，宋军大败。宋太宗连夜指挥军队后撤，辽军随后猛追，宋军陷入混乱，丢盔弃甲仓皇溃逃。宋太宗脚上中了一箭，急忙乘上一辆驴车才得以逃脱。

这次由宋太宗亲自决策并亲自指挥的幽州之役，以宋军惨败告终。

幽州之役后，辽兵经常进犯北宋的镇州、瓦桥关、雁门关等边境地区，北宋则在边境严阵以待，双方在边境的战争中互有胜负。其中规模较大的两次战斗都发生在太平兴国五年（980 年）。这一年三月，辽兵十万进犯宋雁门关。宋朝代州守将杨业以数百骑兵迂回到辽兵后面，乘其不备，自北向南发起攻击，把辽十万大军杀得大败而逃。同年十月，辽景宗亲率大军围攻瓦桥关（位于今河北雄县境内），宋军大败，辽将耶律休哥一直追到莫州（今河北任丘）。

此后，宋、辽双方在边境陷入对峙状态。

宋太平兴国七年（辽乾亨四年，982年），辽的政局发生变化，辽景宗耶律贤病死，其十二岁的幼子耶律隆绪登基皇帝，次年国号改为契丹，权力落在其母萧太后及其宠臣韩德让手中。此时，宋朝一个守边的将官就向宋太宗报告说："契丹主少，母后专政，宠幸用事，请趁此机会攻取燕、蓟。"

宋太宗接到这个报告后，觉得机不可失，便于雍熙三年（986年）正月，执意全面进攻契丹。他下诏兵分三路进行北伐：东路由大将曹彬、崔彦进率主力，从雄州出发北攻幽州；中路由田重进统率，由定州攻飞狐；西路由潘美、杨业统率，出雁门关，攻朔（今山西朔城区）、寰（今山西朔城区）、云（今山西大同）、应（今山西应县）等四州。最终目标是三路大军会师幽州，与契丹进行决战。

三路大军同时前进。东路军刚出击就遇到契丹主力迎击，大败于歧沟关；中路军闻听东路败北，也就不战而溃；只有潘美、杨业的西路军，出师仅两月便战果累累，收复了四州之地，兵锋直抵桑乾河。然而，由于东、中两路守军的溃败，他们成了孤军深入。契丹在打败东、中两路宋军后，调集十万精锐，全力向潘、杨所部占领的寰州压来。朝廷命令潘、杨率军护送四州百姓立即迁回代州。

在当时大兵压境的时刻，要完成这一任务非常艰巨。杨业经过周密思考后，提出了一个切实可行的方案：先派人密告云、朔等州守将，等宋军离代州北上时，令云州民众先出。宋军到达应州时，契丹必定会派兵迎战。这时，令朔州民众再出城，同时派骑兵迎接，另派一千名弓箭手守住谷口，这样百姓就可安全内迁。

对于杨业这个切实可行的方案，监军王侁和主帅潘美却坚决反对。

他们为了争功，硬要杨业率兵去打寰州。

王侁说："你有几万精兵，为什么还这样胆怯？应当直接出雁门关北上！"

杨业说："不行，这样做只有失败。"

王侁阴险地说："你不是号称'杨无敌'吗，为什么不敢与敌人正面交锋，难道你还有不可告人的打算？"

杨业气愤地说："我这样做不是怕死，而是要最大限度地减少损失，完成皇上交付的使命。你既然这样责问我，那好吧，我现在就遵命前往。"

出发时，杨业流着眼泪对潘美说："这次出兵必定失利，我是北汉降将，蒙皇上大恩，我愿以死报国。"他又用手指着陈家谷（今山西朔州市西南）说："你们务必在两翼布置强有力的弓箭手，我转战到这里，你们就出兵夹击，不然我们将全军覆没。"说罢杨业就率兵出发了。

经过两场恶战，因寡不敌众，杨业战败。退到陈家谷时，王侁、潘美却率军早已离开谷口。杨业得不到接应，陷入重围。经过一番苦战，他身负重伤，坠马被俘，最后坚贞不屈绝食而死。

杨业死后，他的子孙继承其遗志，坚持抗击辽国。其中杨延昭、杨文广最负盛名。

杨延昭本名杨延朗，民间戏说为杨六郎，生于五代后周显德五年（958年），卒于北宋大中祥符七年（1014年）。杨延昭自幼就受到其父抵抗契丹、收复失地的思想影响，还在孩提时代就"戏为军阵"，杨业对此十分欣慰，曾高兴地说"此儿类我"，每次打仗总要带上他。杨业舍身保国的高尚气节和身先士卒的勇猛精神，对他的一生产生了极大影响。

在战火硝烟之中，杨延昭逐渐成长为一员骁勇善战的大将。北宋太平兴国年间（976—984年），杨延昭被补为供奉官，始终随当时担任知代州兼三交驻泊兵马部署的父亲在军中。他曾多次被父亲派往宁武关沿线驻防，每到一处，总是修城筑寨，加强边防。雍熙北伐时，潘美、杨业率西路军进攻应、朔、云、寰四州，杨延昭担任先锋，冲锋陷阵。在朔州城下，他满怀收复失地的激情，带领所部战士与辽军鏖战，不幸流矢贯臂，血染征袍。他却毫不在意，越战越勇，杀伤辽兵无数，为西路军连克四州立下了汗马功劳。

北伐失败，父亲捐躯疆场。杨延昭悲痛之余，更坚定了抵抗契丹、收复失地的决心。北宋端拱、淳化年间，杨延昭先后出任知景州（今河北东光）、江淮南都巡检使、知定远军。咸平二年（999年）七月，宋真宗获悉辽兵将大举南下，便任命马步军都虞候博潜为镇、定、高、阳关行营都部署，调任杨延昭为保州（今河北保定）缘边都巡检使，负责警备保州、安肃（今河北徐水）、遂城（位于今徐水西）三地。十月，辽军在萧太后的督战下进攻遂城。遂城狭小无备，辽兵集中兵力猛攻，长围数日，危在旦夕，军民惊慌失措。当此之际，杨延昭显露出一位优秀将领善于因地制宜的良好素质和卓越才能，他除发动军民登城坚守外，利用当时天寒的自然条件，命军民汲水浇到城墙外皮，第二天早晨遂城变为冰城，滑溜溜得无法攀登。辽军无可奈何，只好撤退。杨廷昭乘机追杀，截获了辽军许多武器，因功被提升为莫州刺史。

翌年冬，杨延昭在羊山（位于今徐水西），运用诱敌深入的战术大败辽军。一次，辽军南侵，杨廷昭把精锐部队埋伏在羊山以西，他从北面向辽军挑战，且战且退，将敌诱至西山。猛然间伏兵突起，辽军措手不及，丢兵弃甲，大败而逃。这一仗，杨延昭和他的部下生擒辽军的重要将领，缴获许多战马和武器。之后，他被晋升为莫州团练使。当时，杨延昭和杨嗣因与辽军英勇战斗，齐名于河北边疆，时人誉之为"二杨"。

咸平六年（1003年）冬，宋真宗根据静戎军王能的奏请，诏命静戎、顺安、威虏三地置方田，并凿河以遏敌骑。第二年，宋真宗下令将杨延昭的部下增至1万人，驻防静戎之东，保卫河渠，阻挡契丹骑兵入侵。这年闰九月，辽国数十万大军南下，分别进攻威虏、顺安，遭到魏能、石普等大将的坚决反击。辽军又去往保州方向，为杨延昭所部打败。

此后，因应形势的发展，宋、辽双方经过协商，在黄河北岸的澶州（今河南濮阳）订立了"澶渊之盟"。盟约签订后，宋真宗特别下诏，辽军撤军时，沿途宋军不许迎击。杨延昭却不顾这一命令，单独率领部下

"抵辽境，破古城，俘（敌）甚众。"

景德二年（1005 年），鉴于杨延昭智勇双全，宋真宗任命他知保州兼缘边都巡检使，以后又提拔他为莫州防御使、高阳关副都部署。大中祥符七年（1014 年）正月七日，杨延昭逝世在高阳关副都部署任上，终年五十七岁。

杨延昭不仅智勇善战，而且还具有许多高尚品德。他关心士兵，所得到的赏赐全部犒劳部下；他生活俭朴，与士卒同甘共苦；他号令严明，遇敌必身先士卒。因此，士兵们都很拥戴他。在边防二十余年，威名震契丹。他去世后，宋真宗甚为悼惜。

杨延昭之子杨文广，也是一员武将。北宋中期，曾在陕西对西夏作战，还曾随北宋名将狄青讨伐广源州蛮侬智高，屡立战功。后来杨文广还出任过定州守将，为抗辽战争作出了贡献。

因为杨业祖孙三代赤心为宋朝驰骋沙场，战功卓著，气节感人，自南宋以后，民间艺人就将他们的事迹进行加工，并虚构了许多人物和情节，编成"杨家将"故事而加以颂扬。

生动如花却真假难辨的"杨门女将"

北宋时期大名鼎鼎的"杨门女将"的故事一直被后人传颂着，佘太君、穆桂英等具有鲜明个性的人物也历来被人们所喜爱，然而，有人考证后认为，这些人物其实并不存在。那么，这种说法有依据吗⋯⋯

许多人都知道这个故事：

宋朝仁宗（1023—1063 年）年间，西夏常常到宋朝边境侵犯，使得边境百姓不得安宁。镇守边关的宋朝元帅杨宗保奉皇帝的命令率兵抗敌，不幸在葫芦谷探道时中暗箭阵亡。在危急情况下，孟良之子怀源和焦赞之子廷贵回朝上报战事，请求支援。两位将领来到杨宗保的府第——天波府，此时天波府上下一派热闹的景象，原来已经百岁的佘太君正为孙儿杨宗保举行五十寿辰的庆宴。当听到杨宗保战死的消息时，全家陷入万分悲痛之中。

杨宗保战死也使朝廷感到十分震惊，许多大臣吓破了胆，主张割地求和。佘太君强抑悲痛，慷慨激昂地驳斥了朝廷主和派的谬论，凛然挂帅，率孀居的儿媳、孙媳以及其他杨门女将奔赴边关，抗敌救国。这就是民间关于杨门女将的故事。

这个故事读来让人心潮澎湃，不由让人对已经百余岁的佘老太君以及其他杨门女将们顿生无限敬佩之情，然而，这样一群可歌可泣的历史女将们真的存在吗？

要说清这个问题，有必要先从"杨家将"说起。

根据传说以及演义等的记载，杨家将的谱系是这样的：

杨门男将：第一代，金刀令公杨业（又名杨继业），继业有八个儿子，其中第六个儿子名叫杨延昭，又名杨六郎，六郎生子名文广，文广之子名宗保，宗保生子名怀玉。

杨门女将：主要人物有佘太君、穆桂英等。

杨门谱系，特别是杨门女将主要是从《杨家府世代忠勇通俗演义》及《杨家将》两书而来，由于这些人物艺术形象塑造得好，深为老百姓所喜爱。

然而，史实毕竟不是演义。关于杨家将的故事，有些有史可查，有些则真假相掺。

在正史中，杨业（约932—986）、杨延昭（958—1014）、杨文广（？—1074）三人确实存在，而且有详细的记载，但他们的事迹远没有小说中描写得那么神奇。

杨业是杨家将的第一代，功名最盛。

关于杨业的后代，传统戏曲中说他与妻子佘太君一共生有七个儿子，也有戏曲中说他有八个儿子，号称"七狼八虎"。《宋史·杨业传》记载杨业共有七子，而南宋李焘所著的《续资治通鉴长编》中则说杨业仅五子。至于南宋王朝的《东都事略》中，则只提到杨延昭一个儿子。从诸种史料看来，到底杨业有几个孩子至今还是个谜团。

在杨家将传说的男性主角中，除了老令公杨业，最著名的就是杨六郎和杨宗保这父子二人了。然而，这两个人物也非历史之本貌。

根据正史记载，杨六郎是杨业的儿子杨延郎（后改名为杨延昭），这没错，但他却并非杨业的第六个儿子，而是长子，只是被称为六郎。传说中，杨六郎还是地位显赫的郡马爷，但从正史中杨六郎的生活轨迹看，他长年镇守边关，在京城没有什么根基，更没在京城生活过或任过职，不太可能是柴家的郡马。

杨业阵亡以后，杨延昭继续在河北的边防前线任职。他镇守边防二十几年，辽国对他非常敬畏，称他为杨六郎。那么，辽人为什么称他为六郎呢？有一种说法认为，这是因为辽人迷信，相信天上北斗七星中，第六颗星是专克辽国的。因为杨延昭对于辽人很有威慑力，辽人以为他是那第六颗星转世，因此称他为杨六郎。后人或许就是根据"杨六郎"这个称呼，将杨延昭演义成杨业的第六子。

按照小说的谱系，杨六郎之子为杨宗保，其孙为杨文广，然而根据《宋史》记载，杨延昭的第三个儿子叫杨文广，杨宗保这个人物不存在。

杨文广起初因为讨伐逆贼张海有功，被授予殿直，后来与安抚陕西的范仲淹相遇。范仲淹发现杨文广很有才能，就把他带在身边。名将狄青南征广西时，杨文广随军从征，此时的杨文广还是个无名之辈。后来，宋英宗认为杨文广是名将之后，而且还有功劳，于是提拔他为成州（今甘肃成县一带）团练使、龙神卫四厢都指挥使，迁兴州防御使、秦凤路副总管。他由此参加了对西夏的防御作战。

当时，名将韩琦派杨文广率领部队前往秦州（今甘肃天水市）西北修筑筚篥城。由于先前宋军修建城堡，西夏人都会出兵破毁。于是杨文广采取声东击西之计，扬言要到某地修建喷珠城，引西夏军队前去破坏。然后率军迅速赶往筚篥，连夜构筑好了防御工事，做好了战斗准备。第二天天明，西夏骑兵至，看到宋军已经占据有利地势，做好了准备，只能无奈地撤退，临走前遗书说将奏请以数万骑兵再来破坏。杨文广立即派兵遣将出击追杀，斩获甚众。有人问他为什么要追击敌人，杨文广说：

"这是先声夺人，可灭了敌人的气焰。再说，此处是必争之地，若让西夏人知道了并夺了去，就很难再夺回来了。"经此一击，西夏人果然不敢再来捣乱。

当年九月，甘谷、筚篥等三个城堡修成。皇帝下诏嘉奖，赏赐丰厚，并任命他为知泾州（今甘肃泾川县）镇戎军、定州路副总管，迁步军都虞候。后来，辽国与宋朝在代州的边界划分上发生争执。杨文广向朝廷献上阵图以及攻取幽燕的策略，还没等到朝廷上的回音，杨文广就死于任上，北宋朝廷追授他为同州观察使。

虽然史书对杨业究竟有几个儿子的记载并不一致，对他们威名的记载也远逊于民间传说，但终究让我们知道，他们是真实存在的。然而，翻遍《宋史》和其他相关史籍，却从未有关于杨门女将的只言片语。既然史书对杨家人的叙述还堪称详细，如果说存在杨门女将，而她们又真的做过那些轰轰烈烈的事情的话，不可能在这里省去而不加以叙述。

从另一个角度说，就算正史的编撰者们"男尊女卑"思想过于严重，故意遗漏或"不屑"于记载杨门女将事迹的话，那其他一些史籍就没有理由这样做了——比如《列女传》。

《列女传》是一部介绍中国古代妇女行为的书，也有观点认为该书是一部妇女史。《列女传》有两个版本，一部是指西汉刘向所编撰的《列女传》，这部书一共七卷，记载了上古至西汉一百位左右具有通才卓识和奇节异行的女子。另一个是明万历年间安徽歙县人汪道昆所编写的《列女传》，他是在西汉刘向《列女传》的基础上编写的明版本《列女传》。这部《列女传》共有十六卷，每篇都有版画插图，书内所刻版画线条流畅、细腻，是明代版画的精品。到了清乾隆年间，著名的藏书家鲍廷博得到了这部书的版片，他便以此版片印刷了《列女传》。我们今天见到的明版《列女传》大部分是这个时期印刷的。从这部《列女传》中，我们也见不到关于杨门女将的任何记载。

《列女传》对后世影响很大。后来，中国的史书多有专门的篇章记叙各朝妇女事迹，《宋史》也不例外。然而，查遍《宋史·列女传》，该

传共收近四十名"奇女子"，她们是：朱娥、张氏、彭列女、郝节娥、朱氏、崔氏、赵氏、丁氏、项氏、王氏二妇、徐氏、荣氏、何氏、董氏、谭氏、刘氏、张氏、师氏、陈堂妻、节妇廖氏、刘当可母、曾氏妇、王衮妻、涂端友妻、詹氏女、刘生妻、谢泌妻、谢枋得妻、王贞妇、赵淮妾、谭氏妇、吴中孚妻、吕仲洙女、林氏女、童氏女、韩氏女、王氏妇、刘仝子妻。她们没有一个人出自杨门。

尤其宋、元以后，随着方志学的发展，各种全国一统志、省通志、府州县志和乡镇村志，几乎都置《列女传》。可惜，就在这些史籍中，我们也没看见有关杨门女将的任何记载。

综上所述，有人认为，无论杨门女将的故事是多么地令人称颂和激荡人心，它也只是表现了人们的一种美好愿望和艺术想象而已，并非历史的真实存在。

不过，也有人不同意这种观点。因为杨门女将虽然不存在，但在一些历史资料中却又能隐约能看到她们的一丝影子。

比如佘太君。戏曲传说中，佘太君原名佘赛花，是杨业之妻，杨府的老祖宗，相传她百岁时还挂帅出征，抗击辽国入侵。实际上历史上确有其人，不过她不姓佘，姓折，生于后唐清泰年间（934年），后汉乾祐二年（949年）与杨业成婚，卒于宋大中祥符三年（1010年），寿七十七岁。不过，除了相夫教子，她既不会舞枪弄棍，更不会在已去世二十多年后再挂帅出征了。至于她为何由"折"姓改为"佘"姓，人们猜测可能是后来的说书人为了宣传她的"英勇事迹"，以讹传讹，用了同音字所致。

再说穆桂英。在戏曲和艺术作品中，她是杨宗保的妻子，也就是杨业的孙媳妇。她武艺超群、机智勇敢，为杨门女将中的杰出人物。穆桂英与杨家将一起征战卫国，屡建战功。佘太君百岁挂帅，率十二寡妇西征，穆桂英五十岁尤挂先锋印，深入险境，力战番将，大获全胜，是中国通俗文学中巾帼英雄的典型形象。

虽然正史中穆桂英这个人物不存在，但却也可以从杨氏的眷属中找到原型。杨延昭的儿子杨文广有位堂兄叫杨琪，此人曾娶慕容氏为妻。慕容氏是当时鲜卑大族，也是世代习武。所以，这位慕容氏或许是穆桂英的原型，"穆"也许是"慕容"氏的转音。而"桂英"是民间通俗的名字，戏曲小说本就允许改编，于是就有了以慕容氏为原型的穆桂英。

当然，以上说法终归是猜测，尚没有真凭实据。

那么，杨家将及其杨门女将的故事又是如何流传千年，家喻户晓的呢？这其中有一个历史的演变过程。

杨家将故事发生在北宋初年，到了北宋中叶就已迅速流传于天下。如前所述，北宋著名文学家欧阳修就曾称赞杨业、杨延昭"父子皆名将，其智勇号称无敌"，并且指出杨家将故事在当时社会的各个阶层广泛流传。这篇文章写于杨业去世半个多世纪后，篇名叫《供备库副使杨君墓志铭》。这位杨君是杨家的后人，名叫杨琪。北宋另一位大文豪苏辙也写过一首《过杨无敌庙》的诗，他的诗从另一个侧面证实了杨家将故事在宋代的影响力。

到了南宋，民间艺人把杨家将故事编成了话本，在民间越传越广。由于北宋最终为金所灭，面对屈辱求和的南宋朝廷，他们对那些血战保国的将领更加敬仰和怀念。南宋的民间艺人对杨家将的故事进行了大胆想象和艺术加工，不断加入许多神奇的故事和人物。最具代表性的当属南宋徐大焯所著的《烬余录》，书中根据与杨延昭同时代的将领杨嗣创造了七郎杨延嗣这个人物，又创造出了杨宗保，还构想了杨家将父子舍命救援宋太宗的情节。

到了元代，杨家将故事形式又有新拓展，出现了杂剧，比如《昊天塔孟良盗骨》等。到了明代，杨家将故事内容进一步丰富，出现了《杨家将演义》《杨家将传》，杨家将故事以小说、评书的形式广泛流传。这些故事反映的时间跨度加大，从宋太祖赵匡胤登基一直写到宋神宗赵顼，约一百年的历史。

明朝中后期，朝廷积弱，外敌虎视，这种局面与宋朝相似，杨家将成了民间借古言今的最好武器。另一方面，明朝廷也非常推崇杨家将，

希望借此宣扬忠君思想。在这样的氛围中，杨家将的故事得到更进一步地发展和完善。明代纪振伦的《杨家将通俗演义》和清代熊大木的《北宋志传》两部书，使得杨家将故事最终定型。明清两代，戏曲舞台上以杨家将为题材的剧目有数百出之多。直到今天，京剧和其他地方剧种还经常上演《四郎探母》《穆桂英挂帅》等杨家将和杨门女将的剧目。

就这样，经过漫长的发展，原本只有三代的杨家将被补写成了五代；原本只是男儿的铁血沙场，又融入了佘太君、穆桂英等生动如花的女英雄，并绵延至今。

当然，无论历史上有无"杨门女将"其人其事，这些流传千年的故事都说明了一个道理——女人真的能顶"半边天"。

丢人的盟约——"澶渊之盟"

澶渊之盟是北宋在有利的军事形势下屈辱求和的结果，对宋而言，这是一个丧权辱国的和约。然而，凡事有两面，"澶渊之盟"也不能说没有一点积极意义……

"澶渊之盟"是北宋与辽国经过长年累月的战争后签订的一份休战协议。事情发生在宋真宗年间。

宋真宗（968—1022），名恒，宋朝第三位皇帝，宋太宗第三子，初名赵德昌，后改赵元休、赵元侃，997年继位为帝。

按说真宗并非太宗的长子，母亲也不是皇后，原本没有资格继承皇位。不过他的命运实在好得出奇。大哥赵元佐不幸发了疯、二哥赵元僖也因疾病暴死，因此才轮到他继位。

真宗即位之初，勤于政事，免除了五代以来的欠税。但是与久经沙场的太祖、太宗不同，从小生活在深宫中的赵恒性格较为懦弱，缺乏开拓创新的决心和勇气，在他看来，坚持太宗晚年推崇的无为思想，继续守成的局面是最好的选择。

真宗即位之初，辽国国主为辽圣宗耶律隆绪，但由母亲萧太后摄政。萧太后胆识过人，兼通韬略，在她的治理下，辽国国力日益强盛。

实力强了，野心也就大了。

宋景德元年（1004 年）闰九月，辽国发兵 20 万南下，辽圣宗和萧太后御驾亲征，一直打到靠近黄河的澶州，直逼北宋京城汴京。

面对契丹威胁，宋朝国内的主战派和主和派展开了激烈的斗争。主和派以参知政事王钦若和金书枢密院事陈尧叟为代表，他们认为现在辽军士气正旺，应该避其锋芒。王钦若甚至建议宋真宗迁都金陵，陈尧叟则建议应迁都成都。

主战派以宰相寇准为代表，他对宋真宗说："陛下神武英明，武将文臣和谐团结，如果陛下能够御驾亲征，必然能够鼓舞士气，辽军不战自退。况且我军能够坚守城池，以逸待劳，等敌人疲惫之时，乘势出击，可以稳操胜券。为什么要抛弃宗庙社稷而逃到江南、四川那样边远的地方去呢？如果迁都，势必造成军心大乱，敌军乘机大举深入，天下怎么会保得住呢？"

宋真宗认为寇准的分析很有道理，于是决定御驾亲征，并做好了抗击辽军的准备。

宋真宗率军来到澶州南城时，辽军气势正盛，大臣们请求真宗先观察敌我形势后再前进，但寇准却斩钉截铁地说："陛下如果不过黄河，人心就会更加惊恐，敌人的气焰就不能被压下去。况且各路将领正率军赶来增援，还有什么疑虑不敢前进呢？"说完指挥卫士推着皇帝乘坐的车子前进，渡过黄河，来到澶州北城的城门楼。

宋军将士看见皇帝的黄色伞盖，不禁欢呼跳跃起来。欢呼、呐喊声传到几十里外，辽军士兵听到后面面相觑，十分惊愕。宋真宗下令把军事指挥权全部委托给寇准，寇准随即下令士兵迎头痛击来犯之敌，把辽军斩杀了一大半，残余的敌军慌忙退去。

之后，宋辽双方相持了十几天。

此时，辽军已远离国土作战数月之久，眼看已很难支撑下去。然而

在这种难得的胜利形势下，患得患失的宋真宗首先想到的不是集中大宋的精锐兵力与辽军决战，而是想到见好就收。于是派出了大臣曹利用去辽营谈判，萧太后审时度势，顺势就同意了北宋议和的请求。

最后双方达成和解，并签订了相应的条约。条约规定：辽宋结为兄弟之国，辽圣宗年幼，称宋真宗为兄；宋方每年向辽方提供银 10 万两、绢 20 万匹；双方于边境开展互市贸易，加强商业往来。

因澶州又名澶渊，因此史称这次议和为"澶渊之盟"。

"澶渊之盟"不仅使辽军得以安然从险境中脱身，还获得了战场上本来得不到的东西。对宋朝来说，"澶渊之盟"则是一个屈辱妥协的和约，它是宋朝推行"守内虚外"政策的副产品，可以说是一个"丢人"的盟约。

不过，从中华民族的发展史看，"澶渊之盟"的订立，结束了宋辽之间连续数十年的战争，使此后的宋辽边境长期处于相对和平稳定的状态，不仅双方边境大片地区得以发展生产，而且双方还通过互市进行经济交流和商业活动，因而对南北经济文化的发展和提高是十分有利的。

西北烽烟连年起——宋夏相争

除了辽，还有一个政权也与大宋王朝堪称"冤家"，两国之间兵戎相见数十年，最终不打不成交。这个政权就是夏，因其位于西方，宋人称之为"西夏"……

宋朝时期，党项拓跋氏在我国西北地区建立了西夏政权，它成为北宋王朝的一个强敌。

党项是我国古老的少数民族羌族的一支，原来居住在青海和四川西北部，过着游牧和狩猎的氏族生活。唐朝后期，党项族由于反抗吐蕃贵族的统治，迁移到甘肃、宁夏边境和陕西北部一带，和汉族共同生活。在汉族文化的影响下，他们的生产得到发展，并建立了私有制。

在党项各部落中，居住在夏州（今陕西省横山）的"平夏部"最强大。

唐末，黄巢之乱时，平夏部酋长拓跋思恭有勤王之功，授夏州节度使，赐号定难军，统有银、夏、绥（今陕西绥德）、宥（今陕西靖边）、静（今陕西米脂西）等五州之地，在今陕西北部及内蒙古南部一带，尔后又随李克用收复长安，唐又赐拓跋思恭李姓，封夏国公，从此世代居于该地，并以李姓。

北宋建立后，定难军第六任节度使李彝殷（因避宋太祖之父赵弘殷讳，后改殷为兴）即向宋朝朝贡，宋太祖则予以加官"太尉"，以示褒奖。李彝殷死后，继位的李光睿（后避宋太宗名讳，改光睿为克睿）曾率兵攻北汉吴堡砦（位于今陕西吴堡县），俘砦主侯遏送宋朝处置。宋太宗亲征北汉时，继李光睿任定难节度使的李继筠曾派部将率兵沿黄河摆开阵势，并从陕北渡河骚扰北汉，以助宋朝的军势。

李彝殷、李光睿、李继筠祖孙三代，同北宋朝廷都保持着密切的关系，夏州地区虽然仍处割据状态，但形式上却是宋朝的一个组成部分。

宋太宗太平兴国五年（980年），定难军节度使李继筠死，其弟李继捧继位。这时李氏家族发生内讧，李继捧的一些父辈宗族，有的带兵袭击夏州，有的向宋朝上表反对李继捧继位。李继捧知道自己难以在夏州割据下去，就于太平兴国七年（982年）率领亲族到开封朝见，并向宋太宗献上夏、银、绥、宥四州八县之地，表示愿意留住京城。

宋太宗认为这是一举铲除这个割据势力的机会，就改封李继捧为彰德军节度使，同时派官直接管辖这四州，并准备把李氏宗族的近亲都迁移到京城开封，使李氏宗族离开长期割据的地盘，失去进行割据的基地。

李继捧自动结束割据状态的行动，符合当时从分裂走向统一的潮流。宋太宗着手铲除这个割据势力，是从宋太祖开始的统一事业的一个部分，也是无可非议的。但是，宋太宗没有考虑到夏州地区民族问题的复杂性，没有采取任何措施使那里各族百姓体会到统一的好处，以使这些少数民族拥护宋朝的统治，反而把宋朝的赋役制度推行到这些地区。这样一来，使得夏州地区的少数民族对宋朝的统治没有好感，中央王朝对这些地区的统治也就难以巩固。

恰在这时，本来矛盾重重的李氏家族在对待宋朝的态度问题上也发生分裂。除了李继捧主动向宋朝纳土外，多数宗族也没有反抗就被宋朝迁到京城，接受宋朝新的官职。但李继捧居银州的族弟李继迁兄弟却假装送乳母出葬，把兵器藏在棺材里，同他们的亲信数十人离开银州，逃到夏州东北三百里的地斤泽（今内蒙古巴彦淖尔），聚众进行反抗，揭开了以后连绵一个多世纪的宋、夏战争的序幕。

作为夏州党项贵族中野心勃勃的人物，李继迁刚得知宋朝要把李氏举族迁往内地时，就对亲信们说："我们祖宗经营这块地方，已三百多年，父子兄弟，列居州郡，雄视一方。今宋朝下诏让宗族尽入京师，死生都受束缚，李氏割据就要断绝了"。

其弟李继冲也说："虎不可离于山，鱼不可离于渊"，极力附和李继迁的说法。

就这样，在李继迁兄弟二人的鼓动下，一些赞成继续割据的党项族人跟随他们一起反宋。一些党项族的部落也逐渐被煽动起来。李继迁依靠这些部落的支持，开始进行反对宋朝的武装分裂活动。

从太平兴国八年（983年）起，李继迁不断袭击已由宋军驻守的宥州等地。翌年，宋朝知夏州尹宪和巡检使曹光实探听到李继迁在地斤泽活动，选派精骑兵连夜奔袭，杀了他的追随者五百人，烧了四百余座帐篷，俘虏了李继迁的母亲、妻子及羊、马、各种器械万数以上。李继迁只身逃脱。

然而李继迁仍不死心。他从地斤泽逃脱后，继续在党项部族中进行煽动，同野利氏各部建立了反宋联盟，势力又逐渐强大起来。雍熙二年（985年），他用诈降的办法麻痹曹光实，诱杀曹光实于葭芦川，进而攻陷银州、会州。李继迁自称定难军节度留后（即代理的节度使），开始重建割据政权。

获悉李继迁攻陷银州的报告后，宋太宗立即派兵前去讨伐。王优所率宋军连败李继迁，一些蕃部又转向宋朝，表示要同宋站在一起，帮助宋朝消灭李继迁。

李继迁看到单靠自己的力量难以战胜宋军，难以重新建立割据政权，就利用辽和宋的矛盾，采用联辽反宋的策略，于雍熙三年（986年）向辽国称臣。这一年，宋太宗分兵三路大举攻辽，宋、辽战争正激烈进行。辽国当然很愿意在宋的侧面扶植一个反宋势力，以加强自己在同宋朝争战中的地位，于是就授予李继迁为定难军节度使，并把宗室之女作为公主嫁给李继迁。990年，辽又册封李继迁为夏国王。

有了辽国的支持，李继迁的力量大增。其后，宋太宗几次派兵讨伐，均告失利。于是，宋太宗采用赵普的策略，重新委任李继捧为定难军节度使，使用军事征剿和官职笼络相结合的办法，但仍未能使李继迁就范。李继迁时而诈降以麻痹宋军，时而袭击宋军驻守的州郡。宋朝实行经济封锁，不许夏州地区所产的青盐进入汉族地区换取粮食，反而使得西北地区其他少数民族因缺乏食粮而对宋朝采取敌视态度，加入李继迁的反宋行列，从而加强了李继迁的声势，使宋朝在夏州地区陷于更加困难的境地。本来愿意同宋朝合作、采取亲宋态度的李继捧看到这种情况，也发生动摇，暗中同李继迁勾结。李继迁更加嚣张，连续攻掠环州、绥州、灵州等州郡。

眼看夏州地区的形势岌岌可危，宋太宗于淳化五年（994年）派李继隆（宋初名将，与李继迁、李继捧等无任何宗亲关系）为河西都部署，率大军进驻夏州，把李继捧逮捕送回京城，并把夏州城摧毁。

李继迁见宋朝大兵压境，又遣使向宋朝谢罪，但就是不肯接受宋朝授予的鄜州（今陕西富县）节度使之职。不久，李继迁又对宋朝边境发动袭击。

至道二年（996年）初，宋太宗派人押运四十万石粮草赴灵州（今宁夏灵武市），途中为李继迁所劫夺。宋太宗大怒，于四月间命令李继隆、丁罕、范廷召、王超、张守恩五路并进，约定在乌白池会师，直捣李继迁盘踞的据点平夏。由于五路宋兵的将官不能协调一致，有的擅自行动，率军转了一圈，没有进行任何战斗就回师；有的虽见到李继迁的军队，却避而不击；有的虽然打了几仗，但因得不到其他路宋兵的配合，

有胜有负，结果使军士疲乏不堪，只得撤退。宋太宗亲自部署的五路进攻，终无功而返。

第二年，宋太宗死，宋真宗即位。恰在此时李继迁又派使者来同宋讲和，要求宋朝承认他的割据地位。当时宋真宗刚即位，就接受李继迁的要求，授予他定难军节度使，把早已并入宋朝版图的夏、银、绥、宥等州划归李继迁管辖，后来甚至把灵州（今宁夏灵武）也划给李继迁。

宋真宗景德元年（1004年），李继迁病死，宋真宗封李继迁的儿子李德明为西平王。李德明为人深沉有气度，多权谋。他的儿子李元昊则更是个雄心勃勃的人，他精通汉文和佛学，多次带兵打败吐蕃、回鹘等部落。他劝说父亲不要再向宋朝称臣，但李德明不愿跟宋朝决裂，没有采纳。直到李德明死去，李元昊继承了西平王的爵位，才按照自己的主张，设置官职，整顿军队，准备摆脱宋朝的控制。

其实李德明也很想称帝建国。他从西平府迁到怀远镇，把怀远镇改名为兴州，在那里正式建都。他又效仿宋朝制度立儿子李元昊为太子。可是，一切都事与愿违，他还没有来得及登上皇帝的宝座，就病死了。

李元昊知道他父亲的意图已经暴露，便在北宋宝元元年（1038年），正式宣布继位称帝，国号大夏，建都兴庆（今宁夏银川市）。李元昊即是夏景宗。因为它在宋朝西北，所以历史上称为西夏。

李元昊称帝以后，上表宋朝，请求宋朝朝廷承认。这时的宋朝皇帝是宋仁宗赵祯。宋仁宗和大臣们商量了一番，不但拒绝承认，还撤了李元昊的西平王的官职，在边境地区张贴榜文捉拿他。

这一来，惹得李元昊大怒。他带领大军，侵犯延州（今陕西延安）。宋朝守将范雍不敢出战。李元昊派人诈降，范雍放松戒备，结果宋军吃了一个大败仗，损失了不少人马。

宋仁宗非常恼火，撤了范雍的官职，派大臣韩琦和范仲淹去陕西指挥作战。

北宋庆历元年（1041年）二月，李元昊率兵进攻渭州（今甘肃平凉）。宋仁宗命令韩琦和范仲淹前去指挥抗击。范仲淹劝韩琦以坚守为主，韩琦却主张主动进攻。

就在西夏军将要逼近怀远城的时候，韩琦派大将任福率领一万人的部队，前去迎敌。

任福率军在路上遇到了几支西夏的军队，但西夏的士兵只要一看到宋军就扔下骆驼、武器逃跑了。任福不禁连声大笑，自认为西夏军队没有什么战斗力，便率军猛追。

宋军一直追了三天三夜，来到好水川（今宁夏隆德）。这时宋军已人困马乏，任福眼看天色已晚，便命令全军安营休息。

第二天任福率军继续前进，来到六盘山下，宋军没有发现西夏的军队，却看到地上有许多泥盒子，并且里面还"噗噗"作响。

宋军士兵觉得很奇怪，便将泥盒打开，只见从泥盒中飞出许多只鸽子，鸽子飞在空中，在宋军的头上来回不停地盘旋。

就在宋军士兵抬头张望时，只听到四周传来喊杀声，西夏兵冲杀过来。西夏兵为何来得这样快呢？原来泥盒子是西夏兵特意放在路边的，待宋兵打开盒子，鸽子飞到空中后，西夏兵便能知道宋兵在何处了。

就这样，宋兵还没明白过来是怎么回事，西夏兵就已经冲到眼前，里三层外三层将宋兵围了个风雨不透。一万宋军死的死，伤的伤，早就失去了战斗力。

任福身上也中了好几支箭，将士们劝他快跑，任福说："我身为领兵将领，现在打败了，有何颜面回去？"说完挥刀杀向敌人，最后战死阵中。

这便是历史上的好水川之役。

李元昊此战取得了胜利，却不肯罢休，他继续率军攻打北宋，又取得一系列的胜利。

由于这时候的宋朝还要和辽国作战，因此宋仁宗便派人去西夏求和。李元昊经过连续不断地和宋朝打仗，消耗很大，再加上不时有灾荒发生，西夏百姓生活得很艰苦，因此也不愿打仗了，便同意了北宋的议和请求。

北宋庆历四年（1044年）十二月初，宋与西夏立下和约，西夏对

宋称臣，宋朝每年送给西夏绢十五万匹、银七万两、茶三万斤。此后一百多年的时间里，宋与西夏之间基本无大的战事发生。1227年，蒙古军队灭亡了西夏，西夏前后共存在一百九十年。

值得称道的皇帝宋仁宗

宋仁宗赵祯在位期间，国家安定，经济繁荣，科学技术和文化得到了很大的发展。因此，他称得上是历史上的一位好皇帝。不过，这位皇帝的身世却很是迷离……

宋仁宗赵祯是北宋王朝的第四任皇帝，关于他的身世，至今有一个离奇的传说，那就是"狸猫换太子"的故事。

在经典京剧《狸猫换太子》中，宋朝龙图阁大学士、钦差大人包拯巡行到地方，路上在经过一处破窑时，被一个双目失明的老妇拦住了。这位老妇向人称包青天的包拯哭诉了自己鲜为人知的悲惨而又离奇的身世，包拯经过仔细推敲，才得知她就是当今圣上宋仁宗的生母李娘娘。包拯立刻回京查访当年还在世的老宫女，得知这位李娘娘虽只是宋仁宗的父亲宋真宗后宫的宫女，可是由于受真宗皇帝宠幸，被封为才人，进而升为婉仪，并且还怀上了"龙种"，那时候，"母以子贵"，李娘娘幻想着生下儿子，在后宫拥有自己的一席之地。可是当时的刘德妃也就是后来的刘皇后却因自己没有生育，又很嫉妒李娘娘，于是就买通接生婆，用一只剥了皮的狸猫，换去刚刚出生的赵祯。等到宋真宗高兴地下朝回来要看自己的骨肉时，却只看到了一个血淋淋的怪物。宋真宗也许是被气昏了头脑，也不过问事情的前因后果，一怒之下就把李娘娘打入冷宫。

后来刘德妃又升为皇后，就对李娘娘起了灭口之心。李娘娘看出刘皇后的心思，就在一位好心宫女的帮助下，逃出深宫躲进了一处破窑里，隐姓埋名孤苦伶仃地生活了二十年。后来，在包拯的帮助下，冤案真相大白，坏人得到应有的惩处，李娘娘也母子团圆，被封为李宸妃，结局

十分美满。

实际上所有这一切都是旧时文人凭借想象创作出来的"花边新闻",不过是一个"政治谣言"而已。在任何正史里都没有记载所谓"狸猫换太子"这件事。之所以出现这个传说,寻根究底,都是从《宋史·李宸妃传》中关于宋仁宗生母李宸妃不敢认了的一段记载演变而来的。

宋仁宗从小确实是一个苦命的孩子,他的身世也确实迷离曲折。据历史记载,宋仁宗既非皇后所生,也非皇妃之子,而是侍奉真宗刘德妃的宫女李氏所生。李氏本是刘后做妃子时的侍女,庄重寡言,后来被真宗看中,成为后宫嫔妃之一。在李妃之前,真宗后妃曾经生过五个男孩,都先后夭折。此时真宗正忧心如焚,处于无人继承皇位的难堪之中。据记载,李氏有身孕时,跟随真宗出游,不小心碰掉了玉钗。真宗心中暗卜道:玉钗若是完好,当生男孩儿。左右取来玉钗,果然完好如初。这一传说从侧面反映出真宗求子若渴的迫切心态,也是真宗无奈之余求助神灵降子的真实写照。虽然不尽可信,但可以肯定的是,李氏后来的确产下一个男婴。真宗中年得子,自然喜出望外。只是,未来的仁宗皇帝赵祯还未来得及睁开眼睛记住自己亲生母亲的容颜,便在父皇真宗的默许下,被一直未能生育的皇后刘氏据为己子。地位低下的李氏慑于刘皇后的权威,哪敢跟她相争,只好眼睁睁地看着自己的亲生儿子把刘皇后当生母而不得不忍气吞声。

至于宋真宗为何默许李氏之子由皇后刘氏抚养,史焉不详,这里姑且不论。

乾兴元年(1022年),宋真宗病死,太子赵祯继位,是为宋仁宗,当时他才十三岁,由刘太后垂帘听政。而他的生母李氏则被打入冷宫,眼看自己的儿子登基当了皇帝,却连跟他单独见面说句话的机会都没有,最后于天圣九年(1031年)孤寂而死。一年后,刘太后也去世了。

俗话说:"纸包不住火。"不管当初刘太后把事情做得多严密,总还有漏风的墙。在她生前,人们慑于她的权势,不敢向仁宗说出真相,不过她一旦撒手而去,一些和她对立的人就将这件事情抖搂出来。仁宗得

知真相后当然很是震惊，想到亲生母亲所受的不公正待遇，想到直到母亲去世，母子二人都未曾相认，痛彻肺腑。

在哀痛自责之下，仁宗心中起了疑念：会不会是刘太后害死了他的生母？于是立刻下令调查，同时派军队将刘太后娘家的府第包围起来。显然，如果查明他的生母李氏真是被刘太后所害，他就要拿刘太后家族抵命报仇了。

然后，仁宗亲自打开生母的棺椁，眼前的情景显然大出他的所料，只见母亲面目如生，十分安详，没有毒杀、残害或者虐待的迹象，也远不像揭发人所说的那样寒酸，而是穿着皇太后的冠服，以一品礼的规制进行埋葬。仁宗先前对刘太后的怒气遂化作了满腔的感激，于是刘氏家族不仅免去了一场灭门之灾，而且受到的礼遇更加丰厚。

其实，平心而论，刘太后堪称一位出色的政治家，在她听政的天圣（1023—1031）、明道（1032—1033）时期，不但为赵宋天下的稳定和发展作出了诸多积极贡献，还为仁宗庆历（1041—1048）盛世奠定了基础。

刘太后本人的生活也极为节俭，据说她曾赐给大长公主姐妹一些贵重的珠玑帕首，让她们遮挡日益稀疏的头发。润王妃李氏得知后也赶来索要，刘太后婉言回绝，并对她说："大长公主是太宗皇帝的女儿，先帝真宗的亲妹妹，对她们照料些是应该的，我们这些赵家的媳妇就不用那么讲究了。"看到太后自身服饰简朴，润王妃也不好说什么了。终刘太后一生，她都在用自己的实际行动，向宫人倡导节俭的生活作风。在她的带动和影响下，别说是这些宫女了，真宗和仁宗父子两代也是以简朴闻名于天下的。

宋仁宗赵祯性格随和，为政宽松。终其一朝，出了许多名垂千秋的大文豪，著名的有范仲淹、司马光、王安石、包拯、苏轼、苏辙、晏殊、欧阳修等。为什么能这样呢？还是林语堂说得好，因为这时是中国文人所处的"最好的时代"，文化氛围轻松。

自从宋太祖赵匡胤确立了"重文抑武"的国策以后，宋朝的历任统治者对文人都非常宽容。仁宗这个时代更加如此，即便是有读书人写文章指责他为政过失，他也不会降罪。

嘉祐年间（1056—1063），历史上有名的"三苏"之一——苏辙参加进士考试，"胆大妄为"的他居然在试卷里公然写道："我听说宫中有数以千计的美女，皇上终日里饮酒作乐，纸醉金迷。既不关心老百姓的疾苦，也不跟大臣们商量治国安邦的大计。"字里行间显然把仁宗描绘成了一个沉湎女色、不理朝政的昏君了。如此大胆诋毁专制制度下一个国家的最高统治者，哪朝哪代能放过？考官们大惊失色，不敢怠慢，赶紧上奏宋仁宗。没想到，仁宗看了后却说："朕设立科举考试，本来就是要欢迎敢言之士。苏辙一个小官，敢于如此直言，应该特予功名。"可见，仁宗皇帝的大气，后世之人有几人能比？

当时四川有个读书人，献诗给成都太守，主张"把断剑门烧栈阁，成都别是一乾坤"。成都太守认为这是明目张胆地煽动四川造反，便把他缚送京城问罪。

仁宗对此事的态度却极尽轻描淡写："这不过一个老秀才写一首诗泄泄愤而已，怎能治罪呢？不如给他个官当。"于是，就授其为司户参军。没想到这个老秀才竟然因祸得福。

作为一个专制帝王，容忍苏辙之事，或许有人能做到，但能容忍四川秀才的"造反"言论，却古今难寻。

历史上文人们敢和皇帝"顶嘴"却不怕掉脑袋的朝代恐怕也只有仁宗朝了。宋代著名词人柳永曾经在一次科举考试中这样写道："忍把浮名，换了浅斟低唱。"仁宗看了，认为他是沽名钓誉，不适合做官，便把他给划掉了，并说："且去浅斟低唱，何要浮名？"柳永很不服气，于是反唇相讥，说自己不过是"奉旨填词"而已，何曾有过做那破官的梦想。结果，讥讽仁宗的柳永不但没被杀头，填词也没受影响，且填得更加放肆。但皇帝仍然任由其发挥，不予理睬。宋仁宗的大度，最后使得这位放荡不羁的才子也为他唱赞歌："愿岁岁，天仗里常瞻凤辇。"意思就是说，老百姓希望年年都能看到宋仁宗的仪仗，瞻仰宋仁宗的风采，天下百姓都拥戴宋仁宗。

能让柳永这样放浪不羁的人不计前嫌且大唱赞歌，除了宋仁宗，恐怕没有几个皇帝能够做到。其实，在宋代歌颂宋仁宗及其"盛治"的文人何止柳永一人，还有很多，比如欧阳修、司马光、王安石、曾巩、胡安国、刘光祖、周必大、杨万里、王璧、刘克庄、赵汝腾、王十朋、文天祥等。

由于仁宗时代，对读书人特别宽松，所以当时的文学艺术事业极为发达。中国古文"唐宋八大家"之中，光是北宋一朝就占了六家（三苏、欧阳修、曾巩、王安石），这六家又都活跃在仁宗时代。

宋代以文官当政，而官员的待遇又比较优厚，退休之后能够悠游林下，吟诗作文。这种厚禄制度使官员没有后顾之忧，能够安心创作，所以文学艺术成果累累，流传万世。宋代以科举取士，官员都是文学之士，在仁宗晚期，富弼、韩琦、文彦博、曾公亮相继为相，欧阳修参加政事，包拯为枢密院副使，司马光知谏院，王安石知制诰，真正称得上人才鼎盛，君子满朝。这样的事，历代中只有宋代才有，宋代也只有仁宗一朝才有。

在宋朝，宋仁宗在位时间最长，有四十二年之久。仁宗统治时期，国家安定太平，经济繁荣，科学技术和文化得到了很大的发展。这些在很大程度上得益于他对待知识分子的态度。

除了善待知识分子，宋仁宗为人称道的，还在于他的"仁"。

我们今天翻看当时和后世的史料，不难得出一个结论，宋仁宗基本上无愧于自己的庙号，当得起一个"仁"字。

因其施"仁政"，在他一朝，不只出大文豪，而且出大政治家，出能臣，出大忠臣，如范仲淹、富弼、韩琦、文彦博、包拯等。

包拯"包青天"之所以能扬名天下，流芳千古，是与宋仁宗以仁待人、心胸宽阔，善于纳谏分不开的。

在专制社会，像包青天这样的人物只能出现在政治清明时期，如果皇帝不清明，哪会有包青天产生的政治环境？史书记载，在担任监察御史和谏官期间，包拯屡屡犯颜直谏，有时话说急了，连唾沫星子都飞溅到仁宗的脸上，但仁宗一面用衣袖擦脸，一面还是接受了他的建议。

有一次，包拯在朝堂上要拿掉三司使张尧佐的职务，理由是这个人没有什么本事。张尧佐是仁宗的宠妃张氏的伯父。包拯把奏章递上去了，仁宗也有点为难。最后他想了个变通的办法，就是让张尧佐去当节度使。没想到包拯还是不愿意，且谏诤更加激烈。

仁宗有些生气地说："岂欲论张尧佐乎？节度使是粗官，何用争？"包拯的回答更加不客气："节度使，太祖、太宗皆曾为之，恐非粗官！"仁宗想想也是，就同意了包拯的要求。

不管是遭到反唇相讥，还是被喷上一脸唾沫星子，仁宗都很清醒、很民主。他不认为这样会龙威尽失，能接受的，他就接受；一时不能接受的，他就不理不睬。但他对提意见者绝不打击报复，有时甚至会安抚有加。这对一个最高统治者来说，确实不容易。

宋仁宗不但对自己的臣下"仁"，对于民间人士也能做到有情有义。

宋仁宗晚年时，有一个叫子京的词人，很是出名。有一回子京在街上行走，刚好有一队宫中的轿子从旁经过，突然一个轿子里发出一声娇滴滴的低声欢呼："啊，是子京！"这情形大约就像今天的粉丝们在大街上突然间见到自己仰慕的明星时发出的那种尖叫。这个子京也许是个多情种吧，回来以后，就写了一首著名的《鹧鸪天》：

宝毂雕轮狭路逢，一声肠断绣帏中。

身无彩凤双飞翼，心有灵犀一点通。

金作屋，玉为笼，车如流水马如龙。

刘郎已恨蓬山远，更隔蓬山几万重。

这事如果放在普通人身上，也许算不上什么，但是，那娇唤"子京"的毕竟是当今皇上的女人啊。子京满纸"荒唐言"，这成何体统，分明是在调戏皇帝的女人嘛。就在别人都认为子京就要脑袋搬家的时候，宋仁宗却费了好大力气找到那个"粉丝宫女"，然后把子京也唤了过来，笑着说："唔，这个，蓬山不远。"然后把这个害怕极了的宫女送给了这个"惶惧无地"的多情词星。可以想象，宋仁宗真称得上是"成人之美"的君子。

不但对别人如此，宋仁宗对自己的老婆更是仁至义尽。

宋仁宗的老婆郭皇后骄横跋扈，时常给仁宗带来极大麻烦。因此，仁宗对她渐渐有些冷落，开始宠爱美人尚氏和杨氏。尚杨二人得宠，便不把郭皇后放到眼里，还老是在背后说她坏话，郭皇后当然很恼火，但一时也不能把她俩怎么样，只有自己生闷气。

说来也凑巧，有一次，郭皇后偶然路过皇帝寝宫，结果听到里面仁宗正在和二位美女调笑，本来心里就别扭，这下更是醋意十足，火往上冒。偏偏二位美女又正对仁宗说到自己，长得不怎么样啦，无才无德啦，等等。女人之间最恶毒的攻击，莫过于说她长得不好看，这是每一个女人最最在乎的，特别是郭皇后年老色衰又失宠之后，对自己的长相会更敏感。这一下，郭皇后哪里控制得住自己，怒从心头起，恶向胆边生，推门就奔两位美女直扑过去了，嘴里一边骂着，一边劈头盖脸一顿打。按史书的记载，就是"后不胜忿，批其颊"。仁宗一看来者不善，赶忙起身拉架，结果气昏了头的郭皇后不知是有意还是无意，一巴掌掴在了仁宗脸上，打得仁宗眼冒金星。

身为一国之君，当朝天子，居然挨了自己老婆一记耳光，这绝对是世所罕见。仁宗岂能不生气，于是开会商量废掉皇后，还不怕丢丑似的，"以爪痕示执政"，也就是让大臣们都看看，她把我"家暴"成什么样了。大臣们一看，有的人便当场嚷开了，坚决要求严惩郭皇后。宰相吕夷简更是坚决支持废掉郭皇后，还说废后之事"古亦有之"，废了好，这不算什么新鲜事，不必自责。参知政事也就是副宰相范仲淹等却反对，说"后无过，不可废"，认为两口子打架是常事，受点伤也算不了什么，不是什么大错。

仁宗摸着火辣辣的脸，情感最终战胜了理智，几天之后虽然还是决定废黜郭皇后，但仍封她为净妃、玉京冲妙仙师，赐名清悟，带发修道，居住在长乐宫。

后来仁宗还是很想念郭皇后的，就像整日吵架的夫妻，火在头上，看对方一无是处，及至离婚了，方才想起对方的种种好处。况且在这记

"耳光门"事件中倒霉的也不止郭皇后一个，尚、杨两位妃子也同时被打入冷宫，也说明了仁宗还是念郭皇后旧情的。后来，郭皇后去世后，"上深悼之，追复皇后。"仁宗悲痛之余，还是追封了她的皇后之名。估计这时他心里也早已忘了那一记耳光了。

对打自己耳光的郭皇后如此，对给自己戴"绿帽子"的妃子，宋仁宗也同样仁至义尽。

古代的皇帝妻妾成群，而皇帝只有一个，体力有限，时间也有限，不可能做到公平地"遍施雨露"。其中就有耐不住寂寞者居然红杏出墙，给宋仁宗戴上了"绿帽子"。

宋仁宗后宫中有一个姓刘的妃子，为打发寂寞，暗中和一个进宫私下告求皇帝的神秘之人勾搭成奸。

这事刘氏原以为做得天衣无缝，把宋仁宗严严实实蒙在鼓里。但她忘了"若要人不知，除非己莫为"的古训，最终"好事"还是"走光"了。御史中丞韩绛将他侦知的刘氏偷情详情向宋仁宗密报了个一五一十。宋仁宗差点没背过气："羞煞朕也！不是爱卿所言，我还真不知发生了这等家丑，待我细加审验。"

审验结果正如韩绛所言，色胆包天的刘氏果然给宋仁宗戴了顶"绿帽子"。一向温柔善良的宋仁宗感到天子尊严受到了极端伤害，男人的尊严也受到了严重伤害，他觉得自己都有点无地自容了。

怎么办？杀无赦！只有这样才能彰显天子的神圣不可侵犯——若是其他皇帝，毋庸置疑都会这么干。然而宋仁宗就是宋仁宗，一个事事讲仁道的仁慈皇帝，杀人之事他无论如何下得了手？但不惩治又难解心头之恨，最终，拿出了一个人性化的处理意见：保留此人性命，但驱逐出宫，将不守妇道的刘氏贬于洞真宫为法正虚妙大师，赐名道一。

经历了这场"绿帽门"风波，宋仁宗愤怒之余，不由地想道：既然刘氏能给自己戴"绿帽子"，那么张氏、王氏呢？可能性并不能排除。果然，经过一番仔细排查，发现出墙的"红杏"并非个例，从掌握的证据看，宫人行为不检点者大有人在。这让宋仁宗感到空前的伤心和郁闷，浩荡

皇恩怎么就连几个女人的心都拴不住？好吃好喝温存有加，到头来却落个白疼一场，怎不令人悲哀？

悲哀之余，仁宗也想通了，与其让这些"身在曹营心在汉"的人待在宫中，日后给自己戴"绿帽"，还不如让她们返回民间，嫁夫生子。于是，便将那些有可能日后步刘氏后尘的宫人统统放逐，总计236人。

仁宗之"仁"可见一斑。

"仁政"，一直是传统政治的最高理想。宋仁宗之前，没有一个帝王能称"仁"或冠以"仁"。"为人君，止于仁。""仁"，可以说是对一个专制帝王的最高赞誉。

史书记载，宋仁宗赵祯死后，"京师罢市巷哭，数日不绝，虽乞丐与小儿，皆焚纸钱哭于大内之前"；当他的死讯传到洛阳时，市民们也自动停市哀悼，焚烧纸钱的烟雾飘满了洛阳城的上空，以致"天日无光"。他的死甚至影响到了偏远的山区，当时有一位官员前往四川出差，路经剑阁，看见山沟里的妇女们也头戴纸糊的孝帽哀悼皇帝的驾崩。当然，你可以说这都是官府在有组织、有安排地进行哀悼，不过是一场"表演秀"而已，并非百姓真正的心声。但是，当宋仁宗去世的讣告送到辽国，"燕境之人无远近皆哭"，连辽国的国君也握住使者的手，号啕痛哭，说："四十二年不识兵革矣。"一个专制社会的最高统治者死了，引得邻国百姓和皇帝都一起痛哭，实在是凤毛麟角，也足见仁宗之仁，实至名归。百姓之痛，出自真心。

做一个国家的最高领袖做到这样的境界，不论在哪里、在何时，都会赢得世人的尊敬和爱戴。

宋仁宗除了以仁施政，以仁待人，还是一个严于律己的典范。他还有许多"先进事迹"足以感人。

有一天，仁宗处理完国务已是深夜，又冷又饿的他很想喝碗热腾腾的羊肉汤暖暖身子，可深更半夜的到哪儿去弄呢？只好忍着睡去了。第二天，他把自己昨夜馋嘴的"遭遇"说给皇后听，皇后听罢老大不忍："陛下没日没夜操劳，就不知道保重龙体，想喝羊肉汤，随时叫御厨做就是了，何苦忍饥挨饿遭这份罪呢？"

宽和的仁宗冲皇后嘿嘿一笑，耐心做起解释工作："宫中一时随便索取，会让外边看成惯例，我昨夜如果吃了羊肉汤，御厨就会夜夜宰杀，一年下来要数百只，形成定例，日后宰杀之数不堪计算，为我一碗饮食，创此恶例，且又伤生害物，于心不忍，因此我宁愿忍一时之饿。"

别说想吃的东西他能忍，就连送到口的美味他也能拒绝。一年初秋，蛤蜊刚在京城新鲜上市，便被献到了御宴上，仁宗好奇地问："这时节就有这东西了？价多少啊？"当得知这是从远道运来，总共有28枚，每枚需要一千钱时，仁宗不无心疼地说："我时常告诫你们要戒奢靡，今天我一动筷子，'二十八千钱'就没了，这么贵的东西，我受用不起！"于是，仁宗硬是没动一筷子。

不但在吃上，仁宗皇帝能省能忍，而且他还能忍渴。一个春光明媚的日子，仁宗到上林苑踏青赏景，玩着玩着口渴了，频频回头张望。随从们都不知道皇帝是为了什么。仁宗回宫后，着急地对嫔妃说道："朕渴坏了，快倒水来。"嫔妃们觉得奇怪，问仁宗为什么在外面的时候不让随从伺候饮水，而要忍着口渴呢。仁宗猛喝一口水后，方才上气不接下气地说："我仔细端详了他们好久，但没有看见他们准备有水壶。如果这时我再向他们要的话，肯定就会有人要受处罚了，所以我只好忍了。"

史书上诸如此类的记载，还有很多。

第三章　和平年代的灿烂辉煌

大放异彩的手工业

"素胚勾勒出青花笔锋浓转淡，瓶身描绘的牡丹一如你初妆……"每当唱起流行歌曲《青花瓷》，人们的脑海里便会浮现出一尊尊精美的瓷器来。可你知道吗？中国最精美的瓷器其实都出自宋代……

今天我们常听到一句话：农业是国民经济的基础。确实，"人是铁，饭是钢，一顿不吃饿得慌"，肚子都填不饱，还遑论其他。因此，北宋时期，非常重视农业生产。

宋王朝建立之初，由于战争需要，赵匡胤曾大力征役百姓，致使百姓负担很重。但当政局逐渐稳定之后，赵匡胤随即实行了宽减徭役的政策，以便农民休养生息，发展生产。

减轻徭役，主要是减少那些官吏可以从中私取其利的劳役，还有些是兵役，如他一再减少各县的弓手名额。官府征用的劳役，主要是用来发展生产，特别是修河。在平息藩镇、统一南方的战争中，赵匡胤每攻下一个地方，除收编一部分精兵外，其余军士一律遣散返乡，派人帮他们修盖房屋，发给耕牛、种子、粮食，鼓励他们积极生产、认真耕作。这样，大批的人力从繁重的徭役中解放出来，对宋初社会经济的恢复起到了很好的推动作用。

此外，由于五代时期连年战乱，田地荒芜比较严重。为了刺激农民垦荒，赵匡胤下令，凡是新垦土地一律不征税，凡是垦荒成绩突出的州县官吏给予奖励，管辖区内田畴荒芜面积超过一定亩数的，要给予处罚。他还专门颁发诏书，鼓励垦荒，组织选种、配种，传播先进农业生产技术，提倡植树造林，防止灾害，奖励互助凿井，变旱田为水田，还帮助农民调剂劳动力和耕畜，推广踏犁。此外，还兴修黄河、汴河和江南的水利工程。

由于政策措施适当，北宋的农业很快地恢复和发展起来。据不完全的官方统计，从赵匡胤即位起不到五十年的时间，大宋耕地超过七亿亩，同时，选种、配种的结果，使南方种植了粟、麦、黍、豆等作物，在北方扩大了水田，种植了水稻，并在江淮、浙江一带推广了早熟而产量丰富的"占城"稻种。

此时，南方农民已普遍使用龙骨翻车来灌溉，同时，比龙骨翻车运转力更大的筒车，也用来引水上山，灌溉山田。

在后世发现的北宋墓葬中，成组的铁制农具，如犁、耧、耙、锄、镰等已广泛出现，表明了农民对精耕细作的重视和耕作程序的增多。

北宋农民已掌握了科学的积肥和施肥技术。他们在长期生产实践中认识到，土壤的性质不同，应施用不同的粪肥。这对提高北宋时期的农业产量起到了很大的作用。

农业专著《禾谱》《农器谱》《农书》《蚕书》等的出现，反映了当时农业生产技术的提高。

农业经济的发展，不但解决了北宋时期百姓的温饱问题，而且直接促进了一些重要手工业的发展。

比如矿冶业。

北宋时期，煤已经被普遍应用于人们的日常生活之中。宋人记载：都城开封数百万家，都依靠煤作燃料；河东（今山西）家家都烧石炭；煤还被应用于冶铁、炼铜等方面。这一切，使得煤的需求量大大增加，采煤业也迅速得到发展。河东已出现一些专门以挖石炭为生的民户。采煤的技术在北宋也有显著进步。1954年，在河南鹤壁市所发现的北宋晚期煤矿遗址，四条较长的开掘巷道总长达五百余米，说明这个矿的开

采规模已经相当大。从这个遗址可以看出，当时已运用了先内后外逐步撤退的"跳格式"的采掘方法，还有排水的水井和木制辘轳，可见采煤技术已相当先进。

北宋的冶炼技术也达到相当水平。由于用煤作燃料，冶炼的质量提高了。据苏轼说，徐州利国监在北宋中期用煤炼钢，所铸造的兵器"犀利胜常"。北宋科学家沈括则记载磁州锻坊能炼一种"纯钢"，"百炼不耗"。信州（今江西上饶）铅山的冶铜工匠用"胆磐"（即硫酸铜）炼铜，又采用近代化学中"置换反应"的原理，用"胆磐"浸铁成铜，这在当时也是一种先进的冶炼技术。

由于开采和冶炼技术的进步，北宋时的矿冶业发展迅猛。北宋初，各地有矿冶201处，北宋中期增加到271处。铜、铁的产量也不断上升。仁宗皇禧年间的年产量是510多万斤，到宋神宗时已增加到1400多万斤。这在当时的世界已是极为巨大的数字。

北宋的造船业也在前代的基础上有了较大发展。船有内河航船及海船之分。虔州（今江西赣州）、吉州（今江西吉安）、楚州（今江苏淮安）、潭州（今湖南长沙）、鼎州（今湖南常德）、斜谷（今陕西眉县）及明州（今浙江宁波）、温州、台州（今浙江临海）等沿河、沿海之地，都有官府的造船务。浙江、福建民间也打造海船。内河的航船，可以从现存宋人名画《清明上河图》看到具体的形象。民间打造的海船长十余丈，可以载2000石粟在大海上航行，每船的篙师、水手有60人。北宋末年，朝廷为派使臣到高丽所造的"神舟"，据说比2000石海船还要大3倍。没有高超的造船技术，要造出这样大型的海船是不可能的。

由于对知识分子的尊重和言论的自由，北宋的刻印书业也非常兴盛。当时不仅官府大量刻印书籍，也有民间私人书坊。京城的国子监是官府刻印书籍的中心，所刻印的书称为"监本"。根据当时国子监官员的记载，从宋初到宋真宗景德二年（1005年）的40多年中，国子监的书板从不到4000块增加到10多万块。可见北宋刻印书业的发展异常迅速。开封、成都、杭州、建州（今福建建瓯），是北宋刻印书业的四大中心。印书的质量以杭州为上，四川居其次，开封印版数量不下于杭州，只是纸质较差。私人书坊刻印的书为了售卖自不待言，官府刻印的书籍除了一部分供官府需要外，也公开出售。

刻印书业的发展，也带动了造纸业的发展。据北宋人苏易简《文房四谱·纸谱》记载：四川多以麻造纸，有玉屑、屑骨之号，江浙多以嫩竹造纸，北方以桑皮造纸，剡溪以藤造纸，海边的人以苔造纸，浙江人还用稻草和麦茎造纸。

原料的不同，造出的纸张也各有不同，可谓品种繁多。安徽的宣纸，杭州的"油拳"，池州的"茧纸"，越州的藤纸、竹纸，四川的广都纸等品种，在北宋时都享有盛名。其中的竹纸，是北宋的新产品。苏轼《东坡志林》说："今人以竹为纸，亦古所无有也。"这种竹纸刚出现时，虽然纸质较差，随手便裂，但正因为它一碰即裂，不能再粘贴，因此用来书写秘密信件，他人不敢私自拆开，士大夫纷纷使用。到北宋末年，竹纸质量进一步提高，成了书法家喜欢使用的纸张。大书法家米芾更赋诗说："越筠万杵如金版，安用杭油与池茧"，称赞竹纸像金版，说写字不需要再用杭州油拳及池州茧纸之类精美的皮纸了。用稻草和麦茎作原料造纸，也是北宋的首创。这种纸虽然质量较差，但成本低，原料来源多，适于一般老百姓使用，也是当时造纸业发展的一个重要反映。纸的生产规模也很大。仅潭州一地，宋初每年调发纸178万余幅，产量之大可以想见。

北宋时期更光彩夺目的手工业部门是制瓷业。

在2012年4月4日于中国香港苏富比举行的"中国瓷器及工艺品"拍卖会上，有900年历史的"北宋汝窑天青釉葵花洗"经34口叫价，以天价2.0786亿港元成交，刷新了宋瓷世界拍卖纪录。从中可见宋瓷之珍贵。

汝窑是北宋时北方的名窑。宋代的记载中有名窑以"汝窑为魁"的说法。这是因为汝窑在北宋后期主要是为宋朝宫廷制作高档青瓷，在釉料方面不计工本，据说还以玛瑙作为釉料，制作数量不多，因而显得特

别珍贵。汝窑的青瓷，以淡天青为基本色调，在宋代青瓷中别具一格。

除了汝窑（在河南临汝）外，北宋时期著名的瓷窑还有官窑（在河南陈留）、钧窑（在河南禹州）、定窑（在河北曲阳）。这几个瓷窑，在后代都被称为宋代的名窑。耀州窑（在今陕西铜川）、景德镇窑（在今江西景德镇）、磁州窑（在今河北磁县），也都是北宋重要的瓷窑。除了这些著名瓷窑外，还有许多规模较小的瓷窑遍布南北各地。

官窑是北宋末年为宋徽宗享受的需要而创建，烧制瓷器呈粉青色，"釉色莹澈"，也很精美。官窑和汝窑因为产品多为宫廷所垄断，对其他瓷窑没有产生多大的影响，也没有形成独特的瓷窑体系。

从文献记载和考古发掘的情况看，北宋制瓷业的重心在中国北方的黄河流域和中原地区。北方的名窑，都有自己的独特风格为后世所称道。有些名窑还因为对其他瓷窑产生巨大影响，形成别具一格的瓷窑体系。

北宋定窑制品以白瓷为主，兼烧黑釉、酱釉、绿釉及白釉剔花器。装饰技术精巧，能用印花、刻花、划花三种不同技法，使瓷器呈现各种花纹和图案。所烧的白瓷质白如粉，胎薄且轻，又称粉定或白定。其印花白瓷的图案工整严谨，为宋代印花白瓷的珍品，对南北瓷窑都有较大影响。定窑的工匠在北宋中期所创造的覆烧工艺，可以充分利用窑炉空间，降低生产成本，后来也为其他瓷窑所采用，形成了自己的瓷窑体系。

耀州窑烧制的刻花青瓷有"越器"之称。但耀州窑的青瓷在学习越窑青瓷的基础上又有独创，风格已不同于越窑。耀州窑的制品以刻花青瓷为主，也兼烧印花青瓷。刻花青瓷以刻花犀利洒脱而闻名，制品有"巧如范金，精比琢玉"之称。所烧制的器物以生活实用的碗、盘为主，也有瓶、罐、壶、盆、炉、香薰、盏托、钵、注子、注碗等器物。器形之多，为北宋其他瓷窑所少见，也形成了自己的瓷窑体系。

钧窑也有自己的特点。其独特之处在于其使用的乳浊釉中含有少量的铜。烧出的釉色青中带红，像是蓝天中的晚霞。青色也有别于其他青瓷，近于蓝色，其青瓷工艺已明显地创新和突破，也形成了自己的瓷窑体系。

磁州窑同耀州窑一样，产品以民用瓷器为主，但又不像耀州窑那样以青瓷见长。它继承了唐代民用瓷窑的特点，产品种类繁多，既烧白瓷，又兼烧黑瓷、花瓷、青瓷等，以富有乡土气息和民间色彩，在宋瓷中别具一格。其中的瓷枕画面多取材于民间生活小景，富有生活意趣与幽默感。其高档瓷有白釉釉下黑彩划花瓷器，技艺也很高超。这种釉下彩画，是元代著名的青花瓷器的先河。

南方的瓷窑，以景德镇窑最为著名。景德镇原名昌南镇，宋真宗景德年间才改名景德镇。这里烧制的瓷器釉色介于青、白二色之间，青中有白，白中显青，称为青白瓷，又称为"影青"。这种青白瓷不仅风格独特，而且质量远远超过唐代负有盛名的越窑，釉质如玉，制品几乎具备与玉器无别的质地。景德镇的青白瓷在北宋时大量生产，并对江西、福建、广东的许多瓷窑产生影响，在江南也很快成为一大瓷窑体系。

北宋时期的制瓷业，不仅瓷窑众多，分布范围广，有独特风格的名窑兴替，在制瓷工艺上有很多创新，而且从造型、装饰和釉色各个方面都符合审美的要求，有的匀称秀美，有的轻盈俏丽，有的色泽灿如晚霞，变化如行云流水。图案有的工整严谨，有的犀利潇洒。这些唐、五代时所不曾有的新的仪态和风范，为陶瓷美学开拓了一个新的境界，成了后世陶瓷业长期追仿的榜样，至今仍为人们所倾倒。而且，就连今日的鉴宝专家们也承认，无论从质量还是品种来说，宋瓷都属于中国瓷器中最顶尖的代表，时至今日，仍然蜚声海内外。

总之，上述各个手工业部门发展的情况表明，北宋手工业确实是一派繁花争艳的景象。这种景象的出现，是广大手工业者辛勤劳动的结晶，反映了我国古代劳苦大众的无穷智慧和卓越的创造能力。

具有现代意味的纸币与银行信用

如果我们今天出门买东西，只准带"钢镚儿"也就是硬币的话，想想看，会发生什么？恐怕所有人都会"发疯"。人们之所以没有发疯，其实应该感谢聪明的宋朝人……

随着商业的发展，北宋的货币制度发生了具有重要历史意义的演变。

北宋时期，市场流通的货币主要是铜钱，局部地区使用铁钱。用铜或铁制成的钱有什么好处吗？

当然有。至少提在手里沉甸甸的，很有实在感。

有什么不好的吗？

当然也有。比如，假如你生活在宋徽宗时期，需要去买一头耕牛的话，你需要带多少钱呢？

生活于徽宗朝的一代名臣和学者许景衡在其《墨牛图》上作诗云：

一牛动是万钱值，墨指一作何纷纶。

安得田家真有此，坐令四海无饥民。

宋代一贯钱等于一千文，说明当时牛价一般是十贯左右。宋时的一文大约是四克，一贯钱则为四公斤左右。也就是说，你需要带四十公斤左右的铜钱才能买回一头牛。

宋代虽然发达，但肯定没有现在的汽车、摩托车和自行车之类的代步工具，如果你不是一个壮汉的话，估计这牛凭一己之力是很难买成了。

况且，中国人向来有所谓"财不露白"的传统，谁也不愿意提着几十上百斤的钱四处招摇。

那怎么办呢？

聪明的北宋商人们想出了一个办法。他们找到自己留宿的客栈，将身上的钱财寄存在掌柜的"保险柜"之中，掌柜的就需要写下一张凭证，比如说×××于×年×月×日×时在××客栈存留×××两银子，预计在×天之后取回，就如同银行的存折一样。当然，掌柜的也是个商人，他们不可能平白无故地承担起这样的责任，所以在取回钱财之后，商人还要给掌柜的存款的百分之多少作为报酬。这种临时填写存款金额的凭证便被称为"交子"。

也许有人会觉得，这不就是现如今的银行存款吗？确实，很类似。所不同的是，现在的银行是返给存钱人多少作为利息。

随着北宋经济的日益发展，交子的使用也越来越广泛，许多商人联合成立专营发行和兑换交子的交子铺，并在各地设分铺。由于铺户恪守信用，随到随取，交子逐渐赢得了很高的信誉。商人之间的大额交易，为了避免铸币搬运的麻烦，也越来越多地直接用交子来支付货款。后来交子铺户在经营中发现，只动用部分存款，并不会危及交子信誉，于是他们便开始印刷有统一面额和格式的交子，作为一种新的流通手段向市场发行。正是这一步步地发展，使得交子逐渐具备了信用货币的特性，真正成为纸币。

随着交子影响的逐步扩大，对其进行规范化管理的需求也日益突出。北宋景德年间，益州知州张泳对交子铺户进行整顿，剔除不法之徒，专由 16 户富商经营。至此交子的发行正式取得了官府认可。宋仁宗天圣元年（1023 年），官府设益州交子务，以本钱 36 万贯为准备金，首届发行的交子有 126 万贯，准备金率为 28%。由京朝官一二人担任监官主持交子发行，并"置抄纸院，以革伪造之弊"，严格控制其印制过程。这便是我国最早由官府正式发行的纸币——"官交子"，这比法国（1716年）等西方国家发行纸币要早 600 多年。

从商业信用凭证到官方法定货币，交子在短短数十年间就发生了脱胎换骨的变化，具备了现代纸币的各种基本要素，将还处在黑暗的中世纪的欧洲远远抛在后面。

纸币的出现，既是商品经济发展的产物，又有利于商品经济的进一步发展。在北宋时期，它虽然还只是局限在川、陕等地区流通，但它的出现，却为中国货币史开辟了一个新的纪元，对后代产生了深远的影响。

四大发明占一多半

一提起中国古代的四大发明，无数中国人都耳熟能详。可你知道吗？这些享誉世界的科技发明，一多半都与大宋朝有关……

造纸术、指南针、印刷术和火药是我国古代的四大发明，是我国之

所以成为文明古国的标志之一。宋代是中国科学技术取得较大进展的时期，指南针、印刷术与火药等几大发明之投入使用及大规模外传均在此际。

指南针的最早形式被称为司南。大约在 3 世纪前后，中国人发现了磁石吸铁的特性，同时还发现了磁石的指向性，并依此制造了"司南"。最迟在 9 世纪，指南针已应用于古代中国的陆上测量，还被阴阳家广泛用来看风水。官府在丈量田地和判决土地诉讼时，也经常使用指南针。

大约在 10 世纪的北宋时期，中国人已将指南针用于海上导航。这对于海上交通的发展、中外经济文化交流起到了极大作用。在北宋地理学家朱彧于 1119 年成书的《萍洲可谈》中有这样一段文字："甲令海舶，大者数百人，小者百余人……舟师识地理，夜则观星，昼则观日，阴晦观指南针。"一些外国学者在翻译这段文字时，误将其中的"甲令"（南宋官府的命令）一词译成了往来海上的阿拉伯船的船长名字，因此一错再错，得出了最早装备指南针的不是中国海船，而是阿拉伯海船的错误结论。实际上，中世纪时阿拉伯人的海船船体狭小，根本无法容纳一百余人。当时往来南中国海、印度洋和波斯湾之间的商船，能够容纳一百余人的只有中国海船，连阿拉伯商人也经常搭乘中国海船。宋代与阿拉伯的海上贸易十分频繁，中国开往阿拉伯的大型船队有指南针导航，阿拉伯人是很容易从中国商船上学到指南针的用法的。

虽然古代希腊、罗马的学者们很早就已知道磁石能够吸铁的特性，但长时间不知道磁石的指向性。当欧洲人最终了解并掌握这一自然现象时，已落后于中国人一千多年了。而以磁石制造罗盘指引航海晚于中国三百余年，用人造磁石导航晚于中国人一百余年。值得注意的是，欧洲人早期使用的航海罗盘，是与中国人同样的水罗盘，而且制作方法也与中国水罗盘几乎完全相同。这一系列的趋同现象，只能以技术传播来解释。

在 13 世纪前半叶之前，欧洲人还停留在对中国宋代指南针的仿制阶段。此时的欧洲人无论是在理论还是在实践方面都没有什么太大的建树，没有超过中国宋代罗盘的应用水平。

13 世纪后半期，通过法国实验物理学家皮埃尔的研究，欧洲的指南针开始本土化的进程。随着中国旱罗盘传入欧洲，法国人又将旱罗盘改进，将其装入有玻璃罩的容器中，成为便携仪器。后来，这种携带方便的指南针被欧洲各国的水手广为应用。

没有指南针之前，航海只能使用观星的方法推算大概方位。指南针出现后，海员们不仅可以确定方位，有时甚至能推算出两地间的里程。从此，各国远洋船队依据海图和罗盘所记载、测算出来的航线、航向和里程，安全地行走于茫茫海天之间。

指南针在航海上的应用，使得哥伦布发现美洲新大陆的航行和麦哲伦的环球航行成了可能。这大大加速了世界经济前进的步伐，为资本主义的发展提供了必不可少的前提。

纸的发明也是在宋朝。

在纸问世之前，人们只能把文字刻写在各种各样的材料上，如甲骨、铜器、竹木、金石、纸草等。自从汉朝蔡伦发明纸以后，书写变得轻便、经济多了，并产生了现代意义上的书。但这些书只能通过抄写流传，费时费力，给文化的传播和交流带来了很大的困难。

东汉末年的熹平年间（172—178），出现了摹印和拓印石碑的方法，虽比手抄快多了，但仍很费工夫。大约在 600 年前后的隋朝，人们从刻制印章中得到启示，发明了最早的雕版印刷术，即在适宜雕刻的枣木（或梨木）板上刻上要写的文字，成为印版，然后在印版上刷墨覆纸，用力压后印出整版文字来。但刻书版需几年时间，一旦发现错误，就得重刻，不能串版、换字，非常耗时耗力。赵匡胤开宝四年（971 年），在成都雕版印刷的 5048 卷《大藏经》，费时 12 年，共雕版 13 万块，存放就占用了许多空间。

为了改进雕版印刷，百姓进行了坚持不懈的努力，不断加以改进，终于由北宋的平民毕昇发明了活字印刷术。

毕昇总结历代雕版印刷的丰富经验，经过反复试验，在宋仁宗庆历

年间（1041—1048）制成了胶泥活字，并实行了排版印刷。

根据《梦溪笔谈》的记载，活字印刷的程序为：首先选用质地细腻的胶泥，刻成一个个规格统一的单字，然后用火烧硬，即成胶泥活字；把活字分类放在相应的木格里，一般常用字，如"之""也"等字要备用几个至几十个，以备重复使用。排版的时候，在一块带框的铁板上面敷上一层用松脂、蜡和纸灰之类混合制成的药剂，接着把需要的胶泥活字从备用的木格里拣出来，按文字顺序排进框内，排满就成为一版；排好后再用火烤，等药剂开始熔化的时候，用一块平板把字面压平，等到药剂冷却凝固后，就成为固定的版型。这样就可以涂墨印刷了。印完之后，再用火把药剂烤化，用手一抖，胶泥活字就可以从铁板上脱落下来，下次可以再用。

毕昇首创的泥活字版，使书籍的大量印刷更为方便。而且还可以一边印刷，一边排版，胶泥活字还可重复使用，实在是既节省了时间，又节省了材料。活字印刷术的方便快捷由此可见一斑。

毕昇之所以能够发明活字印刷术，来源于他对生活的耐心观察、思考和体悟。

这里有个有趣的小故事。刚开始，毕昇把墨均匀地涂在木活字上，再把纸铺上去，用刷子轻轻一刷，揭下来一看，一张字迹清晰的印刷品就呈现在眼前了。但木质的字模容易吸水变形，印了几次字迹就模糊不清了。怎样才能找到一种既不吸水变形，又能雕刻成字的材料呢？毕昇为寻找新的材料而动足了脑筋。

一天，毕昇看到自己家里烧水用的瓦罐，灵机一动。他想，用泥坯做字不是挺好的吗？如果先用泥坯刻好字，再放进窑里进行烧制，不就可以制成像瓦罐那样不吸水的泥活字了吗？于是，他在自家后院搭起了一座小窑，又用胶泥制成许多半寸见方的"小土坯"，刻成5000多个字块，然后点火烧窑，日夜守候在旁。两天后，一套不吸水、笔画清晰、坚如牛角的泥活字终于制成了。

毕昇把活字版拼好，试印了几百张，每一张都清清楚楚。活字印刷终于试验成功了。后来，德国的谷登堡也发明了用金属铅制成活字进行印刷的方法，但比起毕昇来，已经迟了400年了。

毕昇的活字印刷术后来传入朝鲜，又经朝鲜传入日本；经新疆传到波斯、埃及，再传播到欧洲乃至世界各地。不仅促进了我国文化的发展，而且为人类文化的交流做出了重大贡献。

毕昇发明的泥活字可惜已不复传世，但在中国国家博物馆里，人们还可见到毕昇创造的胶泥活字版的复制模型。它默默地告诉参观者，毕昇活字印刷术的发明，是世界印刷术上的一次革命，他对人类文明史的贡献是永远不可磨灭的。

相比指南针和活字印刷，火药的发明则纯属偶然。古代炼丹家制药时，逐渐发现硫黄、焰硝和木炭的混合物有燃烧和爆炸能力。唐末天宝年间（742—756）在战争中开始出现火药箭，还出现了"发机飞火"的记载，即用抛石机投掷火药包，做燃烧性兵器。宋朝开封府设广备攻城作，其中有生产火药的部门。《武经总要》一书记载了火药的三种配方，此时生产火药已达相当规模。尽管生产技术严格保密，但仍传入辽国。所以宋朝在从日本大量进口硫黄的同时，又严禁硫黄和焰硝向辽国出口。宋神宗赵顼时，边防军中已大量配备火药箭、火炮箭等兵器。辽道宗时，也已在南京析津府（今北京）"日阅火炮"。到了南宋，水军也配备了霹雳炮、火炮、火箭等兵器，在建康府（今南京）、江陵府（今属湖北）等城市都设有火药兵器制造业。早期火药兵器威力有限，不可能取代冷兵器。但自南宋中期以后，火药兵器在兵器中的比重显著增大。

金朝火药制造技术来源于辽国，金军攻宋之初已使用火炮。此后，在宋、金、元之间的战争中，火药的使用愈益频繁。金末抗击蒙古军时，全军曾使用震天雷、飞火枪等火器。宋代也出现了类似近代炮弹的铁火炮，却仍用抛石机投射；之后，又发明了突火枪，以巨竹为筒，发射"子窠"，类似于后世枪炮，却还没有使用金属发射管。这是辽、宋、金代火药兵器进步的极限，却已决定了后世火药兵器的发展方向。总之，辽、宋、金代可算是人类使用火药的奠基时期。到了元代、明代，人们又发

明了铜铁铸造的管状火器——铳和炮。

我国的四大发明在欧洲近代文明产生之前陆续传入西方，成为"资产阶级发展的必要前提"，为资产阶级走上政治舞台提供了物质基础：印刷术的出现，改变了过去只有僧侣才能读书和接受高等教育的状况，便利了文化的传播和教育的普及；火药和火器的采用，摧毁了封建城堡和王朝，帮助资产阶级战胜了封建贵族；指南针传到欧洲航海家的手里，使他们发现了美洲和实现了环球航行，为资产阶级奠定了世界贸易和工场手工业发展的基础。总之，我国古代的四大发明在人类科学文化史上留下了灿烂的一页，这些伟大的发明曾经影响并造福于全世界，推动了人类历史的前进。

岂止是四大发明

英国学者李约瑟在其著作《中国科学技术史》的导论中提到："每当人们在中国的文献中查找一种具体的科技史料时，往往会发现它的焦点在宋代，不管在应用科学方面或纯粹科学方面都是如此。"

一提起宋代的科技，除了指南针、印刷术等举世闻名的发明之外，其实还有很多，比如机械科技。

宋朝的机械科技比较著名的有"记里鼓车"和"指南车"。鼓车上站有木人，手中握有鼓槌，马车每驶至一定里数，木人就会挥动鼓槌，敲响前方的小鼓。其实，它的工作原理很简单：木人手上有线连着一个齿轮，齿轮又连着另一个齿轮，形成一套减速齿轮组，最后连着车轮。车辆启动，车轮就带动齿轮组，齿轮组带动木人，木人则敲起小鼓。在当时，这是相当有科技含量的发明，就连现在的计程车也是根据记里鼓车的原理记数。

《宋史》之中记载：其中平轮转一周，车行一里，下一层木人击鼓；上平轮转一周，车行十里，上一层木人击镯。凡用大小轮八，合二百八十五齿，递相钩锁，犬牙相制，周而复始。

"指南车"由三国时期机械制造家马钧发明，同样是采取了齿轮的原理制作，将复杂的差速齿轮组合在一起，这也是如今所有现代汽车在转向时对旋转的车轮力矩相同、速度不同的原理。这些差速齿轮使机械控制的手指指向固定的方向——南。指南车采用了先进的机械装置，与指南针采用磁极原理不同。

宋代博物学者燕肃重新研制出指南车，他的制作方法在《宋史》也有记载：大观元年，内侍省吴德仁又献指南车、记里鼓车之制，二车成，其年宗祀大礼始用之。

宋朝的土木工程也得到了飞速的发展。984年，淮南转运使乔维岳负责治理淮河时创建的二斗门，是复闸形式的运河船闸，从而提高了河运能力。

根据《宋史》记载："维岳规度开故沙河，自末口至淮阴磨盘口，凡四十里。又建安北至淮澨，总五堰，运舟所至，十经上下，其重载者皆卸粮而过，舟时坏失粮，纲卒缘此为奸，潜有侵盗。维岳始命创二斗门于西河第三堰，二门相距逾五十步，覆以厦屋，设县门积水，俟潮平乃泄之。建横桥岸上，筑土累石，以牢其址。自是弊尽革，而运舟往来无滞矣。"

此外，宋代也是中国传统天文学重要的发展时期。宋哲宗时，苏颂和韩公廉设计制造了台水运仪象台，它是一座三层的木结构建筑，上层为屋顶可以开合的平台，装有观测天体的浑仪，中层为演示天象的浑象，下层为钟鼓钲、木人等自动报告时、刻、日出、日落时间的系统。全部仪器以漏壶流水为动力，驱动一整套齿轮、杠杆、水车等机械装置，集观测、演示天象和计时报时等多种功能于一身。为了克服机轮运动产生的加速度，在水车上安装了类似如今机械钟表上的擒纵器部件，使整台仪器保持恒速运转，与天体运行完全合一。可见，宋朝时在天文仪器的制造方面已经达到了很高的水平。

沈括所撰写的《梦溪笔谈》绝对称得上是宋朝科技的集大成著作，

它是宋朝科学技术的全面总结。这本古代中国科技的百科全书，让后代能够比较全面地研究宋朝科学技术所取得的成就。

沈括在《梦溪笔谈》一书中论述了浑仪和浑象两种天文仪器的不同，对传统的周天 365 度的划分，黄道、赤道和月行九道的道理都有所解释和辩论。这些都为古代天文学的发展作出了重要贡献。书中有关宋代治平元年（1064 年）常州地区陨石的记载，是我国天文学史上一次杰出的科学记录。沈括将这次流星下坠的过程作了完整的科学描述。从这段记载中，可以看到流星飞速从空间进入大气层并与空气剧烈摩擦而燃烧发光的情况。

沈括的新历法是保存在他晚年所著的《梦溪补笔谈》里的一篇短论文中，是我国天文学史上的宝贵文献。在这篇短文中，他首先讨论了置闰和气朔不正的问题，从而肯定了事物运动变化的规律。他反对盲从古人，认为学术在不断发展，不应停留在前人的水平上。其次，他叙述了历法中出现"气朔相争"的现象，并对形成这种现象的原因进行了科学探讨。他认为，四时季节的产生，主要是节气的变化使然，和月的盈亏无关。当时的历法专门以朔定月，节气反而降到不重要的地位，这是不合理的。他基于此而提出一种崭新的历法，该历法是一个纯粹的阳历，比公认的现行公历——欧洲《格里历》还要合乎理想。现今英国气象局统计农业气候和生产所用的《萧伯纳历》，也就是采取和沈括相同主张的一种历法。沈括当时能够不顾众议，大胆创立、提倡新说，并且相信日后一定可以实行，其坚持真理的精神值得后人敬仰。

在数学方面沈括也有巨大成就。《梦溪笔谈》一书中载有他创立的"隙积术"和"会圆术"。前者是高阶等差级数求和法，是他对《九章算术·商功》一章里所载"刍童"（长方台）的术积法的改进。他创立的这种新计算法，由于垛堆之间有虚隙，和实质的刍童不同，因此被称为隙积术。后者是沈括对平面几何学研究的贡献。他认为，"凡圆田，既能拆之，须使会之复圆"。用现代的语言说，就是圆形可以分割成若干部分，如能求出其中每个部分的弧长，合起来就可得到圆周长。

沈括对物理学的研究，成果也很丰硕。《梦溪笔谈》中所载的物理知识，包括力学、光学、声学、热学、磁学等，在我国物理学史上闪烁着耀眼的光彩。其中，他的磁学研究不仅记录下了磁针，而且认识到了它的两极性。他还是已知的世界上第一个发现地磁场存在磁偏角的人。在光学方面，他对光的直线传播和凹面镜成像给予了形象化解释。关于凸面镜成像大小的论述，对我国古代制镜技工创造的镜背花纹文字能够在太阳照射时反射到墙壁上，他也提出了新解释。沈括还研究了声学上的共振现象，通过拨动一架古琴的弦，使另一架古琴上的小纸人跟着跳动的实验，证明一个发声体的振动能引起频率相同的发声体的"应声"（共振）。

在地质和地球科学方面，早在少年时代，沈括就注意观察山下与山上桃树开花迟早不一的现象，思考其中的缘故，其后在多年研究中提出了一些深刻的见解，在正确阐明山谷变迁的原因方面迈进了一大步。他还在气象和物候方面进行了精心的观察与研究，留下了大量有价值的科学记录。

此外，《梦溪笔谈》中还有五十二条有关生物科学和动植物的记录。在该书和沈括的其他著述中，还阐述了他的医疗理论。此外，他在文学、史学、音乐等方面也有研究和贡献。

《梦溪笔谈》的内容，不仅涉及范围很广，而且所记载的科学技术知识反映了当时的先进水平，所以被西方科技史学家李约瑟称作"中国科学史上的坐标与里程碑"。

《梦溪笔谈》除了记载沈括从事的科学活动及其成果外，还记录了许多别的科学家、技术家研究的成果，例如卫朴的历算学、毕昇的活字印刷术、孙彦先的虹成因说、李元规的天气预测等，成为珍贵的科技史料。

在农业技术方面，《梦溪笔谈》总结了不少农民的种植经验。其中有一首当时的种竹口诀："栽竹无时，下雨便移，多留宿土，记取南枝。"这个宝贵的生产经验受到后人的重视，世代得到传授推行。

关于冶炼技术，沈括在《笔谈》里先后记载了金属的"热作"和"冷

作"加工的操作过程。从中可以知道，当时在炼钢技术方面，中国人已经掌握了"团钢""灌钢"的技巧，以及柔铁、包生铁锻打器物的技术。在炼铜方面，他记载了用铁在胆矾（硫酸铜）中取铜的技术。

在地理学方面，《梦溪笔谈》中记录了"三江"的考释，楚国郢都的地理方位，漳水、洛水得名的由来等事项，还记载了今陕西延安境内百姓用雉尾沾采石油的方法，这些成为经济地理和采矿方面的一条珍贵史料。

沈括一生的著述多达四十余种，而《梦溪笔谈》是他最重要的著作，倾注了他一生对科学文化孜孜以求的心血。《梦溪笔谈》中记载的奇闻逸事甚多，是沈括对大自然的奥秘始终怀有强烈兴趣的最好反映。尽管对于书中的许多内容，沈括也不能给以解释，但由于他的记载，已成为后世科学研究的依据资料。

《梦溪笔谈》所记录的许多科技成就可以列为世界第一：根据化石推断古代气候的变迁，比西欧早四百多年；用流水侵蚀学说阐明华北平原和雁荡山的成因，比西方类似学说早七百年；他的新历法比与它相似的欧洲萧伯纳历早八百年。沈括计算出围棋棋局总数是 3 的 361 次方，并且估计出它的布局方式如果用数字表述出来，得写个几十万字，更是古代世界绝无仅有。难怪李约瑟称赞沈括是"中国整部科学史中最卓越的人物"。

为纪念这位世界闻名的科学家，1979 年 7 月 1 日，中国科学院紫金山天文台将 1964 年发现的一颗小行星（编号 2027）命名为"沈括星"。

盛世浓缩《清明上河图》

"我俯身看去，那一帘秋雨，落下的水滴，却悄无声息，雕刻在石碑上的印记，是否隐藏着秘密……"这是一首许多人都喜欢的名叫《清明上河图》的流行歌曲。那么，真实的《清明上河图》又蕴藏着多少秘密呢……

我们来看这样一幅画卷：

在宽敞的街道上，腾腾踏踏地行进着拉货的肉马肥骡、负重的瘦驴，以及高视阔步的憨驼。时至今日，我们仿佛仍然可以听到赶车人的吆喝声，呱嗒呱嗒的疾蹄声和叮叮咚咚的驼铃声。

伴着轿杠的响声，颤悠悠地晃过来两乘轿子，那里面悄隐着粉面青髻的俏妇丽女，她们正从窗隙浏览着不停变换的街景和来来往往的行人。轿后，矮小的马童掀摆着细瘦的胳膊抻缰引马，马上端坐着摇扇的大官人。清明时节，他随着轿里的家眷去郊外扫墓祭祖，并让身后的家仆挑了盛满干鲜供品的食盒儿。那些供品，本着"心到神知，上供人吃"的原则，最终是要进到他和家人肚子里的。街上很喧闹，官人培养不出缅怀先人的哀思，只得偏过脸去观赏街景。因此，他那张蓄了几缕黑须的长白脸儿，看上去还很闲适、淡定！

不远处，挤站着一些穿着长衫罗裙的男女看客，他们揽着肩上和膝下的孩童，聚精会神地聆听着一个大胡子壮汉吐述的江湖贯口，只等他阐述完了"捧钱场""捧人场"的粗浅话头后，看他耍些拳脚功夫。人堆外，一个将长衫下摆掖入腰带的毛头小伙子，却把注意力集中到了货架的食品上，因为他的腹鸣声远比卖艺人的吆喝声有力度！摊主则前倾着身躯，以警觉而练达的目光审视着这位探头探脑的不速之客。

街边的铺面与作坊均大敞着门户，里面的陈设一览无余。店主们直等到太阳西沉，挣足了钱打烊后，才让店伙计们用一块块沉重的铺板拼挡铺面。货栈外堆放着成捆的麻包，买卖双方正捧着清单验货，旁侧的汉子则在等着放开膀子搬扛大件。他这干苦力的，劳作一天也挣不上几文钱，可他仍一门心思劳作着。制作竹桶、木盆的作坊里，手艺人擎着烤弯的竹条拴线固形，以使竹条冷却后弯曲如弓。他那硬邦邦的架势，好似弯弓走箭，由此赢得了徒弟敬畏的目光。

酒肆阁楼上，醉依栏杆的酒客，依然醉眼朦胧地盯着杯杯盘盘之间的酒壶，大概还想再喝上三杯两杯的！酒友们都走了，欢笑声也远去了，他拥有的也许只是寂寞！

街上的人，既有三五成群的闲聊者、神气的盘价人，也有孤独的远方游客。缓缓地，不远处走来了头戴蒙纱斗笠的卖唱者，他拎着胡琴往那人多处走着，也想在一展歌喉之后得到别人的几个小钱。冷不丁地，从街这边跑出一个孩童，他那双明亮的小眼已牢牢盯住了街那边货车上的美味小吃。

长河上的拱桥如新月一般，无数游人涌入其上，自觉不自觉地从桥下的波光水影和逆水行舟中感悟着不可捉摸的人生，同时也在汲取着巨浪中的船夫们带给他们的精神能量。

许多人趴在桥栏上，躬着背，哈着腰，俯瞰河中大船。河中水急浪猛，船上的人们正在奋力撑桨。他们喊着低沉有力的号子，凝聚起所有的勇气和气力。"嗨吆、嗨吆……"的喊声、气势冲天的涛声，催出了桥上所有人的激情，他们也跟着喊起来了，河畔上以及远处房屋顶上观望的人们也跟着喊起来了，人们的呼喊声压住了河里的涛声。

……

这里描绘的不就是一幅活生生的"清明上河图"吗？

没错，那幅著名的《清明上河图》正是记录了北宋徽宗时期，在首都汴京，清明时节郊区、汴河两岸的自然风光、城内建筑和民生的繁华景象：读书人、妓女、艺术家、贩夫走卒、平民、工匠，都在《清明上河图》的画卷里恬然自乐；东京城的名号举世皆闻，人们吟诵唱的宋词从上到下，从庙堂到民间，犹如今天的流行音乐，传唱天下；最著名的词人苏轼、柳永，一有新词好词，就如同今天的明星们发行的新单曲一样，总是风靡一时。

如何判断一个朝代是否繁荣，除了专家们要看那些令人晕眩的数字之外，对于普通百姓来说，还有一种方式，那就是看那个朝代居民的生活水平，以及他们的娱乐活动。如果这个朝代的百姓娱乐活动频繁，至少说明它解决了人类最根本的需求——温饱。如果连最简单的生存条件都无法满足，那又何谈娱乐呢？

《清明上河图》正是真实地告诉了我们，北宋时期汴京清明时节的繁荣景象。

当然，北宋之盛岂是一幅《清明上河图》所能完全概括的。

实际上，北宋时期（包括南宋），人们不但白天可以尽情地娱乐，就是晚上也可以无拘无束地载歌载舞。

或许有人会说，古代中国的百姓有这么自由吗？不是有"宵禁"的规定吗？

确实，宵禁是中国古代对百姓的管制措施之一。就拿中国历史上政治极为清明的唐王朝来说，也是如此。

唐朝实行里坊制，把城市分割为若干封闭的"里"作为居住区，商业与手工业则限制在一些定时开闭的"市"中，全城实行宵禁。唐《宫卫令》规定：每天晚上擂响六百下"闭门鼓"，早上五更三点后擂响四百下"开门鼓"。凡"闭门鼓"后、"开门鼓"前在城里大街上东游西逛的，即触犯"犯夜"罪，笞打二十。到了宋代，随着商业的发展，里坊制被打破，宵禁取消，出现了夜生活，具备了现代社会的特点。比如州桥夜市（出汴京朱雀门至龙津桥），主要经营各种小吃，就算在午夜十二点或凌晨三点，你也能在这里买到美味的食品。

英国著名经济学家安格斯·麦迪森在《中国经济的长远未来》中认为："假定欧洲和中国1世纪时经济发展水平相近，到了宋朝时，有充分的理由相信，欧洲已大大落后于中国的水平了……"

著名历史学家黄仁宇在他的名著《中国大历史》中也说："960年宋代兴起，中国好像进入了现代，一种物质文化由此展开……"

根据史料记载，北宋时期，在城门口守城的士兵也会穿"丝履"，可见普通城市平民的生活好过当时欧洲一般的封建主。

很多人都喜欢看《水浒传》，现在不妨也来说说《水浒传》中的百姓生活。关于武大郎和潘金莲之间的那些往事，被各种影视作品一而再、再而三地演绎。大家的目光都停留在潘金莲的美貌、西门庆的风流倜傥以及武松的男子气概上，但是我们却都忽略了这样一个细节：武大郎只是一个街头上卖炊饼的贩夫走卒，甚至连一个专门的店铺都买不起，可

是他家中的生活水平又是什么样呢？他们有一套属于自己的庭院，虽然不大，但也相当于现在一个小型的四合院了。武大郎在外面卖饼，潘金莲在家里主持家务，整天还会摆弄那些化妆品，时不时地就要添些衣服。她原先是丫鬟出身，相信也是心灵手巧，女工绝不在话下，可是她却从来都没有靠着女工帮补家用，大有"武大郎负责挣钱养家，潘金莲负责美貌如花"的味道。这说明什么呢？这说明武大郎卖炊饼所得的银两足够他们的日常生活开销和潘金莲的美容开销。

数字虽然枯燥，但毕竟更能说明问题。下面还是让数字说话吧。

我们以北宋最鼎盛的仁宗时期为例。

宋仁宗赵祯在位期间，边境安定，经济繁荣，科学文化发达，百姓生活幸福美满，史称"仁宗盛治"。

人口户数和财税收入是衡量国家富强的一个重要方面。汉朝最盛时人口户数为1000万以内，唐太宗"贞观之治"时期人口只有300多万户，唐玄宗"开元盛世"时也只有不足800万户（开元二十年大宋户数为780万户）。而宋仁宗嘉祐八年（1063年），大宋人口达到1246万户，丁男2642万口，也就是说宋仁宗执政42年间，国家人口较之唐朝最盛的开元年间净增长466万户。这增长的户数都已多于唐太宗贞观时期的总户数，仁宗朝之盛可以想见。

至于财税方面，唐朝极盛时的玄宗朝的最高的货币岁入只有200多万缗，而宋仁宗庆历年间最高时的货币收入则达到4400万缗。两者相差22倍。那么，这是否意味着百姓要交的"皇粮国税"多如牛毛呢？显然不是。

由于北宋时期尤其是仁宗朝实行"藏富于州县，培护本根"的政策，也就是藏富于民的政策，因此百姓的赋税是相当轻的。那宋仁宗时期庞大的国家财富来自哪里？除了很小一部分是来自农村、农业、农民外，更多是来自于城市、商业、商人。宋太宗时宋朝一年的商税收入约400万贯。真宗景德年间，商税也不过450万贯，而仁宗庆历年间，商税竟猛增到2200多万贯，可见仁宗统治期间商业的巨大发展与繁荣程度。

正是在仁宗以后，宋朝已经摆脱农业社会进入商业社会。所以美国著名历史学家费正清等人曾不无感慨地说："事实上从宋朝开始，农业的经济价值已日益变得无足轻重，中国社会已经算不上是一个农业国家。"或者换句话说，这时的中国已经不再是一个以农立国的国家，而是走上了商品经济的道路。

第四章　强国之梦在变法中破灭

范仲淹的悲哀

为了国家的振兴，范仲淹力倡改革。然而，自古改革少有成。名将范仲淹的悲哀又一次折射了改革的艰辛……

北宋王朝立国七八十年后，到了宋仁宗执政时期。此时，宋王朝虽处于极为强盛的时期，但充满内忧外患。北方的辽人和西北方的羌人对宋王朝的锦绣江山虎视眈眈。自宋真宗景德元年（1004 年）与辽国订立"澶渊之盟"起，宋王朝每年必须向辽国上贡白银十万两、绢二十万匹，这就像给大宋王朝的经济发展压上了一块沉重的巨石。而辽国并不满足，每当羌人在西北边骚扰，宋王朝忙于应付时，辽人就会趁机勒索，要求增加上贡。这笔沉重的负担，严重地阻碍了宋王朝的经济发展。

反观大宋国内，土地兼并十分严重，大量农民流离失所；行政机构日益庞大，出现了"冗官"、"冗兵"和"冗费"的三冗局面。自宋太宗后期的王小波、李顺起兵造反，直到范仲淹生活的时代，承受不住生活重压的农民起义就一直不断。正如这一时期的另一名臣欧阳修在其《再论置兵御贼札子》中说的那样："今盗贼一年多如一年，一火强如一火，天下祸患，岂不可忧。"正是在这样的大背景下，亟待稳定政局的仁宗皇帝，突然想到了一个人——范仲淹。

范仲淹（989—1052），字希文。他的先祖本是邠州（今陕西彬州市）人，后来举家迁往江南苏州。范仲淹的童年是很不幸的。他两岁时，父亲不幸病故，这一巨大的变故给本来十分幸福和谐的范家带来了灾难性的打击。范仲淹母子二人很快就陷入了经济拮据、度日艰难的境地，生活异常艰辛。母亲谢氏为了孩子不受苦，带着尚在襁褓之中的范仲淹来到了山东淄州长山县一个朱姓富户人家，改嫁朱文翰，范仲淹也随即改名朱说，和朱家的兄弟一起开始了他的童年生活。由于继父一家对范仲淹还算说得过去，因此范仲淹较为顺利地度过了青少年时期。

到了二十岁那年，母亲看到家里人口多，收入少，想让范仲淹学些商贾技艺，但他心无旁骛，只想读书。大中祥符元年（1008年），范仲淹由山东长山远赴长安（今西安）游学半年，寻师访友，增广见识。回到山东后，为了排除干扰，有更多的时间和精力学习，他在继父友人的引荐下，来到长山县醴泉寺，拜寺中高僧为师，开始了在醴泉寺寄宿读书的经历。那段时间，范仲淹早晚吃住在寺中，整日将自己关在屋内，足不出户，手不释卷，每天挑灯苦读，抓紧每一刻时间，读经诵典，直至东方欲晓。

范仲淹在醴泉寺读书时极为节俭，生活很艰苦，历史上曾经记载过范仲淹"划粥断齑"的故事。故事讲的是范仲淹为了不给家里增添经济负担，每天晚上，他用糙米煮好一盆稀饭，等第二天早晨凝成冻后，便划成四块，早晚各取两块，拌上一点儿山上采摘的韭菜，再加点盐，就算是一顿饭。但他对这种清苦生活却毫不介意，而是用全部精力在书中寻找着自己的乐趣与追求。

大中祥符三年（1010年），时年二十二岁的范仲淹不顾母亲和义父的阻拦，毅然洒泪辞别母亲和继父，离开长山，携琴背书独自前往金陵求学，来到了应天府书院。

应天府书院是宋代著名的四大书院（岳麓书院、嵩阳书院、白鹿洞书院和应天府书院）之一，共有校舍一百五十间，藏书数千卷。更主要的是这里聚集了许多志操才智俱佳的师生。来到了应天府书院，范仲淹觉得这才是理想的求学之所。这里有纵贯古今的名师大儒，可以释疑解惑；这里有浩如烟海的经史子集，可以博览群书；这里有志同道合的志

士益友，可以谈天论地。范仲淹宛如到了读书的天堂一样，忘记了旅途的劳累和心中的愤懑，他全身心地投入发奋苦读中。

然而，这里的条件与醴泉寺相差仿佛，也是极为艰苦的。同学们看到范仲淹如此艰辛地学习，都很怜悯他，可他却不以为意，乐此不疲。

一天，范仲淹的一个同学、南京留守（南京的最高长官）的儿子看他终年吃粥，便把他的情况和父亲说了。留守也很是同情范仲淹，便做了一些好吃的美食差人送到书院给范仲淹吃。同学说："朱兄，这是我父亲送给你的饭菜，你趁热吃了吧！"同学本想会得到范仲淹的一番感激，没想到他竟一口不尝。只听到范仲淹一边看书一边头也不抬地说："代我谢谢你的父亲，但我怎么能无故接受他的好意呢，你还是差人带回去吧。"同学以为范仲淹不好意思接受而假意推辞，就赶忙放下饭菜回去了。可过了几天范仲淹也没有吃这些东西，听任佳肴发霉。后来留守的儿子质问范仲淹："我爸好心好意送好吃的给你，你怎么不识好歹呢？真是迂腐！"听到人家怪罪起来，范仲淹这才长揖致谢说："好兄弟，我真的已经习惯于这种喝粥的生活，并不是我不想吃，只是如果吃了这些美味佳肴，以后再过这种艰苦的生活就不习惯了，所以我就没有吃。但我真的感谢你父亲的一片好意。"那个同学回到家里，将这件事学给父亲听，其父赞许地说："志气可嘉，日后必定大有作为。"

这个故事从另一个角度反映了范仲淹内心中的傲气与坚忍的意志。

就这样，"出处贫困，布素寒姿"的范仲淹，在极其艰苦的条件下，经过多年矢志不渝的勤学苦读，泛读天下经典，增长了阅历，为其后期发展打下了终身受益的坚实基础，同时也磨炼了其意志品质。

大中祥符七年（1014年），迷信道教的宋真宗率领百官到亳州（今安徽亳州）去朝拜太清宫。浩浩荡荡的车马路过南京（今河南商丘），整个城市轰动了，人们争先恐后地前去瞻仰皇帝的龙颜，唯独有一个学生闭门不出，仍然埋头读书。有个要好的同学特地跑来劝他："快去看，这是个千载难逢的机会，千万不要错过！"但这个学生只随口说了句："将来再见也不晚"，便头也不抬地继续读他的书了。果然，第二年他就得

中进士，见到了皇帝。这位学生就是范仲淹。

大中祥符七年（1014年）秋和八年（1015年）春，范仲淹通过科举考试，中榜成为进士。在崇政殿参加御试时，他第一次看见年近五旬的真宗皇帝，后来还荣赴了御赐的宴席。二月的汴京，春花满目，进士们坐跨骏马，在鼓乐声中游街。"长白一寒儒，名登二纪余"，范仲淹吟着这样的诗句，想到自己已经二十七岁，比起旁边的滕宗谅等人，年纪显得大了许多。

不久，范仲淹被任命为广德军的司理参军（治所在今安徽广德市一带，司理参军是掌管讼狱、审理案件的官员，从九品）。接着，他又被调任为集庆军节度推官（集庆军辖境位置在今安徽亳州一带，节度推官是幕职官，从八品）。他把母亲接来赡养，并正式恢复了范姓，改名仲淹，字希文，从此开始了近40年的政治生涯。

天禧五年（1021年），范仲淹被调往泰州海陵西溪镇（今江苏省东台市附近），做盐仓监官。天圣六年（1028年），经过晏殊的推荐，他荣升秘阁校理——负责皇家图书典籍的校勘和整理。秘阁设在京师宫城的崇文殿中，秘阁校理之职，实际上属于皇上的文学侍从。到了中央，范仲淹更关心朝政得失和民间利弊，同进又与朝廷中的腐朽势力展开斗争，犯颜直谏。他看到刘太后独揽大权，把宋仁宗当成傀儡，便批评这种不合理现象，奏请太后还政。有人劝他别这样锋芒毕露，他说："我的官职很小，俸禄不算多，但每年也有三百贯铜钱，相当于两千亩地一年的收成。如果我坐食禄米，不去为国为民立功，那和专门糟蹋粮食的蝗虫又有什么两样？人都说犯颜直谏会给自己惹祸，不是明哲保身之计，其实说这种话的人才是最没眼光的，他们不懂得，只有朝廷内外的官员都敢于直言，君主才不会犯错误，百姓才能没有怨言。政治上清明，才能祸患不生，天下无忧。这不正是远离祸乱、保全自身的根本之计吗？"但不久，范仲淹因此事触怒太后，被贬往河中府（今山西永济市）。刘太后死后，范仲淹才被召回朝廷，任右司谏（谏官）。有了言官的身份，他上书言事更无所畏惧了。

由于范仲淹经常大胆上谏，令皇帝不快，不久又被贬出朝廷。范仲淹贬到地方后，任所常动，但每到一地，他都兴利除弊，注重发展教育。

过了几年，他由睦州移知苏州，因为治水有功，又被调回京师，并获得天章阁待制的荣衔，做了开封知府。范仲淹在京城大力整顿官僚机构，剔除弊政，把工作安排得井井有条，仅仅几个月，号称繁剧的开封府就"肃然称治"。

范仲淹看到宰相吕夷简广开后门，滥用私人，朝中腐败不堪。他经过调查，绘制了一张"百官图"，在景祐三年（1036年）呈给宋仁宗。他指着图中开列的众官调升情况，对宰相用人制度提出尖锐的批评。吕夷简不甘示弱，反讥范仲淹迂腐。范仲淹便连上四章，直斥吕夷简狡诈。吕夷简更诬蔑范仲淹勾结朋党，离间君臣。这事虽出于兴旺宋廷的至诚和忠直之心，却不免有损仁宗的自尊。加以吕夷简的从旁中伤，范仲淹便被剥夺了待制职衔，被贬为饶州知州，后来又被贬往岭南。

北宋宝元二年（1039年），西夏军队在李元昊的率领下进犯宋之边境，次年正月，李元昊大军进逼延州（今陕西延安）。延州一带地阔寨疏，兵力薄弱，又是夏军出入的必经之地，李元昊早就想拔掉这颗钉子。当时延州的知州范雍是一个志短才疏的胆小鬼。他一听夏军来犯，吓得紧闭城门不敢出战，忙遣人去调援军。不料李元昊早已在延州附近的三川口设下埋伏，援军刚到就陷入重围，死伤甚众，紧接着一面包围延州，一面将延州以北的三十六个寨堡全部荡平。眼看延州指日可破，范雍束手无策，只会躲在城中祷告菩萨保佑，幸亏这时纷纷扬扬下起鹅毛大雪，李元昊怕被风雪困住，于是匆忙撤兵而去，延州孤城才未陷落。

在这样严重的局势面前，宋仁宗又想到了范仲淹，将他召入朝。五十二岁的范仲淹，先被恢复了天章阁待制的职衔，转眼间又荣获龙图阁直学士的职衔。进京面辞仁宗之后，范仲淹便挂帅赶赴延州。

庆历三年（1043年）四月，宋夏局势刚刚和缓，宋仁宗又将西线的三名统帅——夏竦、韩琦和范仲淹，一同调回京师，分别被任命为最高军事机关的正副长官——枢密使、枢密副使；又扩大言官编制，亲自任命了四名谏官——欧阳修、余靖、王素和蔡襄,号称"四谏"。在"四谏"官的第一次奏言下,仁宗撤掉了几无军功的夏竦,以杜衍和富弼为军事长官。在"四谏"官的第二次奏言下,仁宗又彻底罢免了吕夷简的军政大权。在"四谏"官的第三次奏言下,仁宗驱逐了副宰相王举正,以范仲淹取而代之。

庆历三年九月,仁宗连日催促范仲淹等人,拿出措施,改变局面。范仲淹、富弼和韩琦,连夜起草改革方案。特别是范仲淹,认真总结从政近 30 年来酝酿已久的改革思想,很快呈上了著名的新政纲领《上十事疏》,历史上著名的"庆历新政"由此开始。

《上十事疏》是范仲淹等人的改革纲领和方案。新政的实施,以《上十事疏》为蓝图。

《上十事疏》及新政改革的主要内容有:

1. "明黜陟""抑侥幸""精贡举""择长官"

这是"庆历新政"的重点,也是新政推行的政治体制改革。目的在于整顿和精简官僚机构,精简官吏,革除冗官成灾的积弊,改革官吏任免制度,提高官僚素质,改变因循苟且、无所作为的恶劣风气,使国家机器能够生机勃勃地正常运转。

新政前的旧制规定,不管官僚的政绩如何,照常是三年一迁、五年一升。这种摧残人才、鼓励当一天和尚撞一天钟的规定,造成"人人因循"而死气沉沉。范仲淹提出的改革方案,核心是考核升降官僚,主要应看政绩,看其成效。如果官吏无所事事,一事无成,不但不应升官,而且应当罢职。他坚决主张并且在新政中部分地执行了对"年老、病患、脏污、不才四色之人……并行澄汰",即坚决不能让年老不能办事者、有病在家休养者、贪官污吏以及毫无才能者,在官僚队伍中滥竽充数。在审查任免地方官吏时,范仲淹"视不才者一笔勾之"。富弼说:"你一笔勾掉了人家的官职,很容易,却不想一想,这些官僚的一家人都要哭啊!"范仲淹说:"不让这班人做官,仅仅是一家人哭。如果让他们去当官,则一路(相当于一省)人都要哭。与其让一路人哭,不如让一家人哭!"

恩荫制度是造成宋代冗官泛滥，官僚素质下降的重要原因。所谓恩荫，就是贵族官僚的子弟，可以通过其父兄的特殊地位，得以当官。范仲淹主张限制这种赐官制度，以免"权势于第，长期占据"京官等官职混日子。范仲淹还提出，在考试取士时，重点应考核考生的实际能力，考核经世治国的才能，而不应把重点放在诗赋上，只有这样，方能考出实际水平，以"求有才有识者"，充实到官僚队伍中去。宋仁宗很快地批准了上述改革方案，并迅速诏令天下，组织实施。

庆历三年十月颁布了新的考课法，十一月颁布了新的恩荫制，第二年三月，又公布了新科举制。新制颁布后，收到了一定成效。有作为的官僚得到重用，无所作为的官僚被罢黜，既刹住了无限扩张的"任于之恩"，又选拔了经世之才充实官吏队伍。

2. "均公田""厚农桑""减徭役"

这实际上是经济方面的改革。公田（职田）是贵族官僚的一项特权，其剥削所得，无偿地作为俸禄的一部分。公田既强迫农人耕种，而其控制和分配权又掌握在大官僚手中，出现了严重的分配不公。范仲淹提出限制公田数额，明确规定各级官吏的公田多少。做到"人有定制，土有定限"。

北宋的农民，赋税负担本就越来越重，使农业生产难以为继。范仲淹提出解决"贫弱之民，困于赋敛"的办法，以及兴修水利、"养民"、"务农"等措施，以振兴农业。

北宋的徭役（劳役）繁重，使地主和农民深受其害。范仲淹主张减轻地主和农民的劳役负担，提出合并州县，撤销部分县、镇级建制，使裁减下来的役人"各放归农"，回到农业生产上去，做到"但少徭役，人自耕种"。这三方面的改革措施，被宋仁宗接受，于庆历三年十一月及次年五月颁布实施。

3. "修武备"

这是加强战备，主要是加强京师防备的建议。范仲淹提出先在京师招募五万士兵，"使三时务农，大省给赡之费，一时教战，自可防御外患"，既省养兵之费，又使百姓能成为战士。范仲淹建议在京师示范后，再推广到各地。这一主张，显然带有寓兵于农、兵农合一的倾向。

4．"贾恩信""重命令"

这是为了纠正有令不行、有禁不止的坏作风。范仲淹强调，以前国家的政策法令，尤其是"宽赋敛、减徭役"等有利于百姓的法令，各级官吏实际上并没有执行。今后，如果州县官吏阳奉阴违，不执行国家的政策法令，"尽成空言"，必须追究责任，直到罢官判刑。如果官吏无视法律，知法犯法或"受财枉法"，则必须从严处分。

欧阳修、蔡襄、余靖等谏官，极力支持新政。欧阳修甚至向宋仁宗发出警告，革新朝政，不能有任何动摇，必须全力依靠和支持范仲淹、富弼，倘若轻信由于新政而使"小人怨怒"的话，"则事不成矣"。后来的事实证明，欧阳修的警告，成了准确的预言。

由于"庆历新政"触动了权贵等既得利益集团的利益，因循守旧之辈对新政不遗余力地加以反对和破坏。章得象、吕夷简等顽固之士，以莫须有的"朋党"等种种罪名，强加在范仲淹等身上。宋仁宗本来就不想改革，只是迫于内外交困的时势而为，见时势有所松动和好转，便放弃原来急切的"必以太平责之"的主张，对范仲淹等"任之而不能终"。

庆历四年六月，范仲淹被任命为陕西、河东宣抚使，离京赴陕西。八月，富弼被任命为河北宣抚使，也离开朝廷。之后，欧阳修、韩琦相继离京。庆历五年正月，范仲淹被罢参知政事，富弼被罢枢密副使。范仲淹等力主革新者被"一网打尽"。二月，新法多被废止，"庆历新政"夭折。

皇祐四年（1052年）五月二十日，范仲淹病逝于徐州，终年六十四岁。他去世时，"四方闻者，皆为叹惜"。

"先天下之忧而忧，后天下之乐而乐！"这是范仲淹脍炙人口的散文《岳阳楼记》中的经典名句。综观范仲淹一生的为人行事，确实如此。

斯人已逝千百年，英魂永远留人间。

铁面无私"包青天"

"开封有个包青天，铁面无私辨忠奸……"每当唱起这首流行歌曲，人们的脑海中就会浮现出包拯包大人的铮铮形象。那么，历史上的包公究竟是个什么样的人呢……

在"庆历新政"夭折后，士大夫改革弊政的思潮虽然一时受到压抑，但是，由于社会危机继续存在，从庆历四年（1044 年）宋朝同西夏订立和约后，陕西的驻军并没有减少，却又多了一大笔每年要赐给西夏的银绢，财政危机继续加深。因此，士大夫的变法思潮并没有因"庆历新政"的失败而消沉下去。在宋仁宗统治的最后十多年间，又有不少官员继续提出各种变法和革除弊政的主张。如，北宋后期的刘安世说："嘉祐末年，天下之事似乎舒缓，萎靡不振，当时士大夫亦自厌之，多有文字论列。"南宋的思想家陈亮则说："方庆历、嘉祐，世之名士常患法之不变也。"这些话确切地反映了当时士大夫中的变法思潮继续高涨的情况。

在这股要求革弊图新的潮流中，涌现了一个不仅一再呼吁革去积弊，还在自己职权范围内不遗余力地除暴安良的清官包拯。

包拯（999—1062），字希仁，庐州合肥（今安徽合肥）人。在宋仁宗统治时期，他由进士及第登上仕途，做过多任地方官，还担任过权知开封府、三司使、枢密副使等多种重要职务。因为他曾被授予天章阁待制、龙图阁直学士等清要职衔，所以又被人们称为"包待制""包龙图"。

包拯一生生活在真宗和仁宗两朝之间，这是宋朝历史上政治极为清明的一个时期，作为封建士大夫的一员，包拯可以说完全能够代表宋朝士大夫的一个侧面。

虽然宋朝的士大夫在军事上的表现苍白、无力，但也不能说宋朝的士大夫们是百无一用的书生，他们还是在历史上起到了自己关键的作用。

包拯在景祐四年(1037年)正式登上仕途,那个时候的宋朝经过太祖、太宗、真宗三朝创业立制，政治、经济、文化都处于一个稳定发展时期。

在北宋中期主张革新的士大夫中，包拯虽然不如范仲淹和后来的王安石知名，但他也在许多场合表述过反对"因循"守旧的政治立场。他针对当时的"三冗"即冗员、冗兵、冗费积弊，提出了裁减冗吏、冗兵和节用度的救弊主张，要求宋仁宗"锐意而改图"，并且尖锐指出，"如果再上下因循，不务更张措置，将来必有不可救之患"。他还提出了"慎命令、严明赏罚、严惩赃吏、杜绝请托、抑侥幸"等一系列革弊主张。这些主张虽然由于他位卑言轻，没有产生多大政治影响，但却说明包拯的革新派立场是很鲜明的。

包拯所以主张革除弊政，不仅是出于对宋朝统治安危的忧虑，还出于对百姓疾苦的深切同情。他反对"诛求于民无纪极"，要求宋仁宗"恤生灵之重困"，为此，他多次为民请命，要求朝廷免去各种无名科敛，赈济受灾百姓，不要派苛虐刻薄的人当转运使等职务，以免骚扰百姓。他对残害百姓的贪官污吏深恶痛绝，自己也为官清廉。比如，端州的砚是当时的名产，每年要向朝廷进贡，地方官常借口进贡，向老百姓索取数十倍于贡品的砚，送给权贵大臣，牟取私利。包拯知端州时，下令只制作需要进贡的数量，离开端州时，他没有带走一只端州名砚。他不仅自己为官清廉，还要求自己的子孙后代都不要当贪官污吏。为此，他特地立了一个"家训"，说："后世子孙仕官有犯赃滥者，不得放归本家；亡殁之后，不得葬于大茔之中。不从吾志，非吾子孙。"在官吏贪赃成风的北宋中期，包拯的这些廉洁的作为，是难能可贵的。

在包拯的宦游生涯中，最令人称道的，是他刚直不阿，执法如山，铁面无私。

司马光在《张方平第二札子》中说："向者仁宗时，包拯最名公直。"现在的电视剧里，包拯脑门上有一个月亮形的标记，脸黑得跟炭似的，一看就是清官，是不徇私枉法的官员。

在当时那个社会中，包拯也确实不是浪得虚名。宋史记载中的关于包拯的一件事情充分说明了这一点。他担任天长县的知县期间，有盗贼将别人家的牛的舌头割掉了，牛的主人前来上诉。包拯说："你只管回家，

把牛杀掉卖了。"不久又有人来控告，说有人私自杀掉耕牛，因为当时法律规定，不准私自屠宰耕牛。于是，包拯道："你为什么割了人家的牛舌还要来控告别人呢？"这个盗贼听罢又是吃惊又是佩服。

包拯不但清廉，而且正直，他的风范不仅影响到大宋一朝，历经千年之后，仍然一直为后人所景仰。尤其是他那传说中的三口铡刀，早就化为了民族良心，时时警醒着世人。

王安石变法图强

"王安石变法"是宋神宗时期，由王安石发动的一场旨在改变北宋建立以来积贫积弱局面的一场社会改革运动。然而这场运动为什么仍然逃不脱失败的命运呢……

1067年，不满二十岁的赵顼即位，是为宋神宗。这个时期的北宋王朝社会矛盾比较严重。官僚地主大量兼并土地，他们有的享有免役特权，有的利用权势瞒税漏税，沉重的赋役都压到了农民身上。再加上朝廷每年还要付给辽国和西夏大量银绢，也得由农民负担。因此各地常有农民起义发生。北宋政权面临着严重的危机。

年轻的宋神宗是一位很有进取心和责任感的君主，他一上台，便决心大力改革，以图实现富国强兵的局面。有一次，他对大臣们说："做君主的怎么可以荒怠国家政事呢，其实不是朕本性想做圣贤，而是觉得应该趁着少壮有为之年多做些力所能及之事，这样对于普天之下的老百姓就都有个很好的交代了。"

然而要改革现状谈何容易，一定得找个得力的助手才行。

宋神宗即位之前，身边有个叫韩维的官员，常常在神宗面前谈一些好的见解。神宗称赞他，他说："这些意见都是我朋友王安石说的。"从那时起，宋神宗就对王安石有了一个好印象。现在他想找助手，便想到了王安石。于是下了一道命令，把正在江宁做官的王安石调到京城来。

王安石（1021—1086），字介甫，号半山，抚州临川（今江西抚州市临川区）人，中国历史上杰出的政治家、思想家、学者、诗人、文学家兼改革家。他出生于官宦之家，少年时代就负有盛名，二十二岁中进士，出任地方官。他年轻时，文章就写得很出色了，曾得到过当时的文学家欧阳修的赞赏。

王安石在地方做了二十年的官，名声越来越大。后来，宋仁宗调他到京城做管理财政的官。他一到京城，就向仁宗上了一份近一万字的奏章，提出他对改革财政的主张。可惜宋仁宗将王安石的奏章束之高阁。王安石知道朝廷没有改革的决心，自己又跟一些官员合不来，就趁母亲去世的时机，辞职回家了。

这一次，王安石接到宋神宗召见的命令，又听说神宗正在物色帮他改革的人才，就高高兴兴地来到京城。他一到京城，宋神宗就单独召见他。神宗一见面就问他说："你看要治理国家，该从哪儿入手？"王安石从容地回答说："先从改革旧的法度，建立新的法度开始。"

1069年，宋神宗把王安石提拔为副宰相，由他主导变法。不久，王安石在宋神宗的支持下，在中央设立制置三司条例司，作为创立新法的机构，并相继制定出一系列新法，颁行天下。

新法的内容主要有：

1. 青苗法

这是王安石早年在鄞县（今浙江省宁波市鄞州区）做官时采用的办法。每年春天青黄不接的时候，官府以较低利息贷款或借粮食给农民，秋收以后偿还。

2. 农田水利法

官府奖励各地开垦荒地，兴修水利。

3. 免役法

官府向服役的人家收取免役钱，雇人服役。原来不负担差役的官僚、地主也要出钱。这就减轻了农民的劳役负担。

4. 方田均税法

官府重新丈量土地，按照土地的好坏，规定纳税的数目，官僚、地主也不得例外。

5. 保甲法

官府把农民按户组织起来，每十家为一保，五保为一大保，十大保为一都保。每家有两个以上成年男子，抽出一人为保丁，农闲时练习武艺，战时编入军队作战。

在宋神宗和王安石的坚持下，变法持续了将近二十年，在富国强兵方面的收效还是不错的，很大程度上扭转了先前"积贫""积弱"的局面。

首先，国库里的金银因为增多而更闪亮了。通过一系列理财新法的实行，国家增加了"青苗钱""免役宽剩钱""市易息"等新的财政收入项目，在发展生产、均平赋税的基础上，财政收入有了明显的增加，初步缓解了长期以来存在的财政危机。其次，新政让兼并势力得到了一定的遏制。"青苗法"使年息百分之四十的"青苗钱"取代了"倍称之息"的高利贷，"方田均税法"限制了财主们的偷税漏税行为，"市易法"使大商人独占的商业利润中的一部分收归国家，尤其是"免役法"的推行，使原来享有免役特权的官户、形势户和寺观户也必须依法"助役"纳钱。中等以下民户的赋税负担逐渐趋向合理，特别是对贫弱下户的赋税剥削有所减轻，农民的生产积极性得到很大提高，社会生产得到了极大发展。

社会经济的恢复和发展也要归功于新政的农田水利法。由于大力兴修农田水利工程，农田地都有了水"喝"，对虫害也有了一定的抵抗力，对农业生产的发展发挥了巨大作用。可耕种的面积也扩大了不少，如京西路的唐、邓、襄、汝诸州，比变法之前多了很多。

而到了元丰六年（1083 年），登记于版籍的垦田数字则达到了四百六十多万顷，不仅高出仁宗、英宗时的垦田数字，而且仅次于北宋全盛时期真宗朝的垦田数字。

最后，官兵们也不再是之前"吃软饭"的官兵了，战斗力明显提高。

通过"强兵"诸法，北宋军队的军事素质有了提高，初步改变了"将不知兵，兵不知将"的情况，军队战斗力有所增强，特别是扭转了西北边防长期以来屡战屡败的被动局面，掌握了宋、夏战争的主动权。熙宁五年（1072年）八月，秦凤路沿边安抚使王韶打败臣属于西夏的吐蕃部落，设置熙州，次年占领河、洮、岷、宕诸州，拓地千余里，这也是宋夏开战以来的第一次胜利。

总之，王安石新法的推行，一开始收到了显著的效果，既发展了生产，又增加了官府的收入。

然而，众所周知的是，这场轰轰烈烈的变法最终还是失败了。至于失败的原因，从前的历史书通常认为，是王安石的变法触动了大地主、大官僚等保守集团的利益，遭到他们的强烈反对而失败。然而后世有人并不认同这种说法。

事实上，在当年反对王安石变法的人中，除了那些德高望重的元老重臣外，当世几乎所有的著名文化名人如司马光、欧阳修、苏东坡、苏辙、黄庭坚等，都是变法的反对派。

但是，翻检当时与后世的文献资料，却很难找到证据证明司马光、欧阳修、苏东坡、苏辙等一大批历史文化名人，甚至包括王安石的亲弟弟王安国在内，都反对变法。从资料中判断，元老重臣中确实有那种保守到了昏聩地步的情形。但是如上述司马光、苏东坡、苏辙和黄庭坚等一干人，正值人生事业巅峰之际，他们冒着与年富力强的皇帝对着干，从而可能丧失一生政治前途的风险，反对变法，怎么样猜想也一定应该有更崇高一些的理由才对。否则，便很难解释他们是如何在当代与后世获得如此崇高名望的。

其实，在司马光等人留下来的文献史料中，我们可以发现大量记载着他们对变法感到忧虑的文字，其中可以看到几乎包括了社会各个阶层在变法中痛苦挣扎的情形。

以青苗法为例，王安石担任地方官时，在自己治下地区实行时，效果不错。陕西地方官推行时，也一样颇受欢迎。因此，王安石相当有信

心地将此法在各地推行。谁知，结果却大大出乎人们的意料，很快形成了大面积的灾难性后果。其原因相当复杂，如果根据史料还原当时的情形，则大体情况如下：

青苗法肯定是适合农民们需要的，特别是在青黄不接时节，更能显示其救济与援助的功效。有钱的人家不需要这种援助，贫苦之家需要，但必须以田里的青苗为信用担保或者抵押。这样一来，风调雨顺时，大家自然都很欢喜，而一旦出现天灾人祸，发放贷款的官府与使用贷款的农户双方，立即同时陷入恐慌之中。官府为了减轻自己的损失和由此产生的责任，唯有逼迫农民偿还一途。农民便只好变卖家当，归还贷款本息。严重者需要卖房卖地，甚至卖儿卖女。最后，这导致部分农民流离失所，更使许多农民无力或者不敢贷款。

这样显然不行，因为各个地方官府都有固定的贷款准备金，这些贷款本金附带着必须完成的增值使命一道下达。如果贷款发放不出去，地方官员便无法完成那百分之二十的贷款利息即资本增值的任务，这将直接影响官员们在上司眼中的形象、工作业绩与升迁。于是，各地官府及其官员们便花样百出。其中最普遍的做法是，根据当地农户的经济状况，将他们分成不同的等级，规定不同级别农户的贷款额度，然后，强令当地富户与其他不同等级的农户之间结成利益共同体，由富户为各等级贫户提供担保或者抵押。更有甚者，若干地方官府的官员们，为了提高自己的政绩，还欺上瞒下、自说自话地或公开或变相地将贷款利息提高到了百分之三十甚至更高。

很明显，这种情形蕴含着相当凶险的潜在后果。它意味着，一旦出现饥荒，所有的人家全部会被一网打尽，会同归于尽，无处可逃，唯有官府旱涝保收。而官府官员只要足够心黑手辣，则自然政绩卓著。于是，一件本来具有功德性质，而且能够双赢的举措，变成了彻头彻尾的残害百姓之举。

均输法与脱胎于平准法的市易法推行以后，则形成了对城市居民特别是工商业者的打击。原本立足于平抑物价、抑制大商人重利盘剥的新政策，蜕变成国家垄断市场、货源、价格，甚至批发与零售也被官员所操纵，大中小商人一齐步履维艰，哪怕想做不大的生意，也要先过官员这几道关口，其后果当然不难想象。此法的推行致使城市工商业开始凋零。从时人记载和苏东坡等人的大量文字中可以看到，城市商业与市场一时间相当萎缩而萧条，社会开始出现动荡不安的局面。

再比如，作为变法之一的保甲法推行时，为了逃避供养军队的高额赋税与被抽去当兵的双重威胁，民间发生了不止三两起自残事件，严重者直至砍下了自己的手臂。

一般来说，只有这种来自民间的呻吟，最容易使那些具有社会和文化良知的文人们激动起来，这也是他们之所以能够长留在历史与百姓心中的重要原因。

由是观之，如果一定认为司马光、苏东坡、黄庭坚等人代表了大贵族大地主阶级的利益，代表了某种僵化、保守的政治立场才反对变法的话，那是很难让人信服的。或许正是由于变法出发点虽好却在实际上未能为广大黎民百姓带来实实在在的好处，变法的成果未能为最广大的人民分享，才是变法遭到司马光、欧阳修、苏东坡以及绝大多数元老重臣反对从而致失败的原因吧。

当然，皇帝的动摇和天灾也是变法失败的原因之一。

史书记载说，在众人的反对声中，有一天，宋神宗问王安石："现在外面许多人都在议论，说我们推行新法，不守祖宗的规矩，一点儿也不担心天变。你怎么看外面的这些舆论？"

王安石回答得非常坦然，他说："陛下只要认真处理政事，就已经是在防止天变了。陛下征询下面的意见，这已经是照顾到舆论了；再说，人们的议论很多时候也是错误的，只要我们做得合乎道理，就不用怕别人说三道四。再者，祖宗的规矩，本来也不会是从来不变的。"

宋神宗不像王安石那样坚决，越来越多的人反对变法，他就开始动摇起来。

恰好在 1074 年，河北闹了一次大旱灾，一连十个月都没有下雨，

田地荒芜，农民四处逃荒。神宗很为这次的灾荒发愁，有一个官员乘机画了一幅"流民图"献给宋神宗，说旱灾是王安石变法触怒天威，上天对宋朝降下的惩罚。宋神宗看着这幅图上流民的惨状，心里长吁短叹。神宗的祖母曹太后和母亲高太后也乘机在神宗面前哭哭啼啼，说天下已经被王安石给搞乱了，逼神宗赶紧停止新法的实施。

随着阻力越来越大，王安石看新法已经没有办法实行下去了，气愤地上书神宗，要求辞职还乡。宋神宗也没有办法，只好让王安石暂时离开京城，到江宁府去休养。

第二年，宋神宗又一次把王安石召回京城，任其为宰相。谁知没过几个月，天上出现了彗星，这在当时被认为是非常不吉利的预兆。那些对变法有不同意见的人趁机向神宗进言，要求立即停止新法，以防招来更大的祸患。虽然王安石竭力为新法辩护，但形势已无法挽回，王安石不能够继续贯彻自己的主张，就又一次辞去宰相职位，回江宁府去了。

宋神宗逝世之后，哲宗继位，太后垂帘听政，反对变法的人在朝中得势，王安石推行的新法便彻底被废除了。

王安石变法失败的原因还有很多。当然，虽然变法没有成功，但是作为一个敢作敢为、有胆有识的改革家，王安石至今仍值得人们敬佩。

两大文豪的恩怨情仇

苏轼与王安石同为"唐宋八大家"，但是他们的关系却错综复杂，时而抨击对方，时而又像知己般相处。这自然就有人问他们的关系是好还是坏呢？他们之间的矛盾是政见不同，还是文人相轻……

读宋朝的历史，尤其是有关王安石的部分，总也绕不过王安石与苏轼两人。

王安石除了是中国 11 世纪伟大的改革家（最终是失败的改革家）外，同时也是中国历史上杰出的政治家、思想家、学者、诗人、文学家。其在文学上具有突出成就，是"唐宋八大家"之一。

苏轼（1037—1101），字子瞻，号东坡居士，因此又常被人们称为苏东坡，眉州眉山（今四川眉山市）人。其一生仕途坎坷，学识渊博，天资极高，诗文书画皆精。其文汪洋恣肆，明白畅达，与王安石一样，为"唐宋八大家"之一。

作为世人皆知的"唐宋八大家"之一，早年的苏东坡和王安石同朝为官，因政治见解和主张不同，两人逐渐疏远，曾一度为各自的政见闹得水火不相容，以至于王安石的新法改革每推进一步，苏轼都要写诗文相讥讽并力加阻碍，弄得王安石十分恼怒，苏轼也因此备受变法派的打击排挤，并被贬到边远之地。被贬之后，他又写了不少政治诗来讽刺新政。而后王安石失势，司马光当权，欲全部废除新法，而苏轼又主张对新法"较量利害，参用所长"，以致又被一贬再贬，流落岭南、海南。那么，王安石与苏轼二人之间是"对立"的关系吗？是政治上的对立，还是个人之间的恩怨？

应当说，就政治关系上看，二人之间是对立的，说他们之间互为政敌也毫不为过。

当王安石在全国展开轰轰烈烈的变法运动后，在反对变法的人当中，以苏轼的言辞最为激烈。1070年夏天，王安石提出要废除诗赋明经考试，而以经义、论策取士，进行科举改革。神宗当时拿不定主意，只好听取朝臣的意见。苏轼呈上《议学校贡举状》，全面论述选拔人才的问题，坚决反对进行科举改革。同年冬天，神宗采纳王安石减价收购浙灯四千盏的主张。苏轼针对这一主张又上《谏买浙灯状》一书，反对朝廷为了元宵节观灯的娱乐，夺去千百卖灯小民必要衣食的做法。神宗觉得苏轼说得在理，马上下令停止收购。对此事，浙西百姓无不拍手称好。苏轼还得理不让人，又接连写了《上神宗皇帝书》和《再上神宗皇帝书》，全面抨击新法。王安石对苏轼的言论再也难以容忍，视他为反对派主要人物，开始指使人弹劾他。最终在变法派的联名攻击下，苏轼被贬到杭州任通判一职，之后又颠沛流离于密州、徐州、湖州等地任太守，前后

达 8 年之久。

在湖州任上，苏东坡又因前几年作诗批评讽刺新法，诱发了"乌台诗案"，被王安石的"朋党"李定、舒亶、何正臣等人冠以"谤讪朝廷"罪被捕入狱，后经太皇太后等人的营救，才得以在同年十二月出狱，被贬为黄州团练副使，有职无权，过着一贫如洗、穷困潦倒的生活。多亏朋友为他申请到五十亩薄地，黄州百姓大力帮助他开垦荒地，修建草屋，教他种植庄稼，才使他安然渡过难关。

那么，苏轼为何非要跟王安石过不去，进而导致自己跌入悲惨的境遇呢？

认真说起来，其原因虽然很多，但重要的一点，正如前文所言，是由于王安石的变法措施在具体执行过程中产生了扭曲，导致了变法的动机与最终的效果大不一致，不但未能为天下苍生带来好处，反而为广大黎民百姓带来了灾难。因此，变法才遭到苏轼、司马光等人的极力反对。

由此，有人认为，苏轼之所以反对王安石变法，是由于"不在法而在人"。也就是说，他之所以反对王安石变法，是着眼于"公"，而非个人之间的恩怨。更具体地说，王安石与苏轼政治上不可调和的矛盾在于他们各自看问题的角度不同。变法前，苏轼与王安石一样，也力主改革，只是在具体目标和方法步骤上不相同罢了，王安石主张变法度，从理财入手，增加税收，达到富国强兵的目的，思想比较激进；而苏东坡则主张治"三冗"，去"二积"（积贫、积弱），以"择吏任人"为先，做到政治清明，思想较为稳健。变法后，王安石看到的仅是自己富国强兵的动机，变法后的财政收入明显增加的效果；而苏轼看到的却是新法执行过程中的种种问题及实际社会效果。这样，两人看问题的角度不同，结论就必然不同，他们之间的政治矛盾自然无法调和。

当然，不管苏轼与王安石在朝廷之上如何激烈争吵，如何坚持各自的政见，但两人都是北宋大文学家，在内心深处都相互敬重各自的人品和文采。据史书记载，苏轼曾途经金陵，与赋闲在家的王安石相会，共同游历了一些江山美景。据朱弁《曲洧旧闻》载:"东坡自黄徙汝,过金陵,荆公野服乘驴谒于舟次。东坡不冠而迎揖曰:'轼今日敢以野服见大丞相!'荆公笑曰:'礼岂为我辈设哉!'东坡曰:'轼亦自知,相公门下用轼不着。'荆公无语,乃相招游蒋山。"二人一见,谈笑风生,乐而忘返。以致苏轼之后有"从公已觉十年迟"的慨叹。

王安石对苏轼的才学其实也是深为赏识的,尤其是当他不在朝中的时候,曾称赞苏轼所撰的《表忠观碑》。当苏轼遭遇乌台诗案后,王安石从江宁上书神宗说:"安有圣世而杀才士乎?"这对苏轼得以免死是起了很大作用的。

王、苏二人之间还发生过许多饶有趣味的故事,如两人经常作诗调侃对方,一次,两人来到一片碑林,发现一处石碑有点倾斜,王安石便说:"此碑东坡想歪!"

苏轼对王安石的讥讽一点也不含糊,当即反唇相讥道:"当初安石不正!"

苏轼被贬黄州时,曾积极写信向王安石推荐秦观。王安石回信说:"得秦君诗,手不能舍,叶致远适见,亦以为清新妩丽,与鲍谢似之"。

苏轼被贬海南时,王安石为其饯行,当时赋诗一首,其中有"明月当空叫,五狗卧花心"两句。苏轼则随手改为"明月当空照,五狗卧花阴"。到海南儋州后,苏轼才发现当地有一种叫"明月"的鸟和一种叫"五狗卧"的花,恍然大悟,为自己乱改诗文一事后悔不迭。

二人之间在文学造诣上还颇有些惺惺相惜的味道。如王安石曾赞赏苏轼说:"不知更几百年,方有如此人物。"而苏轼亦说:"王氏之文未必不佳。"王安石读苏轼的"峰多巧障日,江远欲浮天",抚几而叹:"老夫平生作诗,无此一句。"苏轼读王安石的《金陵怀古》词也极口称扬:"此老乃野狐精也。"因此有人认为:"苏轼在政治上反对王安石,但是他们在文学上却互相钦佩。"

由此看来,苏轼和王安石在政治上虽有不可调和的矛盾,但一味斥责他们中的哪一个人似乎都有失公允。王安石是文人,苏轼也是文

人，对自己的人生经历，王安石有诗云："不畏浮云遮望眼，自缘身在最高层"；苏轼也有诗云："不识庐山真面目，只缘身在此山中"。对于两人之间为何会有如此之多的恩恩怨怨，他们心里清楚得很，只是人在江湖，身不由己。说到底，他们之间的恩恩怨怨，不过是一幕文人和政治相结合的悲喜剧而已。

第五章　王朝在莺歌燕舞中翻了船

风流皇帝宋徽宗

宋徽宗是宋王朝的第八位皇帝，曾被后世评为："宋徽宗诸事皆能，独不能为君耳！"那么，这位皇帝究竟是个什么样的人呢……

宋徽宗赵佶生于北宋元丰五年（1082年）十月十日。

据说他降生之前，他的父亲宋神宗曾经来到秘书省，观看过那里收藏的南唐后主李煜画像，对这位亡国之君的儒雅风度极为心仪，随后就生下了宋徽宗。并且，史书很认真地记载说，在他出生时，他的父亲宋神宗梦见李煜前来谒见。这使当时的人们普遍倾向于相信，宋徽宗赵佶是由李煜转世托生的。

这个李煜托生的传说充分地说明了徽宗确实是个"风流人物"。

未做皇帝前，赵佶每天到垂帘听政的母亲向太后那里请安，聪明又孝顺，所以给向太后留下了好印象。哲宗病重期间，向皇后和宰相章惇对于皇位继承人展开了辩论。向太后冠冕堂皇地为当时为端王的赵佶找做皇帝的理由："老身无子。所有的皇帝都是神宗的庶子，不应该有什么区别，简王排行十三，不可排在诸兄前面，而申王有眼病，不方便做皇帝，我看端王就挺好！"章惇立马反驳说"端王轻佻，不可君天下"，拿赵佶的人品说事。

章惇虽然在历史上的名声并不是太好，但他对宋徽宗的看法却一点没错。

宋徽宗赵佶是大宋搞花样最多的皇帝，据说他在位时还在宫内训练了一支"娘子军"。有一年，宋徽宗在宫里举行小型阅兵仪式，其中有一项是检阅宫女们的演练。宫女们擂鼓吹号，骑马飞射，马上马下样样功夫都很了得，看得宫里面号称"大内高手"的侍卫都脸红。徽宗表扬说："女人们都能教成这样，天下还有什么是不能教的呢？"

赵佶好朋友很多，而且彼此"志同道合"。他的挚友王诜，是一个驸马，娶了英宗的长女魏国大长公主。公主温柔贤惠，但没什么用，因为王诜喜欢"野花"，为人放荡，行为极不检点。王诜的小妾经常顶撞公主，神宗因此两次将王诜贬官，但王诜知错不改，甚至在大长公主生病时，公然寻欢作乐，把大长公主气个半死。

赵佶跟驸马王诜，两人经常结伴"逛街"，光顾京城有名的妓院撷芳楼。王诜收藏有半幅名画《蜀葵图》，经常跟赵佶说遗憾。于是赵佶就找人四处寻访，找到了另外半幅。赵佶跟王诜要他手中的那半幅。王诜很讲义气，当即把心爱的画给了喜爱书画的赵佶。结果赵佶把两半幅画裱成了一幅画送给了王诜，王诜感动得泪流满面。

有一次，赵佶在皇宫里遇见了王诜，头皮痒没有带篦子，就跟王诜借篦子梳头用。王诜把篦子递给了他，赵佶一看，王诜的篦子款式新颖，做工精美，一下子就被吸引住了。王诜也是个聪明人，就说："我找人做了两副篦子，还有一个没用过，过会儿我找人给你送过去。"赵佶很满意。

赵佶即位为宋徽宗后，仍然不务政事，过着糜烂的生活。他十七岁时娶了德州刺史王藻的女儿，即位后，王氏被册封为皇后，但宋徽宗嫌她长得不好看，因此不喜欢她。他喜欢向太后宫中的两个宫女郑氏和王氏，郑氏不仅有着好身材，还有着天使的面孔，善于讨好宋徽宗还能帮他批奏章，徽宗多次赐给郑氏情词艳曲，后来这些情词艳曲传出了宫禁，广为流传。

宋徽宗很宠爱刘贵妃，刘贵妃出身寒微，却花容月貌，一入宫就被徽宗宠幸，由才人连升七级做了贵妃，可惜红颜薄命。刘贵妃曾亲手在

庭院中种了几株芭蕉，当时她说："等这些芭蕉长大，恐怕我也看不着了。"在旁的侍从听见了，赶紧上奏徽宗，徽宗起初不当回事。谁知过了两天，刘贵妃就病逝了，徽宗哀号不已。

刘贵妃是当时"时装界"的名人，非常会打扮，化妆穿着都很时尚。她"每制一衣，款式新颖"，装扮起来貌似天仙，不但俘获了徽宗的心，连京城内外也都竞相效仿。徽宗夸她说："刘氏回眸一笑，六宫粉黛尽无颜色啊！"道士林灵素见风使舵，称刘氏为"九华玉真安妃"，供奉刘氏的泥像于神霄帝君的左边，真是拍马屁拍到了家。

虽然后宫美女三千，但宋徽宗觉得后宫美女的气质都是装出来的，不如民间女子的"纯天然"，所以一有机会就跑出宫去。

当时京师有名妓李师师，艳冠天下。李氏本是汴京城内染房人家的女儿，母亲早逝，由父亲煮浆代乳抚养成人。据说她生下来不曾哭过，一直到3岁时，按照当时习俗，父亲把她寄名到佛寺，老僧为她摩顶之际，才突然放声大哭，声音高亢嘹亮，声震屋瓦。那老僧合十赞道："这小女孩真是个佛门弟子！"当时一般人都把佛门弟子叫作"师"，"师师"的名字由此而来。师师4岁时，父亲因罪下狱，病死狱中。她无依无靠，只好进入娼籍李家。长成后，因色艺双全，成了名噪一时的京城名妓；且慷慨有侠名，有"飞将军"和"红妆季布"的称号。京城内外，上至朝廷命官、王孙公子之流，下到文人雅士、三山五岳之辈，无不以一登其门为荣耀。

宋徽宗听说李师师的大名后，十分仰慕，便经常乘坐小轿子，带领数名侍从，微服出宫，到李师师家过夜。为方便寻欢作乐，他还专门设立行幸局，负责皇帝出行事宜。尤其不可思议的是，行幸局的官员还负责帮宋徽宗圆谎：如果皇帝因淫乐当日不能上朝，就说他有排档（宫中宴饮）；次日仍未回宫，就传旨称已染疮痍（有病）。

天子不惜九五之尊游幸于青楼妓馆，并非什么光彩之事，所以宋徽宗总是行事小心翼翼，生怕被他人发现。但纸岂能包得住火，皇帝与妓女的风流韵事还是很快传开了，只是无人敢过问而已。宋徽宗自以为做

得机密，更加频繁地外出私会。这时，秘书省正字曹辅实在看不过眼，挺身而出，上疏规谏宋徽宗应爱惜龙体，以免贻笑后人。宋徽宗看后勃然大怒，但又不好意思亲自处置曹辅，于是命宰相王黼等人处理此事。王黼为宋徽宗心腹，还亲自引领他去过李师师家，自然领会皇帝的意思，遂贬斥曹辅出朝。从此，徽宗与李师师的风流韵事就成了一个禁忌，再无人敢问津了。

当然，如果要说宋徽宗只是一个一无是处的纨绔皇帝的话，又未免冤枉了他。用今天的话说，宋徽宗其实是一个挺"有才"的人。

实事求是地说，宋徽宗算得上是中国历代帝王中艺术天分最高的人。如果没有坐上皇帝宝座的话，他可能会成为中国历史上一个相当伟大的艺术家。至少在中国书法史和美术史上，他都会享有无可争辩的崇高地位。

宋徽宗未做皇帝之前，就喜好书画，与驸马王诜、宗室赵令穰等画家往来。即位以后，徽宗在书画方面取得了很大的成就，并对中国绘画的发展有过重要贡献，其中之一就是对于画院的重视和发展。他于崇宁三年（1104年）设立了画学，并成立翰林书画院，即当时的宫廷画院，正式将画学纳入科举考试之中，以招揽天下画家。画学分为佛道、人物、山水、鸟兽、花竹、屋木六科，考试时摘古人诗句作为考题，曾衍生出许多新的创意佳话。如题目为"山中藏古寺"，许多人画深山寺院飞檐，但得第一名的没有画任何房屋，只画了一个和尚在山中小溪挑水；另一题目为"踏花归去马蹄香"，得第一名者却没有画任何花卉，只画了一人骑马，有蝴蝶飞绕马蹄间，凡此等等。这些都极大地刺激了中国画意境的发展。

画家考入翰林书画院后按身份分为"士流"和"杂流"，分别居住在不同的地方，加以培养，并不断进行考核。入画院者，还授予画学正、艺学、待诏、祗侯、供奉、画学生等名目。当时，画家的地位显著提高，在服饰和俸禄方面都比其他艺人高。

有如此优厚的待遇，加上作为书画家的徽宗对画院创作的指导和关怀，使得这一时期的画院创作最为繁荣。在他的指示下，皇家的收藏也得到了极大丰富，并且将宫内书画收藏编纂为《宣和书谱》和《宣和画谱》，成为今天研究古代绘画史的重要资料。

宋徽宗本人在绘画方面的创作并不像他要求画院画家那样工谨细丽，而是偏于粗犷的水墨画。传世作品中，有其签押的作品较多，但所画比较工细的，如《祥龙石图》、《芙蓉锦鸡图》、《听琴图》、《雪江归棹图》（以上均藏于故宫博物院）、《瑞鹤图》（辽宁省博物馆藏）、《翠竹双雀图》（美国大都会博物馆藏）等作品皆被专家认定为画院中高手代笔之作。只有藏于美国纳尔逊艺术博物馆的《四禽图》卷和上海博物馆藏的《柳鸦图》卷被认定是他的亲笔，两画都是水墨纸本，笔法简朴，不尚铅华，而得自然之趣。台北故宫博物院收藏的《池塘秋晚图》也属此类。

著名的《清明上河图》，也和这位书画皇帝不无干系。张择端完成这幅歌颂太平盛世的历史长卷后，首先将它呈献给了宋徽宗。宋徽宗因此成为此画的第一位收藏者。作为书画大家的宋徽宗酷爱此画，用他著名的"瘦金体"书法亲笔在图上题写了"清明上河图"五个字，并钤上了双龙小印（今佚）。

宋徽宗创造的"瘦金书"，颇得书法家重视，用这种字体书写的崇宁大观等钱币是今日收藏家至爱的珍品。《书史会要》评价说："徽宗行草正书，笔势劲逸，初学薛稷，变其法度，自号瘦金书，意度天成，非可以形迹求也。"瘦金书运笔飘忽快捷，笔迹瘦劲，至瘦而不失其肉，转折处可明显见到藏锋，露锋等运转提顿痕迹，是一种风格相当独特的字体。直到今天，瘦金书还一直为人们所称颂。

此外，由于宋徽宗崇奉道教，他多次下诏搜访道书，设立经局，整理校勘道籍。政和年间编成的《政和万寿道藏》是我国第一部全部刊行的《道藏》，对研究道教历史和经典，都是不可多得的宝贵史料。他下令编写的"道史"和"仙史"，也是我国历史上规模最大的道教史和道教神化人物传记。宋徽宗还亲自作《御注道德经》《御注冲虚至德真经》《南华真经逍遥游指归》等书，使我国道教研究有了完备的资料。

中国人有句俗话：男怕入错行，女怕嫁错郎。宋徽宗"生性轻佻，不可以君天下"，是宰相章惇曾告诫向太后的。果然，宋徽宗统治时期，轻佻治国，倦于政事，大兴土木，以满足他的享受；加上官僚集团趁机大发横财，把北宋江山断送给北方的金国。其实，如果宋徽宗不当皇帝，他会是一个很成功的艺术家。可惜，可悲，可叹！

好一出君臣大联欢

看过《水浒传》的人，都知道"花石纲"的故事。正是由于宋徽宗和他的宠臣们不断地举行着君臣大联欢，好端端的北宋王朝自此走向了末路……

我们知道，宋徽宗是一位极为笃信道教的皇帝。其实，不单是宋徽宗，宋朝自从建国后，就与道教渊源颇深。到了徽宗朝，更是达到了一个高潮，以至于宋徽宗都给自己起了个名号叫"教主道君皇帝"。

正因如此，宋徽宗宠信的道士也不少。其中最有名的，当属林灵素。此人为道家大师，最大的特点就是口才好，而且胆子极大，口气极大，极其坚定果断。他的相貌极为奇异。据说，因为好酒贪杯，又没有钱，林灵素向人家赊账，欠多了酒账，债主前来讨债，他"举手自折其面"，结果，导致他一半脸干枯如骷髅，一半脸则滋润如常人。平心而论，单凭这副尊容，一般人见到，先就会拿他当半个神仙了。而我们的教主道君皇帝本不是一般人。因此，皇帝一见到林灵素，顿时就懵了，他疑惑地发问："先生过去当过官吗？曾经见过我吗？"

林灵素答道："我往年在天上玉皇大帝那儿当差时，曾经侍奉过圣上您的大驾。"

皇帝道："那段事如今我还恍惚记得。我记得你好像是骑一头青牛，那青牛如今哪儿去了？"

林灵素回答："我把它寄牧在外国了，不久就会来此。"

皇帝又惊又喜，不但知道了自己的前世，还找到了天上的仙伴。其心情喜悦无比。

林灵素如同现代心理治疗的催眠大师似的，索性"唤醒"了皇帝所有沉睡着的前世记忆。一天，他告诉皇帝，天有九霄，神霄为最高，其办公场地叫府，上帝的大儿子是神霄府的玉清王，负责主持南方的工作，号称长生大帝君，这位神灵就是陛下。然后，林灵素谦逊地告诉皇帝，自己就是府中那个名叫褚慧的仙卿。如今主子下凡为帝，自己当然也要降临凡世辅佐君王。林灵素指着当时的宰相蔡京问皇帝："您不记得了吗？这是左元仙伯呀。"他讲得兴起，把满屋子的人一一指给皇帝，王黼乃文华吏，盛章为宝华吏，而貌美如仙备受宠爱的刘贵妃正是九华玉真安妃。童贯等一干人也都名列仙班。如此一来，搞得大家欢天喜地。

大家都认为既然前世是老朋友，今生虽然有君臣之分，但毕竟又在一起共事，因此一起享受人生自是不可少的。

有一次，当上皇帝不久的宋徽宗，拿出一些玉制的盘碗杯盏来，小心翼翼地问大家："我打算在国宴上用这些东西，又怕别人觉得太奢华，说三道四。你们认为怎么样？"

蔡京马上回答说："天子本来就应该享受天下的荣华富贵，区区几件玉器算什么？何况是在国宴上使用，完全合情合理。合乎情理的事情，别人说什么也就不必放在心上。"

这样的回答使皇帝感觉相当舒服。

我们知道，蔡京饱读诗书，而且极有才学。他引经据典的理论阐述，可能是帮助皇帝最后解除顾虑的重要原因。

蔡京还援引《易经》，发展出了一个"丰、亨、豫、大"理论。用今天的语言表述，其核心的意思大致是：在太平时节，君王要有天子的气派，要敢花钱，敢于纵情享乐，不必拘泥于世俗之礼；否则，反倒会易（变化），失去上天的眷顾，变得不吉利起来。

他还援引了《周礼》中的一个说法，叫作"唯王不会"。这里的"会"是会计的会。蔡京告诉皇帝，周礼的意思就是说，自古以来，只要是君

王，其花费都是不必计算、不受限制的。陛下过分节俭，苦了自己，就和那些土得掉渣的农民一样了。对于君王来说，这样做是可耻的。

这番理论，实在是太"善解人意"了，使得徽宗为自己的玩乐找到了理论上的支撑。

当然，要玩儿得有兴致那还需要有人陪，而陪在宋徽宗身边的就是一个叫童贯的太监。太监跟着皇帝，总得按着主子的兴趣行事，皇帝越高兴，太监就越吃香。童贯深深地领会了这一点，于是他就想着办法给宋徽宗找乐子，也因此成了宋徽宗最待见的一个太监。

宋徽宗平时没事的时候喜欢收集一些字画，其实他也没什么正经事，所以基本上每天都要跟自己的这个爱好打打交道。毕竟是皇帝，有这样的爱好就意味着见过的宝贝也不少，可是宋徽宗还是觉得不够新鲜，想多弄点他没见过的字画瞧瞧。

童贯一直帮主子留意着这些东西，还东跑西跑地为皇帝搜罗。有一次他去了苏州，为的还是找些好字画。这时候蔡京还是个很落魄的人。他找上门来，把自己写的一个屏风给童贯瞧了瞧。童贯这一瞧就瞧上了眼，一来确实是蔡京的字写得很好（蔡京是北宋著名书法家之一），而且他又给童贯上了大礼。蔡京原本不怎么混得开，这回把童贯给哄高兴了以后，童贯就决定带着他回去见皇帝。

二人到了东京以后，童贯马上把蔡京推荐给了宋徽宗，还说这是个百年不遇的人才，把皇帝"忽悠"得晕头转向。除了童贯以外，还有另一帮人在宋徽宗面前大肆吹捧蔡京的才能，再加上蔡京字画的引诱，宋徽宗很快就让蔡京当了宰相，还请他帮忙变法。

蔡京得了愿，上任之后立即招兵买马，不但给自己张罗来一帮左右手，而且还把那些品行正直的官员通通打压下去。此外，蔡京还延续了王安石的变法。然而他的变法实在糟糕透顶，他不过是打着变法的旗帜，干着压迫百姓的勾当，把王安石的变法章程越搞越凄惨，让老百姓活着都整天想着要撞墙。

让这样的人宰相，宋徽宗的识人之功，可见一斑。

大约与自己的艺术气质相关，宋徽宗酷爱稀奇古怪的石头。中国皇家贵族、文人雅士赏玩奇石的历史相当悠久。不过，玩得这么大的，徽宗皇帝可能是第一份。按理说，一个皇帝不是喜欢肉林酒池金山银海，而是喜欢赏玩石头，这岂不是臣民的福气？谁知，皇帝的爱好和宰相的逢迎结合后，却生出了一个极其可怕的怪胎。这就是在中国历史上赫赫有名的、在北宋的败亡中起到重要作用的"花石纲"。

蔡京、童贯为讨好宋徽宗，派一个流氓朱勔在苏州办了一个"应奉局"，搜罗花石。朱勔手下养了一批差官，专门管这件事。听说哪个老百姓家有石块或者花木比较精巧别致，差官就带了兵士闯进那家，用黄封条一贴，算是进贡皇帝的东西，要百姓认真保管。如果有半点损坏，就要被安个"大不敬"的罪名，轻则罚款，重则抓进监牢。有的人家被征得的花木高大，搬运起来不方便，兵士们就把花木所在的房子拆掉，毁坏墙壁。那些差官、兵士还乘机敲诈勒索，被征花石的人家往往被闹得倾家荡产，有的人家卖儿卖女，到处逃难。

朱勔把搜刮来的花石，用大批船只运送到东京。运送船只不够，就截劫粮船和商船，把船上货物倒掉，装运花石。这大批船只自然还要征用大量民夫。于是船只在江河里穿梭来往，民夫们为运送花石日夜奔忙。这种运送的队伍叫作"花石纲"。

花石纲一到东京，宋徽宗见了果然高兴，给朱勔加官升职。花石纲越来越多，朱勔的官也越做越大。一些达官贵人纷纷向朱勔示好。当时，人们把朱勔主持的苏杭应奉局称作"东南小朝廷"，可见其权力之大。

对于花石纲所运来的珍奇花木，宋徽宗先后役使上万工匠，修建了举行祭祀活动的"明堂"，举行宴会活动的"延福宫"和为祈求多生儿子而在方圆十里垒土建成的假山艮岳。艮岳是以人造山岳为主体的综合风景区，工程巧夺天工，也是当时最大的"动植物园"。

而为了造成艮岳上的袅袅云雾，宋徽宗要工匠们制造了一些很大的油布袋，在水里浸湿以后，由宦官们在黎明时设在怪石之间，以捕捉早晨的云雾，然后妥为保藏。一旦皇帝游幸于此，便打开这些口袋，顿时，

山间云雾缭绕，使人有置身洞天福地之感。这个花样叫"贡云"。

这里还饲养着从天南地北网罗来的各种动物，由专人驯养。有一次，宋徽宗领百官去游万岁山，山上上万只鸟的声音响彻四野，徽宗大喜。这时，有位近侍说："万岁山珍禽迎驾"，徽宗立即封了这人高官。

宠臣们帮助宋徽宗兴建宏丽的宫殿和园林供其享乐，宋徽宗则兴建豪华的宅第赐给宠臣，每座宅第，花费都达百万贯。

不但宋徽宗过着荒淫奢侈、纸醉金迷的生活，他的宠臣们也大都如此。

蔡京的日子也过得相当滋润。南宋时期，有人在扬州聘请了一位在蔡京府里做包子的厨子。人家让她包包子，她很惭愧地一笑："我不会。"那人大惊，她下面的话更"雷人"，"我是包子厨中专门剥葱丝的。"原来蔡京吃包子有几百道工序，需要数百号人，而剥葱丝只不过是其中之一。蔡京还喜欢吃鹌鹑羹，当时厨房里光是负责捉鹌鹑的人就有十几个，需要鹌鹑几百只，经过上百道工序才能提纯出一小锅汤。

而重臣王黼则"多畜子女玉帛自奉"，甚至卑鄙地诱拐一个官员的小老婆，许多本来是各地进献给宋徽宗的水土珍异之物，也被他中饱私囊在家享用。王黼曾经和蔡攸在宫中陪宋徽宗饮宴时，像小丑那样穿着短衫窄裤，涂抹青红，和艺人一起，满口市井淫词浪语。

可见，这个统治集团的生活已经糜烂到何等程度了。

宋徽宗不仅爱玩，还很迷信。在他统治期间，各地都在忙着搜集天神降临的征兆，今天是天神显灵坤宁殿，明天又是什么地方飞龙出现，要么在什么地方又看见了天书、地诰之类的东西，他都一一封赏。因为喜欢道教，他每年拨给道士们大量钱财，一个寺院的上千亩田地也可以免税。在他的带领下，宋朝道士人数空前增多，而这些道士领到国家的钱财后，就到处招摇撞骗，成为社会的寄生虫，腐化着社会的肌体，侵蚀着宋朝这个国家的活力。

就这样，宋徽宗这个"贪玩"皇帝带领着他的一班宠臣，时时举行着君臣大联欢，将原本好端端的大宋朝变得乌烟瘴气，官吏腐败，政治黑暗，民不聊生，边境更是毫不稳定。

北宋政权已是摇摇欲坠。

马植的馊主意

都说红颜祸水，但是有的大老爷们也是祸水，做起事来同样祸国殃民。马植就是北宋的典型祸水之一……

马植（？—1126），北宋燕（今河北省北部地区）人，出生在辽国，世代都是辽国的大族。他仗着自己是贵族，在辽国混了一官半职，在朝廷担任光禄卿一职。但他为人狡猾奸诈，是标准的势利小人，所以同僚们都很蔑视他，渐渐地他就被其他官员所孤立了。马植眼看在辽国已混不出什么名堂，就想着换一个门庭，另谋高就。

北宋政和元年（1111年），宋徽宗恰好派郑中允、童贯出使辽国，郑中允为正使，童贯为副使。也许马植认为这是他改换门户的好时机，于是在童贯经过今日北京卢沟桥时，连夜求见，说自己有灭辽的大计。

童贯虽说在历史上的名声也不佳，但是一想马植本就是辽国人，也许真的有什么灭辽之策呢？于是派人把马植请了过来。

马植兴奋不已，一见童贯，立刻跪地行大礼，然后用阿谀奉承的声调对童贯说："大宋本来就是天朝大国，皇上圣明无比，万民恭顺自乐，我内心向往很久了，只是一直没有机会投诚罢了。而今辽国国主昏庸无能、荒淫无道，大臣们尔虞我诈、钩心斗角，辽国已经奄奄一息了。而我这里恰好有一妙计，能让大宋朝将之取而代之。"

那么，马植所说的"妙计"是什么呢？

原来是"联金灭辽"。

金是女真人建立的国家。由于它与宋朝的关系在今后的日子里将会日益重要，因此有必要了解其来龙去脉。

女真族是我国古老的少数民族之一，10世纪时，一直受到辽国的

控制和压迫。辽国统治者为了削弱和限制女真族的实力，便把实力较强的一部分女真人迁到辽阳之南，编入辽国的户籍，由辽国的官员直接管理，这部分女真人被称为"熟女真"。那些没被迁走，又没编进辽国户籍的女真人则被称为"生女真"。

"生女真"直到 10 世纪初期，还处于居无定所的原始氏族社会的历史阶段。

完颜部是当时"生女真"中比较大的一个部落。大约在北宋仁宗时期，完颜部迁至按出虎水（今黑龙江省阿什河）一带，开始学会修建房屋、种植粮食，此外还学会了烧炭炼铁的技术。

随着生产力的日益发展，女真社会出现了一些重要的变化，产生了个体家庭，并且有了牲畜等私有财产。犯罪罚做奴隶的现象已经产生，还出现了本族的奴隶主。对外以掠夺奴隶和财富为目的的战争不断发生。奴隶主和奴隶两个对立的阶级已经形成。

大约在 11 世纪中期，完颜部的酋长完颜乌古乃从宋朝引进制造弓箭兵器的技术，兵力逐渐强大起来，附近一些部落大都归附他，听从他的指挥。到了 11 世纪末，完颜部已经统一了今黑龙江和乌苏里江流域的广大地区，为奴隶制国家的建立打下了基础。

1112 年的春天，辽天祚帝耶律延禧到东北春州（今吉林省境内）巡游。他先是兴高采烈地在松花江捕了不少鱼，然后命令当地的女真各部酋长都到春州来朝见。因为按照当地风俗，每年春季最早捉到的鱼，要先给死去的祖先上供，并且摆酒宴庆祝。因此天祚帝就在春州摆下头鱼宴，请酋长们喝酒。

几杯酒下肚，天祚帝不禁有了几分醉意，就叫酋长们起来为他跳舞助兴。酋长们虽然打心眼里不愿意，但又不敢公开违抗命令，只好一个接一个地离开座位，跳起民族舞蹈来。

当时完颜乌古乃的孙子完颜阿骨打代表完颜部也来参加宴会，但是轮到他时，他却只管两眼直瞪瞪地望着天祚帝，一动也不动。

天祚帝见阿骨打居然当众不给自己面子，心里很不高兴，就一再催促他跳；一些酋长怕阿骨打得罪天祚帝，惹火烧身，也在旁边劝他。可是无论众人怎么说，阿骨打就是不跳。

这场头鱼宴就这样不欢而散。虽然天祚帝当场没发作，但散席之后，他便对大臣萧奉先说："阿骨打这小子实在太过分，你还是派人杀了他吧，以绝后患。"

萧奉先认为这是小事一桩，不必太过计较，加之他认为，杀了阿骨打会引起其他酋长的不满，因此就劝天祚帝说："他不过一个粗人而已，不懂得礼节，不值得跟他计较。就算他有什么野心，小小一个部落，也成不了多大气候。"辽天祚帝觉得萧奉先说得有道理，也就把这件事放在一边。

1113 年，阿骨打做了完颜部的酋长。这时候，由于辽天祚帝年年强迫女真族人进贡人参、貂皮、珍珠等珍贵特产，引起女真族的强烈不满。阿骨打决心领导女真，摆脱辽国的奴役。

1114 年秋，阿骨打带领 2500 人攻打辽国。出发前，他对士兵们说："我们必须同心协力才能取得胜利。立了功，原来是奴婢的可以做平民，平民可以做官，有官职的，可以按照功劳大小升官。如果谁敢违抗，立即处死。"

女真军群情激昂，他们在阿骨打的带领下，很快到达辽国边界和辽国军队打了起来。阿骨打拿起弓箭，一箭射死了为首的辽将，辽军顿时大乱。女真军乘机冲杀过去，杀死了很多辽国士兵，打了个大胜仗。不久，女真军又乘胜打下了宁江州（今吉林松原），得到不少马匹和财物，大胜而归。

辽天祚帝听说女真人居然敢如此冒犯辽国，怒不可遏，当即派遣 10 万大军攻打女真。阿骨打带领 3700 人前去迎战，又以少胜多，打败了辽国军队。

1115 年，阿骨打称帝，国号为"金"，定都会宁（今黑龙江省阿城）。他就是金太祖。

这年 9 月，阿骨打出兵占领了辽国的重镇黄龙府（今吉林省农安县）。

辽天祚帝亲自带领 10 万大军，反攻金兵，结果战争失利。自此，辽国的实力大损。

不过，当时宋、辽、金的军事实力对比仍然是这样的：由强至弱依次是辽、宋、金，而宋与金的联合是有很大可能灭掉辽国的。因此，童贯一听马植的主意，立即喜出望外，以为马植是个识时务者的"俊杰"，这也是自己一次邀赏的机会，便立即改变脸色，忙命下人端来美味佳肴款待马植，还夸他深明大义。而马植见自己改换门庭的计划将要实现，内心也无比欣喜，连连夸赞童贯圣明。后来童贯就邀请马植一起回到宋廷。

童贯添油加醋地将马植的想法告诉了宋徽宗，宋徽宗也甚是高兴，急忙召见马植。

宋徽宗问他："马植，你本为辽国的人，为什么要离开辽国投奔宋朝呢？"

马植趁机再次表白他的忠心，陈述联金破辽的主张："辽国已是秋后的蚂蚱，天年将尽，陛下您体恤民情，治国有方，您要念及辽民身遭涂炭之苦，若您打败辽国，就是代天行道。我大宋一出兵，辽国的百姓必然拥护宋军。但是，如果陛下不提前动手，万一金人抢先一步，可能会对我大宋不利啊！俗话说'先下手为强，后下手遭殃'。所以微臣以为这件事不能再拖，皇上要尽早打算啊！"

此时大臣们都议论纷纷，有人认为虽然联金可以灭辽，但是万一金国有更大的野心，辽国灭亡后，必然唇亡齿寒，先前的鼎足之势就没有了，金国完全可以统兵南下，进攻中原，结果还不知道会怎样呢。因此多数大臣都反对马植的建议。恰恰宋徽宗鬼迷心窍，十分欣赏马植的主张，还赐给他同姓，成为赵良嗣，并予以重用。

宣和二年（1120 年）二月，赵良嗣奉旨出使金国，面见金国国王完颜阿骨打，商议联合起来夹击辽国，收复燕云十六州。在这件事上，赵良嗣是相当用心的，来回跑了七八次。最后金人提出，金国可以出兵帮助大宋收复燕云十六州，但宋朝必须把原先给辽国的岁币如数给金国。

赵良嗣一心想实践自己的主张，而且更想借两国兵力报自己在辽国时不被重用之私仇，所以不顾国家的利益，代表宋廷签下了和议，因为宋金使者往返都要乘船渡海，因此这次的和议被称为"海上之盟"。和议签订后，赵良嗣得意扬扬地回到开封，邀功请赏。

"海上之盟"签订之后，宋朝立即展开行动，派童贯率军两路攻打辽国的南京（今北京），结果大败而归。后来，辽国内部政局不稳，童贯以为有机可乘，再次出兵，又是大败。童贯为保住自己的"声誉"，请求金人履行和议出兵相助。金人正好要攻辽国，现在有人出钱并出兵帮忙，他们何乐而不为啊？于是金人出兵，一举攻下南京，并把南京城烧杀劫掠一空，最后留了个空城给宋朝。

而赵良嗣则因献策收复故土"有功"，官至光禄大夫。

就这样，宋朝的统治者完全没有看到辽国灭亡的危机，在摇摇欲坠的江山上继续着自己的歌舞升平，而马植也趁机寄生在即将倒塌的王朝当中，过起了安逸的生活。

刻骨铭心靖康耻

靖康之耻是导致北宋灭亡的一场大灾难。南宋大将岳飞在《满江红》中写道："靖康耻，犹未雪，臣子恨，何时灭！"可见靖康之耻对汉民族的创伤之深。那么，这场灾难是怎样发生的呢……

从宋朝过往的对辽作战和宋金签订海上之盟的过程中，金人已经看出了宋朝的腐朽无能，认为此时是吞并宋朝的良好时机。于是在1125年，锐气正盛的金军灭辽后，乘胜分两路南下，大举攻打宋朝。不久，金军顺利渡过黄河，直逼汴京。

宋徽宗得知金军逼近汴京后，吓得束手无策，急忙召大臣商议退敌之策。众大臣建议徽宗先南下金陵避难，让太子来监国。任兵部侍郎兼尚书右丞的李纲却力谏徽宗禅位给太子，以安内攘外，保卫汴京。

1125年12月，皇太子赵桓继位，是为宋钦宗，他把年号改为靖康。宋徽宗退位为太上皇后，急忙带领亲信内侍，仓皇出逃到亳州（今安徽省亳州市）。

当宋钦宗听说自己的父亲出逃后，也慌慌忙忙准备逃走，李纲跪拜于地，以死挽留。钦宗无奈，于是下诏亲征，命李纲全面负责汴京防务。李纲受命后，立即组织军民备战。

过了没几天，金兵已经到了汴京城下。金兵一上来就全力进攻，他们从上游开着几十条火船冲下来，准备火攻宣泽门。李纲让两千士兵在城下防守，当这些火船一到，将士们就用挠钩钩住敌船，使它没法接近城墙。

城墙上，李纲命人用大石块砸船，金兵个个都成了落汤鸡。攻了几回都没攻下来，金兵有些扛不住了。然而就在李纲挽着袖子打算大干一场的时候，金朝派人来通知宋钦宗，要求讲和。

害怕得不得了的宋钦宗巴不得赶紧讲和，就立刻派出使者到金营谈判议和条件。

金人提出来的议和条件十分苛刻，他们要求宋朝赔给金朝大量金银、牛马、绸缎；割让太原、中山、河间三镇土地。这还不算，还要让宋钦宗尊称金皇帝为伯父，就是让金朝皇帝当宋朝皇帝的叔叔。这么丢脸还不算，还要让宋朝派出亲王、宰相到金营做人质。虽然这些条件难以让人接受，但急于过安稳日子的宋钦宗打算全部接受。

这可把之前忙于抵抗的李纲气坏了，他极力反对，主张跟金人拖延谈判时间，只等四方援兵一到，就可以反攻。

李纲不厌其烦地跟宋钦宗诉说签约与不签约的利与弊，虽然把宋钦宗给说烦了，怒斥了李纲一顿，但也正因为李纲的坚持，宋钦宗没有和金朝签订合约。过了十天，各地救援汴京的宋军陆续赶到了城外，共有二十万人。

看到援兵到来，城里的宋军更加勇猛了。而援军大将种师道、姚平仲都支持李纲的抗战主张。他们都是经验丰富的老将，知道如何打仗，

能够最大限度地减少宋军的损失，又能够打退金兵。但姚平仲心急，想夜袭金兵，没想到消息走漏，金兵提前做好了防备，姚平仲偷袭没成功，中了埋伏，损失了一些人马。

消息传到宋朝朝廷里，一些本来就主张投降的大臣抓住时机夸大其词，说宋兵偷袭金兵，被金兵打得全军覆没了，这下不投降就得亡国了。

宋钦宗吓坏了，赶紧派人去金国赔礼道歉，说自己没管好手下人，还把李纲、种师道撤职表示自己的诚意。

宋钦宗的做法让汴京城中全民气愤，尤其是太学里的学生。他们天天到皇宫的宣德门外静坐表示抗议，还给宋钦宗写信表达自己的愤慨，要求朝廷恢复李纲、种师道的原职，惩办主张讲和的大臣李邦彦、白时中等奸贼。

此外，学生们还发动广大百姓一起参与抗议。有一次，李邦彦正好从宫里出来，百姓们一看到他，就个个摩拳擦掌地涌上去，指着他的鼻子大骂。骂完还不解恨，大家就地捡起石头、砖块当武器用，拿李邦彦当靶子练习，吓得李邦彦抱着脑袋就跑掉了。

宋钦宗在宫里听说百姓闹了起来，吓得要命，赶紧派了一个官员去安抚，告诉激动的百姓们，李纲罢职不过是因他年老体衰需要休息，等到过一阵子，就让他重新上岗。但是百姓们却认为受到了糊弄，大家愤怒地冲进朝堂，拼命敲打那里的"登闻鼓"，把鼓都敲烂了，就是要让皇帝恢复李纲的官职。

宋钦宗一看这场面没法收拾了，再这么闹腾下去，没等到金人打进来自己就做不成皇帝了，于是只好派人把李纲召进宫，当众宣布恢复李纲、种师道的职务。

李纲官复原职后，立即重整队伍，下令凡是能够英勇杀敌的将士，通通重赏。在李纲的激励下，宋军士气高涨，打得金军寸步难行。金兵统领宗望看到这种情况，认为再打下去恐对己不利，就匆忙率军撤退了。

就这样，汴京城终于又转危为安，宋军取得胜利。

汴京保卫战胜利后，金兵北退，一直退过黄河。这是1126年初的

事情。

这年 4 月，太上皇徽宗以为汴京平安无事了，就从亳州回到汴京，继续过着他荒淫糜烂的生活。各地赶来解汴京之围的援兵，也被钦宗打发走了。

李纲看到北宋朝廷这种腐朽松弛的现象，非常着急，但他几次上书要求加强宋军战备，都没有得到重视。投降派恨极了李纲，趁机排挤他，让他离开都城去做河北宣抚使。不久，李纲又被罢免兵权，贬到扬州去做官了。李纲知道，他这一走，宋朝就更危险了。

李纲担心的事情果然很快就发生了。1126 年 9 月，金人又发兵大规模南侵，以完颜宗翰、完颜宗望分别为左右副元帅，分东西两路向宋朝进军。

完颜宗翰的军队猛攻晋阳，晋阳已经被围困了八个多月，城里的粮食早已吃光了，但是晋阳军民誓死不投降金军。守将王禀带领全城军民英勇抵抗，直到 10 月初，晋阳城才被攻破。

11 月，完颜宗翰从晋阳率军南下，一路上遭遇的宋军，不是弃城逃跑，就是乖乖投降，所以金军南下很顺利，轻松地打过了黄河。

东路的完颜宗望大军，从真定府（今河北省正定县）南下，只花了二十天的时间就打到了汴京城下。这时，完颜宗翰也带兵赶到。两军会合在一块儿，再次包围了汴京城。

由于汴京城内兵力有限，士气不振，危急之际，宋钦宗竟派郭京带领"六甲神兵"出战，活生生演出了一幕闹剧。

说起"六甲神兵"的来历，颇为滑稽。

原来，当金兵前锋进逼汴京时，宋钦宗急得如热锅上的蚂蚁，几次选帅也无能人应诏。

一天，忽然有一个叫郭京的人自告奋勇，说他会"六甲法"，可以消灭金兵，还能生擒金兵主帅。宋钦宗一听，顿时喜出望外，马上召他入朝，授以官爵，赐金帛数万。

接着，郭京奉旨在京中招募兵士，所招人数 7777 人，招兵的年龄不拘老少，也不问有无武艺，只要生辰八字相符即可。所招之兵除了市井无赖，便是少年顽童，全是乌合之众。

郭京称这些兵为"六甲神兵"，并在他们当中大封"天兵天将"。郭京吹嘘，只要"六甲神兵"一出战，就会大破金兵。然而宋钦宗一次次催他出战，他都一拖再拖。直到金兵兵临城下，他才答应出战。

只见郭京头戴芙蓉冠，身披绵鹤氅，骑一匹白马，在队伍之前缓行。汴京百姓都把他当作救苦救难的下凡天神，大家冒着大雪，夹道欢呼，有的甚至还焚香跪拜。郭京面露得意之色，心安理得地接受众人的顶礼膜拜。

临交战时，郭京要求把原先守城的宋军一律撤回，原因是"六甲神兵"与敌交战时，有人观看就不灵验了。于是，守城士兵全撤了下来，郭京就坐镇城门楼上指挥"六甲神兵"出城。

结局呢？"六甲神兵"一出城就被金兵杀得大败，郭京乘乱逃跑，宋钦宗这时后悔也迟了。汴京城很快被金军攻破。

虽然汴京城破，但汴京军民不愿做亡国奴，抗敌情绪很高，要求参战的人达 30 万之多。金军见汴京军民已准备展开巷战，不敢贸然进占全城。于是故伎重施，放出"和议"的空气，向宋王朝索取 1000 万匹绢、100 万锭金、1000 万锭银等钱帛。

值此危急存亡之际，宋钦宗仍不能醒悟，他派宰相何㮚去金营乞和，金军首领完颜宗翰和完颜宗望却要宋钦宗亲自到金营商议割地赔款之事。钦宗不得已进了金营求降，献上降表，并秉承金人的意旨，命令各地再次赶来的援军退回原地，不准军民私造武器抗金，甚至还将抗金百姓斩首示众。

接着金军派人进城，查封府库的金银财物，抢去金 1000 万锭、银 2000 万锭、绢 1000 万匹。钦宗还派出 24 名官员帮金兵在皇亲国戚、官吏富商、和尚道士等家里前后查抄了 20 多天。金兵除了搜去大量金银财宝外，甚至把珍贵的古玩文物、州府地图档案也一抢而空。

靖康二年（1127 年）正月，宋徽宗、宋钦宗被拘押在金营。金太

宗下令废掉二帝。四月初一，金兵把二帝连同后妃、宗室、朝官3000多人俘虏北去。从赵匡胤称帝开始的北宋王朝统治了167年后，终于结束了其在中国历史舞台上的演出。因为此事件发生在靖康年间，人们又将之称为"靖康之变""靖康之乱""靖康之难""靖康之祸"等。

悲惨的结局

在中国古代史中，末代帝王如果以死明志，往往都会得到历史的尊重，而活下来的，往往是最痛苦的，比如宋徽宗和宋钦宗就是如此。对待亡国之君，金国肯定也不会轻易放过他们……

北宋灭亡后，为了能够彰显金国的国威，完颜宗望将宋徽宗和宋钦宗两个人，连同那些送来的皇亲贵族们，押解到上京会宁府，也就是现在黑龙江境内的阿城。那可是个天寒地冻的地方，一向在南方生活的北宋皇帝，根本就无法忍受北方寒冷的天气。据说，两位皇帝和大臣们分乘800多辆牛车，这些牛车没有任何遮蔽的物品，天寒地冻的冬天里，一行人穿着单薄的衣服，冻得瑟瑟发抖。

为了羞辱这些宋朝俘虏，完颜宗望还特意下令，不要给他们食物，只要保证两个皇帝不被饿死就好，剩下的人任其自生自灭。宋朝俘虏是饿殍满地，走一路死一路，连宋徽宗的一个儿子都被活活饿死了。金国人随便找了个马槽子，就把这位王爷装在里面给埋了。

无论宋徽宗怎么昏庸，终归也是孩子的父亲，看到自己的儿子竟然落得这样的下场，心里一片凄凉，不禁老泪纵横。然而当他环顾四周，看到金国士兵眼中那丝毫不用掩饰的鄙夷，心里更加凄凉，说道："孩子啊，你临死还是死在自己的国家之中，而我，则是要到异国他乡去了，还不知道要遭受到怎样的责难，最终也只能落得个客死异乡……"说着说着，他竟然号啕大哭起来。

几天后，宋徽宗饿得实在受不了。他看到路边的桑树上有桑葚，赶

忙去摘来充饥，结果吃得太急，差点被噎死，侍从赶紧给他拍打。徽宗说，我当年做端王的时候，在王府里看见乳娘吃这个东西，我也跟着吃。刚吃了几颗，就被乳娘劈手抢了过去，她说这东西不是王爷吃的。这么多年，我早忘了它是什么味道，没想到今天吃起来竟如此鲜美……

听了皇帝的话，侍从们哭倒一片。

经过一年多的艰苦跋涉，宋徽宗父子终于到达了金国的都城上京会宁府。金太宗让徽钦二帝去给金太祖完颜阿骨打谒陵。两个皇帝的衣服被剥光后，金人现场宰杀两只羊，把血淋淋、热乎乎的羊皮扒下来，披在他们身上，让他们绕着完颜阿骨打的陵寝，一步一磕头。所有的宋朝大臣都要袒露上身，跪在一旁。当时的情形是金国的君臣一片哄笑，宋朝的宗室大臣放声痛哭。

尔后，两个受尽屈辱的皇帝又一次受到了侮辱。一个被封为昏德公，一个被封为重昏侯，关押在韩州（今辽宁昌图），后被迁到五国城（今黑龙江依兰）。后来，宋徽宗因受不了金人的折磨，半夜将衣服剪成条，结成绳，准备悬梁自尽，结果被宋钦宗发现，抱了下来，父子俩抱头痛哭。哭声在静谧的夜晚传了很远。

在被囚禁期间，宋徽宗写下许多悔恨哀怨的诗句，如：

彻夜西风撼破扉，萧条孤馆一灯微。

家山回首三千里，目断山南无雁飞。

不过，他的悔恨只限于"社稷山河都为大臣所误"，并没有认识到是由于他本人的昏庸、奢侈才导致亡国为囚的下场。当然，他念念不忘的还是有朝一日能重回故土。他曾派大臣曹勋从金国偷偷逃回宋朝，临行前交给他一件背心，背心上写着："你（指宋高宗赵构）快来援救父母。"宋徽宗哭着叮嘱曹勋，切记要转告宋高宗"不要忘了我北行的痛苦"，一面说着，一面取出白纱手帕拭泪，又将手帕也交给曹勋，说："让皇上（宋高宗）深知我思念故国而哀痛泪下的情景。"

徽宗和钦宗日夜盼望着高宗能接他们回去。其实，这时已为南宋皇帝的宋高宗表面高喊要迎回徽、钦二帝，但内心生怕父兄回来后威胁自

己的皇位，巴不得他们早些客死他乡。绍兴五年（1135年），宋徽宗无望而悲惨地死去，时年五十三岁，当时已被囚禁九年，留有遗言想归葬中原，却未得金主允许。其尸体被发现时，已经完全僵硬。金人将尸体架到石坑上焚烧，烧到半焦烂时，用水浇灭火，将尸体扔到坑中。据说，这样坑里的水就能做灯油。宋钦宗悲伤至极，也要跳入坑中，却被人拉住。

宋钦宗被关押三十一年后，金人觉得他逃走或被人救走的可能性不大，于是将他押解到燕京（今北京），和辽国最后一位被俘皇帝耶律延禧关在一起。他们俩的任务是每当金国皇帝打马球时，马球打出场外，他们俩负责捡回来，这是奴隶干的活，金人认为只有这样才能体会到征服者的快乐。

此时的宋钦宗和耶律延禧，都是年龄很大的人了，却要忍受这样的羞辱。耶律延禧不愧是契丹人的后裔，终于有一天乘人不备，抢得一匹用来打马球的马，夺路而逃。可是金人岂能放过他，追兵乱箭之下，辽国末代皇帝一命呜呼；混乱之下，宋钦宗赵桓居然当场被追兵奔马给踩死了……

北宋亡国之君就这样结束了自己的悲剧人生，终年五十七岁。

第六章　逆境中的不屈抗争

"泥马渡康王"的传说

在今江苏省泰兴市庆延铺，有一座建于北宋真宗咸平二年（999 年）的寺庙，名曰庆云禅寺，距今已有一千多年的历史。相传这座寺庙的得名与南宋皇帝宋高宗有着一段不解之缘……

北宋皇帝宋徽宗虽治国无方，但造人有术。他共有三十一个儿子，其中六个早夭，长子赵恒，即是钦宗。靖康之难时，徽宗、钦宗被俘，其他皇子也几乎被金兵逮了个干净。他们曾经在皇宫中养尊处优，经此大难，早已经被吓得魂不附体，许多人在押往金国的途中就死去了，没有死的也被金人流放到荒漠穷边，最终病死在那里。只有皇九子康王赵构在这次劫难中幸存了下来。

赵构此人虽然长在深宫中，却像他的祖先——宋朝的开国君主赵匡胤那样，能够挽强弓，骑烈马，很有些胆量。汴京城第一次被围时，时为康王的赵构和丞相张邦昌被送入金营做人质，临行时，张邦昌忍不住哭了起来，赵构却表现得慷慨激昂，他说："这是男儿应为的事情，宰相岂能这样子！"

在他们进入金营二十多天后，却发生了一件莫名其妙的事情。

原来，宋金双方在谈判的过程中，金兵突然提出要宋朝换一个人去做人质。结果，赵构的五哥被派来替换赵构，并从此被掠到异邦，再也没有能够回到故乡。赵构则英雄般地回到都城，并受到热烈的欢迎。

金兵为什么这样做？没有人能够解释清楚。历史记载很简单，大意是：有一天半夜，一支从外地前来勤王的宋军兵马，为了争头功，前来劫营，被金兵打退。同在金兵大营谈判的宋方大臣吓得直哭，而赵构却泰然自若，浑然无事一般。令金兵统帅称奇不已，认为大祸临头了还能够如此表现，不太像皇家子弟。于是，就提出了换人的要求。此事遂成为一件让人无法说清的历史谜团。

当年八月，金兵再一次兵分两路，大规模南侵。赵构继上次充当人质之后，又一次受命充当"告和使"，前往金军大营求和。于是便发生了历史上著名的"泥马渡康王"的故事。

故事说，康王赵构到金营后被扣留，后在金兵将他押解北上的途中逃脱。他骑着马一路狂奔，一直从黄河边跑到长江边。金兵也马不停蹄地追来。赵构到了江边，马已累死，只得先找个地方歇脚。赵构向逃难的百姓们一打听才知道到了泰兴。当时的泰兴城紧挨着长江。因为知道金兵要来，县官及大部分百姓早就逃过江去了，留下了一座空城，只有城中的一座小寺院还有两个留着看庙的老僧。寺院门前有两匹泥塑的马，匾额上写着"圆悟堂"三字。

赵构走了进去，也没人招呼，筋疲力尽的他一屁股坐在大殿的蒲团上稍做喘息。回过神来后，他环顾四周，只见彩塑的佛菩萨像庄严华丽，墙上壁画精美绝伦，便生了欢喜爱慕之心。于是撩起衣袍跪倒在佛像前暗暗祈祷，恳求佛菩萨保佑：若他脱此大难，日后登基为帝必定重整河山、保境安民，重修庙宇，再塑金身。发此愿后，赵构便倒在蒲团上呼呼大睡。

大约二更时分，金兵数十铁骑抢入寺来，举起火把，四下搜寻。赵构惊醒，忙躲于佛像身后，瑟瑟发抖。一会儿，赵构听见有人说："有两个老和尚，其他什么人也没有。一定是过江去了，快追！"金兵们急忙拥出寺院上马走了。

赵构开始安下心来，躺在佛像身后朦胧欲睡，却忽然听见耳边有人大喝："快起来上马，追兵又来了！"

赵构吓得跳了起来，茫然说道："马已累死了，叫我如何跑得过金人铁蹄？"

那声音又说："已备下马了，大王只顾快马加鞭，不要犹豫了"。

赵构急忙跑出寺外，只见星光下，果然有匹马打着响鼻立在台阶旁。于是抽身上马加上三鞭，疾向城外狂奔。

天未明，赵构已至江边，只见江水滔滔，大浪拍岸，无船无渡，两眼一黑，差点晕了过去。身后已见火把点点，耳闻马蹄哒哒，向江边移来，已是穷途末路，生死关头。

惊慌之下，赵构提起缰绳，向马屁股上狂抽一鞭，欲跳江自尽。只见那马长嘶一声，跳入滔滔江水中，赵构一闭眼，只觉得周围涛声阵阵，水响隆隆，不时有水珠打在脸上，也不敢睁眼，只得听天由命。约过一个时辰后，听见水声变小了，心想莫不是已到了阴曹地府？壮着胆子睁眼一瞧，人马俱已站在了江岸上。

赵构定下神来，一看已到了对岸，松了一口气，下马朝江北遥拜，再牵马时，只见马僵立不动，定睛一看，原来是泰兴圆悟堂前的一匹泥马。赵构赶忙又跪下朝浑身是水的泥马拜了三拜，起身离去。

行至一村，赵构觉得腹中饥饿，便向村民讨点吃的，顺便一打听方知已到武进县界。有村民告诉他，几个时辰前有几十个胡人骑着马在追一个人，还向他们打听康王的下落。村民们知道被胡人追的一定是好人，于是哄他们说康王已过去两天了，那些胡人听了后，跺着脚说："可惜、可惜……"，便抢了船回去了。

此后，赵构一直逃到临安，果然即位成了皇帝。安顿下来后，他专门派人到江北泰兴重修了圆悟堂，赐名"庆云禅寺"，一直相承至今。

这当然只是一个传说而已，并非历史的真实。但无论如何，赵构终是在靖康二年（1127 年）五月一日顺利地在南京应天府即帝位，成为南宋的开国皇帝，改年号为建炎，历史上称为宋高宗。

宋高宗虽然做了皇帝，但放眼望去，已是山河破碎。朝中既没有谋臣，也没有良将，高宗决定起用深得民心的李纲为宰相。朝中有人认为

这样非常不妥，说金人最不喜欢李纲，如果任命他为宰相，恐怕又会招来兵祸，不如任用金人较为喜欢的张邦昌为相。高宗说："朕自立为皇帝，恐怕金人也是不喜欢的，那是不是我这个皇帝就不当了。"这些人这才不说话了。

李纲来到应天府后，见了高宗，痛哭失声，他说："本朝人看不透金人的阴谋，一切都顺着金人的意思来办，才会有今天的灾祸，如果朝廷上还是这样以金人的喜好来施政，那最好还是不要任命我为宰相。"

高宗立即把反对任命李纲为相的人贬出了朝廷，说："现在要使四方安平，使敌国畏服，都离不开你啊，你就不要推辞了。"

李纲拿出了自己准备好的施政纲领，高宗看后，比较满意，令群臣议论实施。此后，李纲开始重新组织训练军队，推举良将，宣布凡能收回故土者，都可以得到封赏。在李纲的主持之下，南宋朝廷开始走上正轨。

为了稳定中原局势，李纲主张高宗应暂住开封，而朝廷中另有一派主张迁都扬州。高宗既不甘心屈居东南一隅，又怕像自己的父兄那样被金人所掳，内心非常矛盾。刚刚和李纲说好了要迁都开封，但没过几天就又宣布要南巡。李纲见皇帝朝令夕改，就在朝廷上据理力争，弄得高宗不胜其烦，最终，李纲被撤职并贬到外地。

李纲被贬之后，金人又一次侵入中原，高宗连忙逃往扬州，并命人将汴京太庙内赵氏祖宗的神主和皇家仪仗用品等搬往南方。江南风景秀丽，经济繁荣，高宗在这里过得非常惬意，表示不再北还。

建炎三年（1129 年），金军又大举南侵，完颜宗翰更是派兵直接奔袭扬州。在金军前锋距离扬州城仅有数十里时，高宗还在后宫寻欢作乐，听到战报后，慌忙带领少数随从乘马出城，赶到瓜洲后乘小船逃到大江对岸。很快，扬州城就落入金军手中，大臣们在匆忙撤离的时候，连开国皇帝宋太祖的神主也丢在路上。

高宗从扬州跑到镇江，接着又逃往建康，大臣们说这里仅隔着一条长江，也不安全，于是高宗又率大臣奔往杭州。同时，高宗派出人向金军议和。为了讨好金人，他起用了张邦昌的亲属，并宣布要惩罚李纲。

当听说金军还在继续追赶的时候，他竟说自己没有得到金朝允许就擅自登基称帝，实为大错，现在甘愿放弃帝位，向金朝称臣。但金军仍在南下，他就一路往南狂奔，直到被赶进大海，坐船在温州沿海一带漂泊了4个月之久。

虽然高宗一路南逃，但南宋的广大军民仍在奋起抵抗金兵的入侵，使金兵大受挫折。江南的气候潮湿，河道又非常繁密，金朝骑兵的优势在这里施展不开，金军主帅完颜兀术决定撤兵。金兵在北撤途中，遭到韩世忠、岳飞等人的围追堵截，损失惨重，勉强逃了回去，却从此再也不敢渡江了。

建炎四年四月，宋高宗在海上知道金兵已经北撤，才从温州回到越州。越州地理位置偏僻，交通不便，南宋朝廷的大批官员和军队集中在这里，得不到有效的补给。高宗与群臣商议迁到新的都城，他本人对逃难时逗留过的临安（杭州）有比较好的印象，那里交通方便，而且江河湖泊交错，可以阻挡金人的骑兵，又是鱼米之乡，物产丰富，可以称得上是"东南第一州"。绍兴二年（1132年），高宗终于迁都杭州。至此，南宋朝廷才终于获得了喘息之机，初步在东南站稳了脚跟。

岳飞精忠报国反遭屠

一说起"岳母刺字""精忠报国"等脍炙人口的故事，人们都知道讲的是英雄岳飞。然而这位名留青史的抗金名将，却最终落了个悲惨的结局……

岳飞（1103—1142），出生于相州汤阴（今河南汤阴）一个农家，据说他出生之时有大鸟飞鸣掠过屋顶，故取名飞，字鹏举。

岳飞出生后不久，父亲就在一场大水中被淹死了，母亲姚氏独自将他养大。岳母深明大义，经常教育儿子要精忠报国。

后来，岳飞的母亲把他送去读书，他学习认真，进步非常快。岳飞

又向他的同乡周侗学习武艺，十几岁的时候就成为武艺高强的人，远近闻名。

1. "岳家军"威名扬

岳飞所处的年代，北边的金国日渐强盛，对宋王朝的威胁越来越大。而岳飞的家乡汤阴屡遭金兵摧残，金兵所到之处，烧杀抢夺，无所不为。岳飞听后义愤填膺，立志投军报国，驱杀金兵。

北宋宣和四年（1122年），机会终于来了。当时，朝臣童贯、蔡攸兵败于契丹，河北宣抚司于真定府（今河北正定县）招募"敢战士"抗辽，岳飞听说之后，立即前往，凭借自己高强的武艺，成为"敢战士"小队长。

儿子报名从军，担当保家卫国之重任，母亲姚氏十分高兴。岳飞临行前，姚氏知道再也不能跟在儿子身边教儿悉事明理，加之连年战乱，儿子这一别，母子何时相见还无定数。姚氏想来想去，想到了最能表达她的心意，又能鼓舞儿子抗金杀敌的四个字，遂令儿子脱掉上衣，在背上刺上"精忠报国（一说尽忠报国）"四字。这四个大字，从此成为岳飞终生尊奉的信条。

加入抗辽队伍后，刚刚二十岁的岳飞以英勇作战的行动"勇冠三军"。不久，因母亲病故，他按照当时的规定返回家乡为母亲扫墓守孝。

靖康元年（1126年），金国灭掉辽国后，南下攻宋，包围京都汴京，大宋岌岌可危。岳飞怀着一腔热血，又积极投入抗金战争。

起初，他投军于赵构大元帅府抗金，因作战勇敢很快被提升为秉义郎。不久，他又转入副元帅宗泽麾下，在黄河南北屡败金军。

靖康二年，北宋灭亡，赵构即帝位，准备将朝廷南迁。岳飞上书反对朝廷南迁，力请赵构北渡亲征，收复失地，恢复中原，不料被加上一个"越职"的罪名而革职。

革职后的岳飞毫不气馁，他又转投王彦，继续抗金。

王彦是宋朝时期非常出名的"八字军"首领。北宋灭亡后，在金军占领地区，人们纷纷奋起抗击金兵。北宋靖康二年十月，王彦率岳飞等人北渡黄河，收复今新乡地区后，遭数万金军围攻，因寡不敌众，率部

众突围至共城（今河南辉县市），联合太行山区两河（即河东、河北，今山西与河北中、南部一带）的义军，坚持抗金。所有将士均面刺"赤心报国，誓杀金贼"八字，以示决心，故称"八字军"。后王彦加入宋军，屡建战功。

加入"八字军"后，岳飞勇猛依旧。在"八字军"向太行山区进军的时候，"八字军"和金军打了起来。岳飞在战斗中把金军大将拓跋耶乌一把抓了过来。岳飞还用他的长枪把很厉害的黑风大王刺杀了。金军都非常害怕他。

有一次，金军大将兀术带领金军攻打到浙江定海，在定海烧杀抢劫了一番后准备回去。岳飞很生气，迅即带领军队，在广德拦住了金军，和金军打了六次仗，六次全捷。这让金军吓破了胆，在暗地里都叫岳飞为"岳爷爷"。

后来，由于岳飞与"八字军"首领王彦矛盾丛生，岳飞遂改投河北都统张所，任中军统领，在太行山一带抗击金军，屡建战功。

不久后，岳飞又复归汴京留守宗泽，因战功而升武功郎。宗泽死后，跟随继任汴京留守杜充守汴京。

南宋建炎三年（1129 年）初，金将兀术率金军再次南侵，杜充率军弃汴京南逃，岳飞无奈随之南下。宋高宗对杜充放弃汴京的举动不但不加责罚，反而还命他负责长江防务，升任右相。

这年秋，金军又兵分多路向南进犯。完颜昌领军进攻淮南，金兀术则领军直接进攻江南，企图直捣赵构所在的临安，一举灭亡南宋，占领整个宋朝领土。此时，已改任建康留守的杜充不战而降。金军得以渡过长江天险，很快就攻下临安、越州（今绍兴）、明洲等地，宋高宗被迫流亡海上。

此后，岳飞脱离杜充，独自率所属军队转战后方。建炎四年春，岳飞在广德和宜兴，收降了因政局混乱而在当地为匪的多支原北宋军队以及金军强征来的河北、河东等地"签军"（指被强行抽调的丁壮组成的军队），队伍开始壮大。

　　这年夏，岳飞在牛头山设伏，大破金兀术，收复建康，金军被迫北撤。从此，岳飞威名传遍大江南北，声震河朔。7月，岳飞升任通州镇抚使兼知泰州，拥有人马万余，正式建立起了一支纪律严明、作战骁勇的抗金劲旅——"岳家军"。

　　从南宋绍兴元年（1131年）开始直至绍兴三年（1133年），岳飞率军先后平定了游寇李成、张用、曹成和吉州、虔州的叛乱，升任神武后军统制。宋高宗赐御书"精忠岳飞"锦旗给他，后又将牛皋、董先、李道等所部拨归"岳家军"。由此，"岳家军"兵力得到扩充，声势更为壮大。

　　2. 以创新战术连战连捷

　　综观岳飞一生军事生涯，他不但作战英勇，而且更为重视谋略的作用。早在岳飞为张所部下时，张所素闻岳飞"勇冠三军"，便问他："汝能敌几何？"岳飞回答说："勇不足恃，用兵在先定谋"。他列举春秋时"栾枝曳柴以败荆（楚），莫敖采樵以致绞"为例，认为此"皆谋定也"。在此，岳飞进一步肯定了谋略在作战中的作用。他说："谋者胜负之机也。故为将之道，不患其无勇，而患其无谋。"这就明确指出了谋略是决定作战胜负的关键。

　　岳飞的这一思想，在其收复襄阳六郡的战斗中，表现得极为明显。

　　绍兴三年，金国扶植的刘豫伪齐政权进攻南宋襄阳等六郡。由于襄阳六郡，西接秦蜀，东瞰吴越，进可出击中原，退可屏蔽湖广，地理位置极为重要。因此，岳飞提出先取襄阳六郡，再恢复中原的方略，被朝廷采纳。

　　绍兴四年三月，朝廷任命岳飞为荆南、鄂、岳州制置使。为加强其实力，又命湖北路安抚使司颜孝恭、崔邦弼两军，及荆南镇抚使司军一部，受岳飞节制，并遣户部员外郎沈昭远筹措粮饷。为策应和支援岳飞出师，宋廷还命淮东宣抚使韩世忠以精兵万人屯于泗上作为疑兵，以分敌势；命淮西宣抚使刘光世出陈、蔡（今河南淮阳、汝南）二州，以作声援。

　　岳飞受命后，严厉戒饬部伍，不使扰民。四月十九日，岳飞率军

三万余自江州（今江西九江）出师，经鄂州（今武汉武昌）渡江西进。五月五日，进抵郢州城下。次日黎明，岳飞督励将士踏肩登城，歼伪齐军七千余人，守将荆超跳崖自杀。

攻下郢州后，岳飞兵分两路，命部将张宪、徐庆东攻随州，自率主力沿汉水北上直取襄阳。驻守襄阳的守敌闻讯后，仓皇北遁。十七日，岳飞进驻襄阳。次日，张宪、徐庆在牛皋等军支援下，攻破随州，俘知州王嵩及所部五千余人。六月初，金与伪齐又在新野（今属河南）、龙陂（今郏县东南）、胡阳（今唐河西南）、枣阳（今属湖北）及唐州、邓州等地，集结重兵号称三十万，企图反扑夺回襄阳。

岳飞仔细研究敌情后，命部将王万等率军一部作为饵兵，至襄阳西北清水河诱其来攻。

六月八日，当伪齐主将李成（率部叛乱被岳飞平定后投归伪齐）倾全力发起进攻后，岳飞率军从翼侧迂回其后，与王万军并力夹攻，将其击退。

次日，李成又率步、骑十万再次反扑，恃兵力雄厚，违背步兵利险阻、骑兵利平旷的兵法常规，左列骑兵于襄江岸边，右列步卒于平地。岳飞采用以步制骑、以骑击步的战法，命王贵率步兵攻其骑兵，命牛皋率骑兵击其步兵。伪齐前列骑兵惊溃，将后列骑兵拥入江中，步卒死者甚众，李成率余部夜遁。

此后，金军为遏制宋军攻势，命刘合孛董率军增援伪齐，与李成合兵数万，在邓州西北列三十余寨，企图与宋军决战。

七月初，岳飞率军进攻邓州，命王贵、张宪两军由光化（今湖北老河口市西北）、横林（今襄阳西北）分路向邓州挺进，包抄合击。十五日，在邓州城外与金、伪齐联军展开激战。酣战之际，岳飞又命王万、董先率精骑乘势突击，一举将其击溃，俘金将杨德胜等二百余人，缴获兵仗、器甲数以万计。刘合孛董与李成引军逃遁，仅留部将高仲入城固守。十七日，岳飞督军破城，俘高仲，收复邓州。其后，又乘胜分兵遣将收复唐州及信阳（范围包括今河南许昌、唐河、信阳市等）。

襄阳六郡的收复，打开了连接川陕的通路，控制了长江中游，为反攻中原创造了有利条件，意义十分重大。

收复襄阳六郡后，年仅三十二岁的岳飞被封为开国侯和节度使，成为与韩世忠等享有此殊荣的大将中最年轻的一个。

3. "撼山易，撼岳家军难"

绍兴六年（1136年）初，北宋由宰相张浚兼任都督诸路军马事，于平江府（今江苏苏州）召开军事会议，研究北伐中原一事。会后，张浚命令岳飞进军襄阳，做好直捣中原的准备。

二月，岳飞于鄂州发布讨伐伪齐的檄令，并积极做好进军襄阳的军事部署。

这年夏，一切准备停当后，岳飞再次率部北上，收复虢州、商州、伊阳、长水（均属今河南、陕西城邑）等地。黄河两岸直至太行山的百姓和义军纷纷找"岳家军"联系，准备配合他们的行动，岳飞随即上书朝廷，建议乘胜恢复中原。但这时，赵构已迷上江南的水光山色，决定在此安乐窝里长住下去，因此不许岳飞继续北进。此后两年，岳飞多次上书要求北伐，都被拒绝。

绍兴八年（1138年）底，宋金达成和议，以淮河为分界线，宋每年向金交纳贡银二十五万两、绢二十五万匹。

然而，金国统治集团的所谓议和本来就是权宜之计。次年初，金兀术发动政变掌权，随即废除对宋和议。这年夏，金兵分四路向南宋大举进攻，战线东至淮河，西至陕西。兀术自任都元帅，亲自率领金军主力十余万人向开封进发，在相继攻陷长安和洛阳后，兀术率领主力攻入开封，紧接着又攻占了商丘，并乘胜继续向淮西进攻。

此时，宋高宗还沉浸在和议成功的喜悦中，大肆封官晋爵，对金军的进攻丝毫没有戒备。当他听到金兵大举南侵的消息后，有些恐慌，连忙传令岳飞等将领严加防御。接着，宋高宗任命岳飞兼任河南北诸路招讨使，由荆襄北进，负责措置光（今河南潢川）、蔡、陈、许（今河南许昌）诸州军事。岳飞接到命令后，立即率领大军北进。

在大举反攻之前，岳飞一方面派部将牛皋、张宪等人，分路收复河南各地；另一方面又遣义军首领梁兴等人重返太行山区，联合其他义军在敌后展开活动，以策应北上的军队。在很短的时间里，宋军先后收复了颍昌（今河南许昌）、陈州（今河南淮阳）、郑州、洛阳等地。岳飞亲领轻骑，驻扎郾城，指挥全局。

中原是宋、金两国必争之地，谁控制中原，谁就可以从中央突破对方的战线，造成对敌分割的有利战略态势。因此岳飞率军挺进中原，使驻扎于东京的金将兀术感到惊慌失措。他急忙召集诸将商量对策。兀术认为南宋各路兵马都容易对付，唯独岳飞这支军队"将勇而兵精，且有河北忠义响应之援，其锋不可当"，因而决定引诱岳飞的军队，待其孤军突进至开封的外围，然后集中主力给对方一个有力的打击。

岳飞是何等人！他很快识破了金人的阴谋，便将计就计，每天派出一支军队向金人挑战。兀术以为岳飞中计，便亲自率领龙虎大王、盖天大王及伪昭武大将军韩常等军直趋郾城，准备和岳飞军决战。

岳飞首先命令他的儿子岳云率领"背嵬军"（侍卫亲军，"背嵬"即盾牌），直冲敌阵，给敌军一个沉重的回击。出兵前，岳飞严厉地对岳云说："你这次必须获得胜利，然后才能让你回来，如果不能完成这个任务，我首先要把你斩首！"岳云听了父亲的嘱咐，格外小心，和敌人作战，异常勇敢，仅数十回合，就杀得敌人尸横遍野，获马数万匹。

这次金军南犯，金兀术亲自率领精锐的"铁浮图"和"拐子马"一万五千余骑，准备以此抄袭"岳家军"的大本营，进而消灭"岳家军"的主力。"铁浮图"是金兀术的特种骑兵，人马都披上厚重的铠甲，以三骑为一队，作为正面冲锋队。每向前冲，就用障碍物堵塞后路，只许进，不许退。"拐子马"指的是左、右翼骑兵，作战时，配合"铁浮图"从两面包抄。这种骑兵队伍都是由女真人组成的，打起仗来，和围墙铁幕一般，很难对付。

岳飞经研究后认为，"铁浮图"和"拐子马"虽然厉害，但还是可以利用其弱点，找出对付的办法来。他发现"铁浮图"的马腿安不上铁

甲，只要马腿被砍断，骑在马身上的士兵就会跌落。因此，他机智地指挥将士手持马铡刀、长斧和敌人对阵。宋军上砍敌兵，下砍马腿，金兵的马倒人也跟着倒，于是人马大乱。

岳飞提枪跃马，亲临战场。他在敌阵中左右开弓，来往冲杀，将士们见了也勇气倍增。岳飞的心爱部将杨再兴单骑突入敌阵，左冲右突，锐不可当，差一点将金兀术活捉。

这次大战，从申时打到黄昏，金军有的被宋军杀死，有的被马踏成烂泥，死尸布满原野。金兀术合围宋军的阴谋破产了。

眼看自己的精锐骑兵被宋军歼灭，金兀术十分悲痛。但过了两日，金兀术又增兵于郾城北的五里店，准备再战。岳飞的一个叫王刚（也作纲）的部将，带领五十名骑兵去侦察敌情，他勇敢地突入敌阵，斩杀敌人的中下级军官数名。岳飞乘机率轻骑出击，大队人马随后，从左右两面攻击敌军，再一次打败了金军。经过三天的激战，金军遭到沉重打击，岳飞军取得了郾城之战的最后胜利。

郾城之战是宋金双方精锐部队之间的一次决战，宋军以少胜多，给金军以沉重打击，以致金军发出了"撼山易，撼岳家军难"的哀号。

4.壮志未酬身先死

郾城之战给金人以沉重打击，然而金兀术却并不甘心失败。不久，他又集中了号称十二万人的兵力，进到临颍。岳飞派兵迎击，部将杨再兴带领三百名骑兵担任先锋。

绍兴十年（1140年）七月十三日，杨再兴所部在小商桥（临颍南二十五里处）与金兵遭遇，大家奋勇作战，杀死金兵两千多人以及万户撒八孛堇等一百多名将领，然而宋军也全部壮烈牺牲，杨再兴所中箭镞有两升之多。

第二天，张宪率"岳家军"再战，逐金兵出临颍县界。

岳飞估计金兵一定会回军攻打颍昌，便命岳云带领骑兵急速增援驻守颍昌的王贵。岳云来到颍昌，金兀术果然亲自率兵来攻。岳云和王贵合力攻杀，城内守军把预备兵力全部投入战斗，岳家军斗志愈加旺盛。

"岳家军"以骑兵八百担任正面冲锋，步军列置左、右两翼，来对付金军的骑兵。双方从早上杀到中午，"岳家军"将士无一人后退怯战，直杀得"人为血人，马为血马"。

　　岳云在敌阵中来往冲杀。虽然身受重伤，血染战袍，但仍然浴血奋战。接着董先、胡清率部赶到，投入战斗，终于把金军打败，

　　这一战，"岳家军"斩、俘金统军上将夏金吾（兀术之婿）和副将粘汗孛堇等七千余人，获马三千余匹。

　　看到大势已去，金兀术只得连夜率军退回开封。

　　岳飞为大河南北频传的捷报所鼓舞，他对部属说："今次杀金人，直到黄龙府（今吉林农安），当与诸君痛饮！"

　　岳家军全线进击，包围开封。七月十八日，张宪与徐庆、李山等诸统制从临颍率主力往东北方向进发，又击败五千金军，追击十五里。同时，王贵自颍昌发兵，牛皋也率领左军进军。

　　金兀术以十万大军驻扎于开封西南的朱仙镇，希望击退宋军。"岳家军"北上距离朱仙镇四十五里的尉州（今河南尉氏）驻营，作为"制胜之地"。"岳家军"前哨的五百背嵬铁骑抵达朱仙镇，双方甫一交锋，金军即全军奔溃。金兀术最后只剩下一条路，即放弃开封府，渡河北遁。

　　郾城、临颍等地的胜利，极大地鼓舞了北方百姓抗金的勇气。太行山"忠义保社"首领梁兴和河东忠义军将领赵云共同收复了山西的垣曲，并进到王屋（今山西阳城西南）和济源（今河南济源）县界，斩俘大批敌军，掳获大批军械、马匹。山西各州府的义军，都打起"岳"字旗号，约定日期发兵。黄河北岸的百姓更是公开地头顶香盆，牵牛拉车，准备欢迎大军……

　　正当岳飞在前线不断取得胜利，兴高采烈地策划大军渡河时，不料竟遭到宋高宗赵构、当朝宰相秦桧等投降派的破坏。他们担心岳飞的胜利会阻碍他们向敌人投降的主张，也怕胜利后岳飞会威胁到他们的地位，因此就在岳飞胜利进军当中，急令原来配合岳家军出击的各线宋军停止前进，然后又以"孤军不可久留"为借口，一日连下十二道"金字牌"

（在朱漆的木牌上写着金字，遇到紧急军机大事，直接由皇帝发出，日行四百里，一说五百里），严令岳飞退兵。

岳飞接到如此荒唐的命令，愤惋泣下："十年之力，废于一旦！"然而在朝廷高压钳制之下，岳飞不得不下令班师。

当地百姓闻讯后拦阻在岳飞的马前哭诉，说担心金兵反攻倒算，"我等戴香盆、运粮草以迎官军，金人悉知之。相公去，我辈无噍类矣"。岳飞无奈，含泪取诏书出示众人，说："吾不得擅留。"最后只得怀着满腔悲愤，下令全军退回襄阳。

岳飞被召回后，和当时另外两员大将韩世忠、张俊一样被解除了兵权。很快，秦桧就向岳飞下了毒手。

秦桧先唆使监察御史万俟卨等爪牙罗织罪名，接二连三上奏章攻击岳飞。不仅如此，秦桧还利用岳飞原上司张俊对岳飞的妒忌，勾结张俊，让其唆使"岳家军"的部将王贵、王俊，诬告另一个部将张宪想占据襄阳，发动兵变，帮助岳飞夺回兵权，还诬告岳飞的儿子岳云曾经写信给张宪，秘密策划这件事。就这样，张宪、岳飞遭到陷害，被逮捕入狱，受尽酷刑。

为了掩天下人耳目，秦桧宣布岳飞、岳云和张宪共同策划谋反，以此为借口处死岳飞。抗金名将韩世忠对此愤愤不平，前去质问秦桧："岳飞何罪之有？"

秦桧为此说出了一个臭名昭著的回答："飞子云与张宪书虽不明，其事体莫须有。"这大意是说：岳飞的儿子岳云和张宪设计为岳飞收回兵权，这件事虽然不是很明朗，但也许有吧！

韩世忠听后，愤怒地对他说："'莫须有'三字何以服天下！"

在秦桧的授意下，岳飞三人于绍兴十二年（1142年）春节的前一个晚上，在杭州风波亭遭到杀害，当时岳飞只有三十九岁。

岳飞被害后，临安狱卒隗顺偷偷地把他的遗骨埋葬起来。直到宋高宗死后，岳飞的冤狱才得到平反昭雪，人们把岳飞的遗骨改葬在西湖边的栖霞岭上，后来又在岳墓的东面修建了岳庙。现在，在庄严雄伟的岳庙大殿里，端坐着全身戎装的岳飞塑像，塑像上方悬挂的匾额上，刻着岳飞亲笔写的"还我河山"四个大字,使人肃然起敬。在岳飞墓门对面,还放着用生铁浇铸的秦桧、王氏、万俟卨和张俊四个反剪双手的跪像,反映了百姓对英雄的景仰和对卖国贼的憎恨。

5. 害死岳飞的元凶是谁

千百年来,人们一直都认为是秦桧用"莫须有"的罪名害死了抗金英雄岳飞。而秦桧这么做的原因,人们通常认为有两个:一是秦桧主张向金国求和,但求和的条件就是要杀掉岳飞;二是岳飞屡建奇功,秦桧十分忌妒。于是,为了铲除岳飞,秦桧便怂恿宋高宗赵构下十二道金牌将岳飞召回,而后诬陷岳飞谋反,将其杀害。

但近年来,有种观点认为,真正杀害岳飞的凶手不是秦桧,而是另有其人。那么,这个人是谁呢?

有人认为,真正的"凶手"实际上是宋高宗赵构。因为无数的证据证明,宋高宗本来就讨厌岳飞,秦桧只是迎合高宗的意思,代高宗承罪而已。

宋高宗杀岳飞的原因之一,是岳飞犯了"路线错误"。

岳飞秉行的政治路线可以用八个字来概括:收复中原,驱除女真。在战略上,岳飞提出了"结连河朔"的主张,意在"直捣黄龙",迎回被金军掳去的宋徽宗(赵构之父)、宋钦宗(赵构之兄)二帝。

这个路线本身没有错,既表达了被压迫民族的整体要求,又坚持了崇高的气节,可惜的是,岳飞不是路线的最终制定者和决策者,他秉行的路线有悖于朝廷的基本政治路线——求和偏安。因此说,岳飞犯了"路线错误"。这就决定了岳飞等主战派的任何挣扎都将徒劳无功,"三十功名尘与土"的结局是必然的。

关于朝廷的基本政治路线,岳飞不是不知道,而是不愿意执行,这一点不能不让赵构和秦桧对他抱恨。建炎元年(1127年),赵构刚刚登基,岳飞就上书北伐,还请求皇帝御驾亲征,遭到赵构的否决,明以"越职"为由罢了岳飞的官,其实是在暗示岳飞不要这么执着,因为朝廷的政治路线已经定了。其后,赵构虽然支持主战派打了不少胜仗,重用了

岳飞、韩世忠等武将，但目的依然出于自卫，出于求和而不得，并没有改变其基本路线。按说，赵构待岳飞不薄，为防止他犯路线错误，出兵前，赵构特地下手诏，告诫他只需收复伪齐（北宋叛臣、原济南知府刘豫在金国扶植下所建立的傀儡政权，管辖黄河故道以南的河南、陕西地区）所夺之地，千万不可领兵北上触犯金人，否则就算立下战功也定要严惩。可是，岳飞就是"不开窍"，多次当面顶撞赵构和秦桧，反对与金议和。他对赵构明确表示："夷狄不可信，和好不可恃，相臣谋国不善，恐贻后世讥议。"这一义正词严的错误不仅使赵构对岳飞心生嫌忌，还大大地得罪了宰相秦桧。

绍兴七年（1137年）三月，宋廷解除了"中兴四将"之一的刘光世的兵权，赵构本来答应将刘光世率领的淮西军队拨给岳飞指挥，岳飞信以为真，以为这样一来，自己兵力大增，兴奋之余，立即提出要带兵十万，出师北伐。这又犯了路线错误的大忌，让赵构气得吐血，临时变卦，拒绝将淮西军队交给岳飞。对皇帝的这种暗示甚至是明令，岳飞还是不开窍，竟然一怒之下离开本军驻地鄂州，以为母守孝为名上了庐山。

岳飞的此种行为在赵构看来，分明是要挟君主，比犯路线错误更严重，但当时金兵的威胁尚在，制裁岳飞的时机并不成熟，因此赵构不得不再三下诏，对岳飞好言抚慰，敦促其下山。六月，岳飞返朝，向赵构请罪，赵构表示对其宽恕的同时，引用太祖"犯吾法者，唯有剑耳"的话以示警告，言语之中已经暗藏杀机。

赵构偏安求和的政治路线其实是明摆着的：只有坚持议和，才能保住帝王之位，若是任由岳飞这么打下去，真的北伐成功迎回了二帝，他们一个是皇帝老爸，一个是皇帝哥哥，这二位哪一个回来了，也没有现任皇帝的份了，现任皇帝怎能不恼火？这两个人宋高宗躲还躲不及，你岳飞还要把他们迎回来，不是成心和现任皇帝为难吗？所以，在赵构看来，让岳飞在路线上与自己保持一致的可能性已经不大了，此人留不得。

也有人说，岳飞提出的"直捣黄龙，迎回二圣"不过是个政治口号而已，用以激励士气。

口号看来简洁明了,便于凝聚人心,同心协力。然而,岳飞并不知道,口号这东西也不能乱提,弄不好就会被统治者认为是在涣散人心,模糊目标。为此丢掉身家性命的大有人在。

所以,就算岳飞的"直捣黄龙,迎回二圣"只是个口号,它也为最高统治者所不喜甚至极为忌惮。既如此,岳飞的命运也就不妙了。

岳飞惹恼宋高宗的第二件事是请立太子。

绍兴七年的一天,岳飞与皇帝赵构谈话。君臣二人十分投机。可能是谈得兴起,岳飞突然相当莽撞地提出,希望皇帝早日解决皇位继承人的问题。此言一出,谈话的气氛立即急转直下。尽管当时岳飞的声望如日中天,是最受信任最受宠爱之际,赵构仍然丝毫也不假以辞色地呵斥道:"你虽然出于忠心,但是,手握重兵在外,这种事情不是你所应当干预的。"

岳飞的脸色当时就变了,十分尴尬。他退出去后,皇帝立刻接见了岳飞的参谋官薛弼,赵构对他讲了这件事情,并关照这位参谋官说:"看样子岳飞不太高兴,你可以去开导开导他。"

几年前,在金兵的追杀下,赵构由于惊怖丧失了生育能力,如今正在想尽一切办法医治。他刚刚三十出头,毕竟还存着很大的希望。前些时候,他又遭遇了一个更加惨痛的事件,唯一的儿子,因为宫女不小心踢翻一个铜鼎,而被惊吓抽搐致死。这两件最深的隐痛,如今被岳飞的一句话都给勾了起来,其心情之恼怒可以想见。

问题的严重性还不仅仅在于岳飞哪壶不开提哪壶。最要命的是,岳飞触犯了皇家最大的忌讳:手握重兵的武将对皇位继承感兴趣。我们知道,皇权继承问题,在历朝历代都是一个绝对核心的敏感问题,为此所导致的皇家骨肉相残之事比比皆是,为此形成臣僚或飞黄腾达或家破人亡的故事也史不绝书。人们历来特别容易把这个问题和那些手握重权、重兵的文臣武将们的政治野心联系起来。

谁知,岳飞偏又是"一根筋",在后来的一封密奏中,他又一次谈到这个问题,希望皇帝尽快确定过继皇子的继承名分。这就表明他并不

是谈得高兴一时口滑所致。事实上，这件事情确实是岳飞的一块心病。当时，金国人扣住宋徽宗、宋钦宗不放，有着相当重要的政治原因。赵构称帝以后，金人就曾经考虑将宋徽宗放回去，用以削弱赵构的影响。后来一直存在着一种可能，就是金人以武力扶植一个宋钦宗嫡系的傀儡皇帝，这位傀儡皇帝具有赵宋政权先天的正统地位，将使南宋政权相当难堪、被动，甚至对其存在的合法性都可能形成挑战。当时，部分地为了对抗这种可能，赵构从太祖赵匡胤一系挑选了两位皇室子孙，过继到自己名下，但还没有确定究竟由哪一位继承皇位。岳飞的提议，从抗金斗争的现实出发，显然是好意。而且是那种忠心耿耿地把皇帝当成自己人、不见外的那种好意。但是，这种好意是否能被皇帝愉快地接受，却大成疑问。德国哲学家费尔巴哈认为，住在茅棚里的人和住在皇宫里的人，想得不可能一样。诚哉斯言，赵构对岳飞的呵斥明明白白地说明了这一点。

因此，可以这样认为，赵构从岳飞请立太子的建言中看到的，不是"忠心"而是"别有用心"。难怪岳飞死后有悼诗曰："自古忠臣帝主疑，全忠全义不全尸。"最高统治者已经如此猜疑岳飞，他还有好果子吃吗？

除了以上两条，再加上南宋一味偏安，一心议和，金国元帅金兀术又有"必杀岳飞而后可和"之言，应当说，这个时候的岳飞已经在劫难逃了。

实际上，促成岳飞走向悲剧的原因，除了上述几条外，可能还有一个重要原因——那就是岳飞的人品，高贵的人品。

在同时代的文臣武将中，岳飞相当清廉。除了来自朝廷的俸禄、赏赐之外，他家田产的年收入在一万石上下，是张俊的一个零头，大约也远远低于韩世忠、刘光世等人。

岳飞不贪财，不好色，不喜物质享受。川陕大军统帅吴玠特别敬重岳飞，曾经送给他一位有名的美女做姬妾，岳飞说现在不是大将享乐的时候，又给退了回去。结果，两人的关系反倒更好了。和韩世忠一样，凡有朝廷赏赐，岳飞一概分给部下，自己不取分毫。他遇害死后许多年，当年的众多部下还聚在一起，联合起来为他申冤，据说，当时哭声震天，场面极其感人。

岳飞酒量不小，年轻时经常豪饮。有一次赵构禁止他喝酒，对他说："等你收复了失地，打到河朔时才可以再喝。"从此，岳飞滴酒不沾。他治军极严，许多亲信部将与家人都挨过他的鞭打或军棍。岳家军有一个口号，叫作"冻死不拆屋，饿死不掳掠"，实际已经成为军纪，违反者被抓到，一般要付出生命的代价。因此，岳家军与韩家军一样，深受民众爱戴。

岳飞平易近人，很少耍大将军的威风。史书记载，他礼贤下士，饱览经史，雅歌投壶，待人温和有礼，很像个文质彬彬的读书人。他曾经多次辞谢加官晋爵，每次必定会说："胜仗是将士们效死力打的，我岳飞哪里有什么功劳？"唯独在一个领域里是不能碰的，一碰，他就会跳起来，就像西班牙公牛看到挥舞着的红布就会低着头冲上来一样，那就是谈论对金关系与军国大事。每当此时，岳飞立即"忠愤激烈，议论持正，不挫于人"。《宋史》认为，他就是为此而终于得祸。

应该说，这种说法有一定道理。否则，他也就不是那个壮怀激烈的岳飞了。比如，岳飞曾经直截了当地指斥秦桧：作为宰相，谋国不臧。"臧"在古代汉语中有善、好等含义，这等于是告诉皇帝，秦桧不称职。还有一次，岳飞骂曹操是奸贼误国。曹操也是宰相，秦桧为此恨之入骨。他很有可能认为岳飞是在"指着和尚骂秃驴"。

《宋史》评论说，像韩信、彭越、周勃、灌婴这样的名将，古往今来并不少见，但若论起像岳飞这样文武全才、仁智皆备者来，则很罕见。这种看法，在岳飞死后的八百多年里，基本是被人们认可的。事实上，正如我们在历史记载中不断看到的那样，假如岳飞是一个心怀不轨、无法节制的军阀，他就断然不会被朝廷如此呼来喝去，并最终自蹈死地。须知，他当时统帅的军队至少占了大宋军队的四分之一，而且，是各路大军中战绩最为辉煌的。

或者换句话说，如果岳飞真的是有野心不受节制的话，整个南宋，

甚至南宋以后的中国的历史恐怕都要被重写。其实，导致岳飞该杀的，正是他所具备的这样一些卓越品质。甚至到了今天，这可能都是一些令许多中国人感到不快与不安的品质。在动荡不安的战乱年代里，这些品质集中到一位手握重兵、又失去了皇帝信任的将军身上，尤其足以构成此人必须死的理由。《宋史》对于岳飞之死，连写了两遍"呜呼冤哉"可见一斑。

岳飞是冤死了，然而"账"却算在了秦桧的头上。秦桧对岳飞之死固然是负有不可推卸的责任，然而正如我们前文所述，真正对岳飞动了杀心的是宋高宗赵构而非秦桧。

其实，如果我们仔细检阅史书，就会发现，在中国似乎有一个不成文的规矩，凡是迫害忠良的事，罪状大都记在一两个奸臣头上——奸臣固然可恶，可没有皇帝的默许和怂恿，哪个奸臣能成气候？同样在南宋，有个编修叫胡铨，反对议和并请杀秦桧。秦桧当时正掌重权，也没敢把他怎样。以岳飞被杀前的情况，其地位比胡铨高多了，如果高宗不允许，秦桧敢谋害他吗？

可见，害岳飞者，元凶是宋高宗也，秦桧不过是个帮凶而已。

"不光彩"女人的出彩人生

梁红玉曾经是北宋年间的一名妓女，这样的出身当然"不光彩"。然而，就如许多出身高贵的人也会做出一些卑劣的事一样，出身"不光彩"的梁红玉也让自己的人生极为"出彩"……

梁红玉（1102—1135），淮安北辰坊（今江苏省淮安市）人，宋代著名抗金女英雄。

说起梁红玉的出身，颇有些"不光彩"。

梁红玉的祖父与父亲都是武将出身，梁红玉自幼随侍父兄练就了一身功夫。然而，宋徽宗宣和二年（1120年），睦州居民方腊，啸聚山民起义，迅速发展到几十万人，连陷州郡，官军屡次征讨失败，梁红玉的祖父和父亲都因在平定方腊之乱中贻误战机，战败获罪而被杀。梁家由此中落，梁红玉也沦落为京口营妓，也就是妓女。

说到中国古代的妓女，最后的归宿，大体可以归结为四种。

一是部分世袭乐户的女子，终身为妓。有的色艺不精的妓女年老色衰后，风韵尽失，又没有足够的资金自己当老鸨，就在妓院中充当女佣或领班婢女，服侍名妓。

二是少数知书达理、色艺俱全的名妓，在得到贵人的宠爱后，成为贵夫人。如明末清初的南京秦淮名妓董小宛，与大学者冒辟疆情投意合，最终结为夫妻。

三是出家为尼。妓女们出家的原因一般情况下是由于在生活中受到打击，或忍受不了人老珠黄后所受到的差别待遇，随即对生活失去了乐趣，看破红尘；也有的是为了到尼姑庵求得一个衣食居处。

四是从良嫁人。对妓女来说，从良嫁人是她们所向往的最美好的归宿了。如明代妓女呼文如，能诗词，善琴画，在一次侍宴中结识了进士丘谦之，两人一见钟情，私下成婚，遍游名山，弹琴赋诗，相伴终生。

由于妓女们曾经不光彩的经历，致使她们即便是从良嫁人，做人行事也低人三分，能真正得到幸福的并不多。而梁红玉属于那少数中的少数，因为她找到了自己的幸福。

梁红玉虽说也是妓女，但由于她精通翰墨，又生有神力，能挽强弓，每发必中；加之平常对那些来找乐子的纨绔子弟根本不放在眼里，这使她与那些见钱眼开的妓女们从气质上截然不同。也由此，他得到一代抗金名将韩世忠的爱。

韩世忠（1089—1151），字良臣，陕西省绥德县人，两宋之际的名将。他出生在一个贫苦农民家庭，十八岁应募从军，英勇善战，胸怀韬略，为人耿直，为官正派。

宣和二年（1120年）发生方腊起义后，北宋朝廷以童贯、谭稹统率大军镇压，韩世忠以偏将身份随军出征，并亲手将方腊生擒，因而受

到朝廷嘉奖。

平定方腊后，童贯班师回朝，到了京都，大开庆功宴，按照惯例，童贯召来营妓，供士兵们享用。梁红玉也在其中。

席间，相貌堂堂、英勇伟岸的韩世忠让梁红玉很是心动。而梁红玉飒爽英姿、不落俗媚的神气也引起了韩世忠的注意。两人相见恨晚，互生怜惜，于是演绎了一出"英雄美人终成眷属"的好剧。

只不过，当时的韩世忠只是军营里一个小官，根本养活不了这个未婚妻，直到他后来掌握了权柄，才正式迎娶了梁红玉。但当时韩世忠已有正妻白氏，梁红玉只能屈身为妾。后来，白氏去世，梁红玉才成为韩世忠的正妻。

建炎三年（1129年），金军在统帅金兀术的率领下，由彭城进入泗州，直抵楚州（今江苏淮安）。宋高宗抱头鼠窜，逃到浙江杭州。金兵紧追不舍。赵构没办法，只好乘船亡命海上，这才没被金军活捉。

统治者的不争气引起了力主抗金人士的不满。御营统制苗傅与威州刺史刘正彦趁局势混乱，袭杀了执掌枢密的王渊，分头捕杀了宦官，逼迫赵构让出帝位，传位给皇太子。由于这时候太子还小，他们便安排隆祐太后垂帘听政。在这次叛乱中，已经有了身孕的梁红玉也被扣押在内。但由于其夫韩世忠已经成为掌管一方军事的重将，苗傅等人对他有所畏惧，所以并没有难为梁红玉。

事变发生之后，宋高宗的一举一动都在苗傅等人的监控之中，毫无自由可言。宰相朱胜非与隆祐太后经过秘密协商，决定派梁红玉出城，驰往秀州。因为此时韩世忠的军队驻扎在秀州，只要他能赶来救援，就有破敌的希望。隆祐太后为此还分别给了梁红玉和韩世忠"安国夫人""御营平寇左将军"的封号。

一切都商量妥当后，朱胜非就骗苗傅说："镇守秀州的韩世忠听到事变后，没有立刻赶来，说明他还在犹豫，举棋不定，如果你派他的妻子去劝降，那么你就如虎添翼，无往不胜了。"苗傅听了信以为真，立即派梁红玉出城。梁红玉跨上马背，连夜赶到秀州。韩世忠听妻子说明情况后，当即会同刘浚带兵平定了苗傅、刘正彦的叛乱，宋高宗、隆祐太后、朱胜非等人重获了人身自由。宋高宗喜出望外，亲自到宫门口迎接他们夫妇，授韩世忠为武胜军节度使，不久又拜为江浙制置使。

南宋建炎四年（1130年）三月，金军已经孤军深入近半年，江南各地军民集结于山寨、水寨，打击金军，使其处处受到威胁。主帅金兀术感觉再待下去就要大败而归，于是在大肆掳掠之后，兵分两路，一路由黄州渡江，一路由采石矶渡江，全面北撤。

此时韩世忠正担任浙西制置使，留屯秀州。当他得知金军北撤的消息，就下令在秀州张灯结彩，大闹元宵，迷惑敌军，暗地却率八千人紧急出动，沿运河水陆两岸齐头并进，抢先占领京口一带的金山、焦山，专截金兀术的归路。但此时，宋军仅有区区八千人，而金军号称十万。所以无论从兵力、士气还是战斗力上看，韩世忠的军队都远远不如金军。

金兀术的军队趁勇而来，很快与韩世忠的部队在黄天荡碰上。由于思乡心切，当天金兀术就给韩世忠下了战书，约定第二天开战。韩世忠接受了。但到了晚上，他却一筹莫展，想不出八千人怎么跟十万人去对抗。

见丈夫一脸愁容，聪明的梁红玉出主意说："可以把我军分成前后两路，利用埋伏四面截杀敌人。我带领中军，专事守备，并发号令，倘若金军杀来，就用枪炮矢石射击他们，不让他们前进。金军发现正面进攻不成，肯定会改变策略选择从侧面攻击，这个时候你就带领前后两路军马去追杀敌人。到时我就在船楼上面击鼓挥旗，你看我中军的旗号行事，我的旗往东，你即往东杀去，我的旗往西，你即向西杀去，一定会杀得金军措手不及。"

韩世忠依计行事。

第二天一早，梁红玉精神抖擞地出现了。只见她头戴雉尾八宝嵌金珠金凤冠，身穿一领锁子黄金甲，腰围盘龙白玉带，端坐在中军的楼船上面，手握鼓槌满脸镇定，身旁一人手拿令旗，几十名手持强弩的士兵分列两边。

金兀术率领十万金兵很快杀到。他没有看到韩世忠，却看见了中军

楼船上站着一个女人。金兀术不禁心中窃喜：看来大宋已经没有能用之人了，竟然让一介女流上战场。正暗自得意之时，突然间听见一声炮响，紧接着箭如雨下，金军船只受到打击。金兀术没明白怎么回事，便慌忙下令转舵，率领大军往东面突围。梁红玉在船楼上对敌军的动态看得一清二楚，便命令号旗东指，并亲自抡起战鼓，擂得震天响，宋军士气倍增。金军从东面突围不成，又改攻西面，梁红玉又让令旗指向西，韩世忠带队在西面截住金军，打得金军晕头转向，心胆俱寒。经过数次攻击，金军始终不能渡江。最后只得落荒而逃。

这就是历史上著名的"梁红玉击鼓退金兵"的故事。

遭到惨败的金兀术别无办法，出重金征求出路计划，有贪利的当地人便指点他挖开日久淤塞，已废弃的老鹳河故道，便有活路。金兀术大喜，急忙指挥军队连夜开出一条三十多里的水道，接通秦淮河，准备由此沿水路北上。想不到刚出老鹳河，在牛头山又遇到另一抗金英雄岳飞指挥的岳家军，又像被赶的鸭子一样退入黄天荡。等金兀术来到荡口，只见韩世忠的战船一字排列在荡口，几番冲杀，岿然不动。

连战皆胜让韩世忠开始有些骄傲，认为金军不习水战，遂大意起来。这天晚上，趁着皎洁的月光，韩世忠和梁红玉夫妇两人在船上开怀畅饮，饮到高兴处，韩世忠拔出剑来，放声高歌：

万里长江，淘不尽壮怀秋色，漫说秦宫汉帐，瑶台银阙，长剑倚天氛雾外，宝光挂日烟尘侧！向星辰拍袖整乾坤，消息歇。

龙虎啸，风云泣，千古恨，凭谁说。对山河耿耿，泪沾襟血。汴水夜吹羌管笛，鸾舆步老辽阳崿。把唾壶击碎，问蟾蜍，圆何缺？

谁知人算不如天算，就在金兀术绝望的时候，有个贪财的当地人向金兀术献了一计，叫金兀术用土盖住自己的船板，趁无风韩世忠的大海船无法移动的时候，用火箭射韩世忠船上的风篷，引起大火，以攻破韩世忠的防御。

金兀术遵照而行，果然就此冲出韩世忠的包围圈。

也许，从战术上来说，梁红玉和韩世忠最终失败了，但从战略上来说，韩世忠用梁红玉的计谋，以少于敌军十倍的兵力包围敌军达数十天之久，而且黄天荡一战使金军丧胆，再也不敢随便过长江南侵。这达到了击退金兵的战略目的，也足以名震华夏，名震夷狄。

梁红玉不但在战场上是丈夫的好帮手，在家里还是一位温柔体贴的好妻子，贤内助。她用自己奇特的方式爱着自己的丈夫。

金兵败北之后，梁红玉因作战有功，宋高宗先重重赏银，又封她为"杨国夫人"。然而，得到封赏的梁红玉不但不居功请赏，反而做出了一个令人难以预料的举动。她亲笔写了一封奏折，弹劾丈夫韩世忠"失机纵敌，乞加罪责"，致使"举朝为之动色"。很多人对她的所作所为感到费解，"黄天荡"一役，尽管最后让金兀术逃脱了，但能够困住金军几十天，应该也算是不小的胜利了。那她为什么要这么做呢？

从后来的情势看，这正体现了她的才智和对丈夫无私的爱，正因为她及时地弹劾，才使韩世忠不至于"落入虎口"。

从韩世忠平时的举动来看，他不仅治兵有方，而且十分重信重义，视钱财如粪土，深受将士们的拥戴，威望极高。历代的皇帝对战功卓著的大将都有戒心，当朝皇上宋高宗对韩世忠自然也不例外。的确，如果韩世忠起兵造反，恐怕皇上毫无招架的力量；又由于韩世忠与皇帝一心与金人谋和的做法显著不同，令皇帝极为不满。除此之外，当时卖国贼秦桧独掌大权，为了自己的利益极力排除异己、陷害忠良，所以韩世忠其时的处境已经很危险了。虽然他在战场上威风凛凛令敌人闻风丧胆，但却是一个粗人，心思不够细密，不可能想到这一点；而且黄天荡之战让金兵得以逃脱，的确是韩世忠的疏忽，他应该为此承担后果。可想而知，如果让秦桧去弹劾他，后果将会不堪设想！梁红玉正是在正确分析时局后，出于保护丈夫的目的，最终做出了弹劾丈夫的决定。这样做不仅封住了他人的口，不至于被奸人抓住把柄，还逼得皇帝将他们发到楚州建营御敌。

后来，随着功劳越来越大，韩世忠的职务也不断得到升迁，然而他的态度突然发生了变化：他一而再再而三地向皇帝请求赏赐，并且要求

用低价购买官府没收的庄田。最后，他还在西湖边上买了个大庄园，索性全家都住到了皇帝的眼皮底下。

对于专制社会的皇帝来说，爱财的大臣一般对他们的皇位构不成威胁，因为对金钱的迷恋往往意味着上进心的失去，这恰恰是赵构所希望的。但韩世忠的这一举动很让人不解，因为爱财根本就不是韩世忠为人行事的风格。由此人们推测，这应该也是梁红玉的主意。

后来发生的事情，说明了韩世忠"贪财"的举动是多么的英明。

宋高宗赵构原本就只想偏安一隅，做一世的安稳皇帝，从未想过要收复失地。秦桧当权后，更是力主议和，并终于和金国签订了《绍兴和议》。和议既成，宋高宗立刻着手削夺大将的兵权，韩世忠首当其冲。奸臣秦桧第一个想要除掉的人也是他。

秦桧安排人秘密收集韩世忠"谋反"的证据，岳飞知道后连夜给韩世忠送去一封急信，让他快逃。梁红玉得知后，又帮丈夫想了一条脱身之计。韩世忠照妻子所说单身一人去见皇帝，他跪伏在地，脱下衣服，请赵构看自己胸前背后的累累伤疤，又举起双手，请皇帝看自己两只手上残存的四个手指。之后，他伏地大哭，泣不成声地告诉皇帝，那是中了金人的毒箭之后，自己用双手去拔，才被毒药所伤而导致的。人心都是肉长的，赵构毕竟是血肉之躯，看到韩世忠为了大宋的江山将性命置之度外，有些于心不忍；加之看到韩世忠对钱财、庄田的渴望已超过了对军权的渴望，对自己的威胁也大大减少，就没好意思再整他，韩世忠终于躲过了这一劫。

后来，看到奸臣当道，国君无能，梁红玉便建议韩世忠彻底退出权力的是非圈。于是夫妻二人共同辞去官职归隐杭州，闭门谢客，从此不再过问政事。即便是往日那些老部下、老朋友登门拜访，他们也一概谢客，不再来往，独自过起了两个人的宁静生活。

绍兴十一年（1141年）十二月，抗金英雄岳飞被秦桧以"莫须有"的罪名杀害。韩世忠义愤填膺地责问秦桧："相公，'莫须有'三字，何以服天下乎？"有人替他担心，劝他不要与秦桧作对，他回答说："畏祸苟同，他日有何面目见先帝于地下。"终于还是显得铮铮铁骨了一把。

绍兴二十一年（1151年）八月，韩世忠去世，享年六十三岁。乾道四年（1168年），宋孝宗赵昚即位后，为顺民意，不仅平反岳飞的冤狱，也为韩世忠昭雪，追封韩世忠为"蕲王"，谥号"忠武"，赐予苏州灵岩山建墓；山上的灵岩寺寺院改名"崇报寺"，以表示崇德报功之意。

韩世忠已逝，那么梁红玉呢？

说到梁红玉的结局，后世的笔记小说和各种话本往往说，梁红玉是在韩世忠辞去军权后与其共同归隐山林，白头偕老，最后在韩世忠死后两年才病死。这虽然反映了后世对女英雄结局的美好愿望，但却与历史不符。根据历史学家的研究，梁红玉是于绍兴五年（1135年）在楚州随夫出征抵御金军入侵时死去的。

绍兴五年，梁红玉随夫在楚州抗敌，史书记载，她"披荆棘以立军府，与士卒同力役，亲织薄以为屋"。可见，她长年与金军周旋、战斗。当年农历八月二十六日，梁氏突然遭到金军围攻，在激烈的肉搏战里，腹部受重伤。据说，肠子都流出来了。但梁红玉毫不惧怕，撕下汗巾，紧紧地裹住了鲜血淋漓的小肚子，依然咬牙奋战。又入敌阵复斩十数人，最终力尽落马而死。金人还将她的首级割走，将遗体曝尸三天，随即送回宋营。朝廷闻讯大加吊唁。

韩世忠于绍兴二十一年病逝后，梁红玉的遗体被迁到苏州，夫妇俩合葬于苏州灵岩山下。

在中国古代那个男尊女卑的时代里，一个出身低贱的女子是很难有所成就的。不管多有才干，也多是红颜薄命，无法掌控自己的命运，但梁红玉是个例外。她除了因为幸运地嫁给了一代名将韩世忠为夫外，最主要的还是她身上那种平常女子所难有的大气和聪慧为她自己赢得了后人的赞誉。梁红玉的文韬武略使她活出了那个时代女子少有的精彩。她英勇作战的精神、遇事镇定的性格、保家卫国的壮举、功成名就的淡定，使她成为中国历史上一位杰出的女性而青史留名。

梁红玉去世后，家乡父老为纪念这位女中豪杰，遂在其出生地建祠

塑像以纪念她。梁红玉祠原祠附设在淮安北辰坊火神庙内，明清时多次进行修建。此祠为一四合院，东西长六丈，南北宽五丈四尺，占地五分三厘，南面为临街院墙，有东厢三间，西厢三间，大殿三间，神台上设置梁红玉泥制塑像，庭院中有一棵古柏。后该祠毁于兵火。1959 年，原淮安县人民政府在原址重新建祠，"文革"中被拆除；1982 年又重新建祠。

新建的梁红玉祠东西长 19.56 米，南北宽 30.53 米，占地面积597.17 平方米，庭院四面有围墙，大门朝南，门头上为我国已故著名女书法家萧娴所书"梁红玉祠"四个大字。庭院中遍植松柏花木。整个建筑仿明代建筑，古色古香。殿中神台上置有一尊高 1.7 米的梁红玉戎装佩剑塑像，神采飘逸，英姿飒爽。塑像两侧为当代书法家杨修品所书"也是红妆翠袖，然而青史丹心"的对联。两旁擎柱上挂着一副长联：

青眼识英雄，寒素何嫌？忆当年北虏鸱张，桴鼓亲操，半壁山河延宋祚；

红颜摧大敌，须眉有愧！看此日东风浩荡，崇祠重整，千秋令馨仰淮堧。

英雄总是受人尊重和推崇的，中国民间关于梁红玉的事迹与传说非常之多，"抗金菜"就是其中之一。

抗金菜又名"蒲儿菜"，是淮扬名菜之一。蒲儿菜为多年生草本植物蒲的根茎，它虽出自污泥，却洁白如玉，鲜嫩清香。《淮壖小记》载有："新蒲入馔酒频携"的赞誉诗句。蒲菜盛产于春夏两季，而以春末夏初最佳。

以蒲根作料的"抗金菜"之所以能够名扬天下，是与抗金名将韩世忠、梁红玉夫妇分不开的。

相传南宋建炎五年（1132 年），韩世忠任京东淮东路宣抚处置使，从镇江进军楚州，然而在推进到淮安城时被金军围困。大军无住处，风餐露宿，日晒雨淋。梁红玉见湖荡中有大片芦苇，便带领士兵砍割，亲自与大家编织柴席、柴帘和柴笆。韩世忠则与士卒一起搭建临时柴屋，以避风雨。

但是随着金军围城时日的增多，淮安城里粮食已所剩无几，再拖下去只能全军覆没，韩世忠和梁红玉二人都极为着急。

这时，一位老农对梁红玉献计："夫人，我们这到处都是湖荡，湖荡里除了芦苇还有蒲草，蒲草根能充饥。"梁红玉听了大喜，便带领大家挖蒲根吃，这样解决了军队的粮荒。有了食物就有了体力，打败金兵也就更有信心了。就这样一连几个月的坚守，南宋军民靠吃蒲根终于击破了金兵攻陷淮安城的计划。在金兵死伤无数的不利形势之下，金兀术决定退兵了。

由于蒲儿菜的这一大功劳，抗金胜利后，淮人便给她取名为"抗金菜"，其美名由此流传开来。从此，"看似皎白嫩如笋"的蒲儿菜以其独特风味享誉大江南北，成了淮安百姓公认的美味菜肴。至今，淮安还流传着这样的歌谣：蒲菜佳肴甲天下，古今中外独一家。

所谓"英雄莫问出处"，梁红玉一生的经历正是这句话的最好诠释。

位卑未敢忘忧国

对于精忠报国、蒙冤而死的岳飞，每一个中华儿女都非常熟悉，但是另一位倒在自己人暗箭之下的抗金英雄，我们却知之甚少，他就是魏胜。魏胜的卓越战功堪与岳飞相提并论，他的人生经历则更具传奇色彩……

北宋宣和二年（1120年），在淮河下游地区宿迁一户魏姓农家的茅屋之中，一个男婴呱呱坠地来到了人间，也许父亲希望他将来能够投军报国，杀敌立功，就给他起名为魏胜。

魏胜的童年是在兵荒马乱、流离失所中度过的。他出生后的第二年，北宋军队和梁山泊义军在宿迁附近展开激战。靖康二年（1127年）北宋灭亡，赵构在临安建立南宋政权，淮河下游成了宋金两国军队交战打仗的主战场之一。这时，魏胜已经是一个懂事的少年了。眼见家乡父老

遭受金兵的蹂躏，年幼的魏胜对金兵恨之入骨，发誓要练一身本领，为乡亲们报仇。于是他跟着大人们学骑马、练射箭、耍刀枪。期待着有朝一日上阵杀敌，一雪国耻。

南宋绍兴四年（1134年），名将韩世忠督兵于魏胜家乡所在的淮楚一带，十四五岁的少年魏胜怀着对这位抗金英雄的无比崇敬和对金兵的血海深仇，携家带口迁居韩世忠驻守的楚州（今江苏淮安），并且应募投军，成为一名弓箭手。

虽然年龄小，但魏胜胆略过人，骁勇善战，丝毫不逊于成年人，周围的人都非常喜欢他，佩服他。他不但和大人们一样站岗放哨，冲锋陷阵，而且还敢只身入虎穴，刺探金国军情，成了一个智勇双全的少年英雄。

绍兴十年（1140年），正当抗金捷报频传，宋军势欲收复汴京的时候，宋高宗赵构却担心自己失去帝位，在秦桧的唆使下，严令各部停止攻击。

第二年，宋金议和，南宋向金称臣；将大散关至淮河以北的大片疆土拱手让给金国；每年向金人进贡二十五万两白银，二十五万匹绢帛。这就是屈辱的"绍兴和议"。"在淮十余年而金人不敢犯"的韩世忠被迫南撤，后又被免去军权，而令金人感叹"撼山易，撼岳家军难"的岳飞则遭诬入狱，含冤被害，抗金的大好局面就这样毁于一旦。

虽然战争的乌云驱散了一些，但屈辱却像层层乌云压在宋朝百姓，特别是爱国志士的心头，正如一首诗中所言："长恨太平不公平，年年岁币入金营。"

矢志为国的魏胜心有不甘，他离开军队隐匿在楚州，准备随时观察金兵的动向，刺探他们的情报。

宋金议和之后，魏胜经常乔装成盐贩、匠人，渡过淮河，到涟水、海州（今江苏连云港）、沂州（今山东临沂）等地刺探金国军情，一旦发现敌军有风吹草动，就号召百姓做好抗敌御侮的准备，随时起来协同官军作战，进而收复失地，解救沦陷区的老百姓。

冬去春来，时光荏苒。不知不觉中，当年的少年英雄魏胜已经步入了不惑之年。

绍兴三十一年（1161年）的一天，魏胜在侦察中发现金主完颜亮正在海州、涟水一带筹备粮草，打制器械，招兵买马，为大举南侵做着最后的准备。他立刻向楚州知州蓝师稷报告了这一情况，建议趁金兵不备袭取淮河北岸的涟水。但是，蓝师稷害怕朝廷降罪，不敢采纳魏胜的计策。

　　魏胜无奈之下，自己召集了三百名愿意参战抗金的义士，成立了"忠义军"。他对他们说："现在金人一心想打我们，而绝不会想到我们会主动去攻打他们，这正是我们收复失地救民水火的绝好时机！"他率领三百义士连夜渡过淮河，一鼓作气攻占了涟水城。

　　占领涟水后，魏胜约法三章，严令部下善待百姓，不准擅杀一人。他对城中居民说："涟水本是大宋国土，你们原是大宋百姓，自从淮北落入金贼之手，大家饱受蹂躏。我的家乡宿迁比涟水沦陷得还早，我深知大家所受的痛苦。现在金主背信弃义，又要南侵，难道你们不想回归大宋和我们一道收复失地赶走金贼吗？"

　　百姓们群情激昂地说："我们做梦都想回归大宋，给金人当奴隶的滋味早就受够了！"

　　当下就有数百人报名参加了魏胜的"忠义军"。在涟水百姓的大力支持下，忠义军势如破竹，一路凯歌，向海州进发。

　　海州守将高文富是一个"铁杆"汉奸，他听说魏胜占领了涟水，便派兵前往收捕。当进兵到离海州南八十里的大伊山时，只见魏胜挥舞大刀，一马当先，其余战士紧随其后，奋勇冲杀。

　　高文富哪见过这样的阵势，赶紧拨马而逃，退入城中。忠义军只有五六百人，强攻是不行的。于是，聪明的魏胜就采用疑兵之计迷惑敌人。他派一部分战士绕道海边，假装从海上登陆，又叫部下在海州城四面广树旗帜，多举烟火，造成人多势众的假象。

　　这样一来，高文富以为自己陷入了宋军的包围圈，吓得紧闭城门，不敢出城，并把老百姓赶到城墙上为他守城。

　　魏胜早已探得这家伙虐待百姓，不得人心，就派人到城门处向守城

百姓展开宣传攻势，告诉大家只要他们打开城门协助擒拿高贼，忠义军绝不扰民。

守城百姓本就不愿做亡国奴，于是大家立即开城迎接魏胜，并自动充当向导，带领忠义军冲向海州衙门。高文富和儿子高安仁率千余金兵负隅顽抗，忠义军勇士以一当十，把高安仁及其爪牙一举全歼，并活捉了高文富。

大宋旗帜高高飘扬在海州城头，它就像冬末春初的东风温暖了被侵占区百姓冰冷的心。怀仁、沭阳、东海诸县纷纷归顺。魏胜免租释囚，开仓济贫，严明军纪，广募忠义，深受百姓拥护和爱戴。他把部队分为五军，并将情况上报楚州知州蓝师稷，希望得到朝廷支援。然而，蓝师稷等虽然明知金人将背盟南侵，但惧怕朝廷主和派的势力，不敢上奏。结果，魏胜的忠义军一直没有得到急需的武器装备。

为了解决兵器问题，左军统制董成准备攻打沂州。魏胜使人侦探后告诫董成："我们现在器甲匮乏，而金兵又有数万人开往沂州，将军不要轻举妄动。"

董成是个急性子人，他不听魏胜劝阻，私自率领一千多人袭击沂州，经过激烈的巷战，斩敌三千余人，并得器甲数万，这时金兵援军已到，董成赶紧组织人力搬运器甲，并且亲自断后。只见金兵纷纷爬上屋顶，居高临下抛砖掷瓦，打得董成几乎溃不成军。幸亏魏胜及时接应，这才转危为安。事后，若追究董成擅自行动，使部队损伤惨重的责任，其罪当斩；但魏胜念他作战骁勇，且夺得金人器甲，因而准其将功折罪。

不久，金主完颜亮派大将蒙恬率万余金兵前来攻打海州。魏胜得到消息后，一面在险隘之处设下伏兵，一面亲率精兵赶到20里外的新桥迎敌，与金兵展开殊死大战。

金兵依仗人多势众，步步紧逼，魏胜佯装不敌，且战且退。正当金兵洋洋得意，以为胜利在握之际，魏胜早已布下的伏兵突然如洪水暴发般冲来，金兵一下子阵脚大乱。魏胜又率军杀了个"回马枪"。

两面夹击之下，金军难以抵抗。蒙恬措手不及，被一刀砍死马下。

失去主帅的金兵像没头的苍蝇一样到处乱撞，哭爹喊娘，结果，死者过千，降者数百，其余仓皇逃窜。

新桥之战的胜利令魏胜的忠义军军威大振，声名传播更远。山东南部百姓派人带信来，说愿意前来投奔忠义军，但魏胜深感自己仍然兵微将寡，又无朝廷后援，于是传檄山东百姓，让他们暂且集合起来，结寨自守，等待朝廷军队到来。

山东沂州有数十万百姓在仓山结寨，抗击金军。金兵将其围困。形势危急之下，他们派人向忠义军求救，魏胜立即率兵亲自前往。一到苍山，他就率军冲开敌阵，直奔寨中。敌军伏兵袭来，魏胜手持大刀，单骑断后，金兵以 500 骑兵将魏胜团团围住。只见魏胜如天神般挥舞大刀，左冲右突，奋发神威，冲出重围。

金兵早已被眼前的景象吓傻了，只敢在后面用箭射击，不敢再来送死。临进寨门，魏胜坐骑被流矢射倒，他便下马步行入寨，即使这样，那些金国的骑兵也无一人敢于追来交战。

魏胜入寨以后，金兵加紧围攻，并且断绝水道，企图困死寨中军民。寨中饮水用完了，魏胜就带领军民宰牛杀马，取血当水，坚持斗争。正当双方相持不下的时候，天降暴雨，金人的阴谋彻底破产了。

计划失败后，金兵攻寨反而更急，并且四面设营。金兵的这种反常行动引起了魏胜的注意，他料定敌人用的是声东击西、瞒天过海之计，在此虚张声势是假，暗中袭击海州是真。于是，他乘金兵不备，避开金营秘密回到海州招募士卒准备迎战。

不久，狡猾的金兵果然撤去苍山之围，移兵海州城下。金兵的先头部队一到，魏胜就趁敌军阵脚未稳之际出城迎战，力图打他个措手不及，让金兵连吃几个败仗，士气大减。

后来，大队金兵赶到，箭矢如飞蝗般射来，魏胜鼻唇不幸中箭，他这才撤回城中，指挥军民固守海州。

依仗人多势众，金兵将海州团团围住，从四面发起猛攻。魏胜镇定自若地指挥全城军民，坚守城池，并且不时乘夜色出击搞点小袭击，使

金兵草木皆兵，心神不定，无法休息。金兵围攻海州七天，非但没得到半点便宜，反而伤亡惨重，最后只好撤兵。

从此，魏胜大名威震山东，不少金兵只要看到绣着"山东魏胜"的大旗，就心惊胆战，仓皇逃走。

魏胜抓住敌人的畏惧心理，秘密制作了数十面旗帜，交给诸将，每当战斗激烈的时候，他们就猛地打出"山东魏胜"的大旗，使敌人一下子乱了阵脚，慌忙逃窜。由于魏胜忠义军的牵制，金主完颜亮始终不能全力举兵南下。金兵虽多次攻打海州，但每次都是风风火火而来，栖栖惶惶而去。

就这样，魏胜用自己的智慧、勇气和品德，赢得了山东百姓的爱戴和信任，开创了南宋时期又一个抗金斗争的大好局面。

魏胜的忠义军虽然在海州取得了节节胜利，但在相当长的一段时间内，南宋朝廷对此却毫不知情，直到沿海制置使李宝派他的儿子李公佐从海上刺探敌情，乘船到海州以后才知道魏胜为国家立了这么大的功劳。

李宝闻讯欣喜不已，一面向刚刚即位决意北伐的宋孝宗表奏，一面邀魏胜共商破敌之计。

魏胜对李宝说道："金兵的战船都是由中原百姓驾驶的，我已吩咐他们的亲属在送衣服的时候悄悄告知他们，等王师一进攻，就反戈一击。"

李宝认为魏胜的计策甚妙，决定袭击金兵水军。他们先把战船开到洋山岛，挂上金人旗号，然后通知金营水军中的内应。

第二天，凛冽的北风呼啦啦地吹，金兵都躲进舱中避寒取暖。一会儿，风向掉转，有的金兵出来看见南边有许多船只，便问："这是哪里来的船？"

驾船的百姓骗他们说："那边是金国的水师啊，你没看见船上的旗号吗？"

金兵远远一望，果然是本国旗号，也就放心地躲进船舱玩乐去了。内应挂起信号，李宝指挥南宋水师乘风而至。待到宋军抵近时，驾船的百姓们都弃船登岸，宋军跳上金兵战船，在早已涂了桐油的船帆上放起

火来。

　　船帆一烧，船只就像失去了翅膀的大呆鸟，失去了动力，那些蒙在鼓里的金兵被堵在舱中，战不能战，逃不能逃，只得跪地求饶，束手就擒。

　　这一仗，李宝与魏胜全歼敌军，截获金国战船多艘，壮大了南宋水师的力量。李宝表奏朝廷后，宋孝宗封魏胜为"阁门祗侯"，正式任命他为海州知州兼山东路忠义军都统领。

　　此后，魏胜操练军队，奖励农桑，使海州百姓衣食无忧，忠义军兵强马壮。有从北方沦陷区归来的人，魏胜真诚相待；贫困的，则加以周济；甚至抓到金国的间谍，他也好言相劝，并赐以酒食，厚赠遣返。如此一来，山东、河北一带的归附者越来越多，魏胜得到了许多金国内部机密。他上报南宋朝廷后，主持北伐的抗金名将、大都督张浚曾将魏胜接到建康，向他咨询军务，对他大为赞赏。

　　为了有效地防范和攻击金兵，魏胜还创制了"如意战车"、炮车，以及安有床子弩的弩车。

　　如意战车每辆可容五十多名士兵，只需两人推动便可进退自如。战车前面装有兽面木牌，木牌上有数十支大枪，大枪外面蒙以毡幕，战车两边则有挂钩，可分可合。行军时各车分开，装载辎重器甲；驻营时将各车钩连，形成城垒，既可抵御箭镞，又可防止敌人接近。列阵时，战车在外，炮车居中，阵门两边弩车，上置弓弩，可射数百步远。炮车发射火炮，可达二百步之外。两军相对，远则使用弓弩箭炮，近则使用刀斧枪戟，作战时，则出骑兵两相掩击，得势则乘胜追击，不利则避入阵中。魏胜把这种战车的样式构造绘图上报给朝廷，得到重视，诏令各军仿照制造。

　　魏胜还在自己的炮车上安装了一种"霹雳炮"，此炮以火药填铁筒内，塞以碎石，置炮于车上。自此，中国开始有了世界上第一支炮兵部队。在此之前，宋军只有火箭、火牛，尚无火炮。

　　魏胜发明的炮车，既能抛石，又能抛火，抛射距离可达两百步远，设置的四个车轮使之战场机动能力大增。按照作战需要，设计有大小、

重量、功能各不相同的火炮。

魏胜的这些发明创造让我们自然而然地想起三国时期诸葛亮的"木牛流马"和一次能发射十支箭的连弩，它们都闪耀着智慧的光芒。

然而，尽管魏胜智勇双全，打得金兵闻风丧胆，却躲不过自己阵营中从背后射来的暗箭。

隆兴二年（1164 年），北伐开始一年之后，南宋朝廷中的主和派又占了上风。与金议和后，海州又一次划入金国，魏胜被调任楚州知州，专门负责清河口的军务，受淮东路安抚使刘宝的节制。

虽然名字中都有一个"宝"字，但李宝是魏胜命中的贵人，刘宝却是魏胜的灾星加克星。

刘宝是一个既贪生怕死，又妒贤嫉能的小人，他到楚州以后，只拨给魏胜少量军队，并把战车收归己有。对于金兵，他则完全遵从主和派的旨意，一味忍让。见又有机可乘，金兵便假意称要用船把粮草运到泗州（今安徽泗县）去，由清河口入淮。魏胜一眼看出这是金兵南侵的阴谋，便派人报告给刘宝。

刘宝却回复说："刚刚议和，不许与金人交战！"

探知刘宝的态度后，金兵当即派骑兵向魏胜发动猛攻。魏胜只得率本部人马与敌人展开殊死决战，双方从早晨一直打到下午 4 时，未分胜负。这时，大批金军援兵赶到。魏胜一面拼死抗击，一面派人向刘宝告急。没想到刘宝竟然卑鄙地说："宋金刚刚议和，绝不会发生战争。"

虽然二人之间相隔只有 40 里的距离，刘宝竟然不发一兵一卒。魏胜部队的箭矢用完之后，仍然以土岗为阵地与敌人艰苦周旋。当他听到刘宝不发救兵的消息后，悲愤地说："我当战死于此，以报大宋。如果你们能逃得活命，希望将此事报告皇上。"

说完，魏胜命令步兵先撤，自己带领骑兵断后。他与骑兵边撤边战，当退到距离楚州只有十几里的时候，已筋疲力尽，再也抵挡不住敌营中射来的如蝗飞矢，一代名将就这样令人痛惜地陨灭了。当时，他才 45 岁，正值壮年。

魏胜血洒疆场后，胆小如鼠、贪生怕死的刘宝便弃城而逃。

不久，宋孝宗知道了这件事，勃然大怒，将刘宝家资抄没，流放到当时的蛮夷之地琼州（今海南）。魏胜则被追赠为保宁军节度使，并谥为"忠壮"，在镇江府江口镇专门为他建造了一座"褒忠"庙，后来又在他战死之处立下一座"褒忠祠"。

英雄魏胜必将永远受到后人的敬仰。

文弱书生只身退敌

虞允文是南宋时期一位小小的官员，然而，大敌当前，国有危难时，这位手无缚鸡之力的书生却挺身而出，以自己的勇敢和智慧挽救了南宋王朝。他以自己的行为告诉人们："百无一用"的不一定是"书生"……

清朝有个叫黄景仁的诗人曾在其《杂感》一诗中感叹道："十有九人堪白眼，百无一用是书生。"

在古代那个冷兵器时代，战争极其频繁，武力过人的将领是当时维持国家政权的最主要的力量，相比之下，读书人虽然能靠科举考试等途径入朝为官，但在许多人看来，他们终究"纸上谈兵"多过实际操作，因此似乎"用处不大"。当然，对这句话的理解，因人、因事、因时而异，这里姑且不讨论。

不过，纵观中国古代历史，"书生"误事的教训着实不少。比如纸上谈兵的始祖赵括、诸葛亮挥泪斩掉的马谡等皆是。然而，并不是所有的书生都只是如此。只身退敌的南宋文人虞允文就几乎靠一己之力延续了一个朝代的命运。

虞允文（1110—1174），南宋隆州仁寿（今四川仁寿县）人，字彬父，一作彬甫。史书记载其身材雄伟，身高六尺四寸（近两米），早年以文学入仕，后为宰相叶义问的中书舍人（类似于今日的秘书）。

南宋绍兴三十一年（1161年）九月，金国海陵王完颜亮做好一切准

备后，发动六十万兵力，分三路进攻南宋。出发之前，完颜亮趾高气扬地跟将领们说："从前梁王（指金兀术）进攻宋朝，费了多少时间，没取得胜利。我这次出征，多则一百天，少则一个月，一定能扫平南方。"

完颜亮的大军不久逼近淮河北岸，防守江北的宋军主帅刘锜正在生病，派副帅王权到淮西寿春防守。王权是个贪生怕死之徒，听到金兵南下，吓得失魂落魄，根本没想抵抗。完颜亮渡过淮河，王权还没见到金兵的人影儿，早已闻风逃奔，一直逃过长江，到采石（即采石矶，位于安徽省马鞍山市西南五公里处的长江东岸）才停下来。

宋高宗赵构听到王权兵败，大为害怕。他把王权撤了职，另派李显忠代替王权的职务，并且派宰相叶义问亲自去视察江淮守军。

叶义问是个非常胆小的书呆子，不懂军事，也不敢亲上前线，就派自己的手下虞允文去采石犒军。虞允文风尘仆仆赶到采石时，发现士兵们三五成群地围坐在地上，一个个都垂头丧气的，连盔甲都丢在一边，军心涣散，毫无斗志。虞允文大惊，忙问他们："金兵就快过江了，你们怎么还不快做准备？你们在等什么？"士兵们没好气地说："将军都逃走了。我们还打什么仗啊？"虞允文这才知道王权已经逃走了，而朝廷新委派的将军李显忠还没赶到。

虞允文本是奉命来犒师的，而且也只是一介书生，从来没有指挥过战争。但他知道，如果等李显忠来再做准备，肯定是来不及了。于是，五十一岁的文臣虞允文为了国家的安危，不得不客串了一回武将。

虞允文立刻召集统制张振、王琪、时俊、戴皋、盛新等人，诚恳地对大家说："如果敌人过江，我们将必死无疑。即便我们侥幸逃脱，也难逃朝廷的惩罚。现在凭借长江天险，如果我们能够奋勇厮杀，也许能够一战成名。何况'养兵千日，用兵一时'，国家养了我们几十年，现在正是报效国家的时候。父老乡亲也在看着我们呢。为什么我们不能拼死一战呢？"众将都说主要是没有主将统一指挥，不知道该干什么。虞允文说："李显忠还没到，我领大家在此拼死一战吧！"于是，大家受到鼓舞，立刻团结了起来。虞允文又站在高台上发表了一番慷慨激昂的演说，顿时军心大振，散处在沿江各处无所统辖的士兵们很快聚拢在了一起。

虞允文来到长江边上观察敌情，发现对岸已经建起了高台，高台两边摇着两面深红色的旗和两面五彩旗，完颜亮傲然坐在中间的黄色车盖下。侦察兵告诉虞允文，昨天完颜亮已经杀了黑马和白马祭天，说明他们明天就将渡江作战。

当时对岸的金兵足足有四十万，而宋军还不足两万，兵力相差二十多倍。宋军士兵们都有些惊恐。虞允文激励大家说："怕什么呢！两军相遇勇者胜。如果金兵过江，宋朝大地将被他们的战马践踏，我们的父老乡亲都将惨遭蹂躏。我们还有什么理由不拼死阻挡他们呢？"宋军士兵们一个个慷慨激昂，决心为国家牺牲。

从没带兵打过仗的虞允文立刻开始排兵布阵。他命令步兵、骑兵都整好队伍，排好阵势，又把江面的宋军船只分为五队，一队在江中，两队停泊在东西两侧岸边，另外两队隐蔽在港汊里作后备队。

刚刚布置完毕，金兵就已经大呼小叫地开始进攻了。只见完颜亮端坐高台，手持小红旗，指挥着数百艘战船渡江而来。不一会儿，七十艘金兵战船抵达南岸，向宋军发起了猛烈的进攻。宋军向后撤了一步，等敌人全部进入包围圈，虞允文就亲自进入战阵中，拍了拍部将时俊的肩膀说："你的英勇四方传颂，现在是你大显身手的时刻了。如今一步也不能再退，再退就算不上是一条汉子了。"时俊立刻挥舞双刀，一马当先冲向敌阵。宋兵见状也争先恐后抢上前和金兵展开激战。

金兵自从南侵以来，从没有遭到过抵抗，一下子碰到这样强大的敌手，就都垮了下来。

江面上的宋军战船，也向金军的大船冲去。宋军的战船虽小，但是很坚实，就像尖利的钢刀一样，插进金军的船队，把敌船拦腰截断。敌船纷纷被撞沉。敌军一半落在水里淹死，一半还在顽抗。

太阳下山了，天色暗了下来，江面上的战斗还没有结束。这时，一支溃散的宋兵从远处赶来，虞允文就分给他们一些军旗和战鼓，让他们

从后面出击。金兵看到后，以为是宋军的增援部队到了，认为再打下去，必死无疑，于是纷纷撤退。

初战告捷，虞允文将不愿出战的两位宋将各打了一百鞭，又犒赏了有功的将士。因为赏罚分明，战士都愿意为其死战。

虞允文知道完颜亮肯定不会善罢甘休，就在杨林河口部署兵力。第二天，完颜亮果然带兵进犯杨林河口，又被以逸待劳的宋兵用计烧毁了三百艘战船，金兵狼狈逃窜。完颜亮看到采石无懈可击，只好转战瓜洲，想从那里过江。

这时，李显忠才姗姗来迟。虞允文早料到完颜亮会改从瓜洲渡江，就和李显忠商议，派李捧率军一万六千人去京口。随后，虞允文赶到瓜洲，他探望了病中的刘锜，刘锜拉着他的手，激动地说："疾何必问！朝廷养兵三十年，大功乃出书生手，我辈愧死矣！"

瓜洲一共有二十万宋军集结。但从数量上说，还是比金军少一倍，并无必胜的把握。兵法有云："不战而屈人之兵，善之善者也。"虞允文决定震慑金兵。他让宋兵驾驶着车船在江面上来回游弋，对岸的金兵看不清楚，以为宋军无数，他们深感惊恐，军心开始动摇。但金军主帅完颜亮却不管不顾，强令军队渡江。为此，完颜亮还发布军令，实行连坐法：军士逃亡则杀部将，部将逃亡则杀主将。这让金兵人人自危。

就在这时，金国内部出了大事。原来一些不满完颜亮统治的大臣，趁完颜亮带兵南侵的时候，另外拥戴完颜雍为皇帝，这就是金世宗。

金兵将士对完颜亮的残酷统治早就忍受不住，当他们得知已有新皇帝后，还没等完颜亮发出渡江命令，当天夜里就拥进完颜亮的大营，杀死了他。

完颜亮死后，金兵全部撤退，归顺了新登基的金世宗完颜雍。金世宗主动向南宋求和。准备南逃的赵构总算松了口气。南宋政权再一次化险为夷。

一介书生，在关键时刻挺身而出，"不在其位"却"谋其政"。他的举动挽救了南宋，使无数百姓免遭涂炭。功莫大焉。

采石大捷后，虞允文在南宋朝野上下获得极高声誉，他也接连上表要求北伐中原。受这场胜利的鼓舞，南宋朝廷内部，主战派也占了上风，要求北伐的呼声很高。可惜的是，宋高宗赵构已经被金人吓破了胆，迟迟不敢向金国进攻。

十余年后，即位的宋孝宗赵昚准备启用虞允文作为北伐军的统帅，北伐金国。然而，殊为遗憾的是，虞允文刚做好讨伐的准备，就不幸因病去世了。宋孝宗从此再也不提北伐的事情了。假如虞允文能多活几年，消灭金国，恢复中原，未必不会实现。

可惜，历史有时就是这样让人无奈。

不过，就个人的角度来说，虞允文的人生是成功的。他之所以取得了成功，主要在于他勇于担当。一个有担当的人，总是敢于在危难时刻挺身而出，挽狂澜于既倒，从而做出不朽的业绩。

第七章　屈辱中的荣光

大有作为的宋孝宗

宋孝宗被普遍认为是南宋最杰出的皇帝。他在位期间，平反岳飞冤狱，起用主战派人士，锐意收复中原；并整顿吏治，惩治贪污，重视农业生产。这使得偏安东南的南宋呈现出一片欣欣向荣的景象……

宋孝宗赵昚是南宋第二任皇帝。他本不是宋高宗赵构的亲子，之所以能当上皇帝，除了宋高宗赵构没有后代外，他本人对待女色的表现也是一个关键原因。

事情还得从南宋建炎二年（1128 年）年底说起。当时，金左副元帅宗维攻陷徐州，驱军南下。二月初三清晨，宋高宗在梦中被内侍推醒，他从床上一跃而起，跳上一匹战马，向外出逃。当时因为跑得过于狼狈，受到了惊吓，赵构就此失去了生育能力，而他的独子元懿太子又在不久后死去。就此，宋高宗失去了传位于嫡系后代的可能性。那该选谁做皇位继承人呢？

高宗是大宋王朝第二代皇帝宋太宗赵光义的六世孙，而当时太宗系的后人，在靖康之变后基本被金国一网打尽。最主要的是，出使金国的使臣回来后说，金太宗长得酷似宋太祖，传说太祖要回来夺皇位。高宗此时也感到天命如此，而且他认为，太祖当年大公无私，自己有儿子却将皇位传给弟弟，如今自己也准备将皇位传给太祖的后人。

然而又有一个问题出现了。当时太祖的后人有上千人之多,怎么办?

高宗只好亲自挑选。他用心地挑来挑去，最后挑出一胖一瘦两个小孩。高宗开始中意胖小孩。可有一天宫殿中突然来了一只猫，胖孩子伸脚便去踢，动作极其粗鲁。这件事让高宗对胖孩子好感全无，就把瘦孩子赵昚留了下来。

可是高宗的生母韦太后却不喜欢从小生活在民间的赵昚，而喜欢养育在宫中的胖孩子赵琢。宋高宗思前想后，终于使出了最后一招，给两位准继承人每人送去十个绝世美女。

这招很是了得，赵昚和赵琢正值壮年，生龙活虎。过了一阵子后，宋高宗把二十个美人召回，认真检查了一遍，发现给赵琢的那十个都被临幸，而给赵昚的那十个都没被临幸。于是，宋高宗最终确立了赵昚的皇太子地位。

也有一种说法是，赵昚并非坐怀不乱的柳下惠，而是听从了老师史浩的意见，因此克制了自己的欲望。

但无论如何，赵昚都可以说是南宋一朝最有作为的皇帝。他继位为宋孝宗后，决心改变高宗屈辱求和的国策，试图出兵恢复中原，光复河山。为此，他首先为岳飞平反，追封岳飞为鄂国公，谥号为"武穆"，并削去秦桧官号，尽了民意。随后，他起用抗战派将领张俊，发动抗金战争，但出兵不久，却在符离（今安徽省宿州）被金军击败。隆兴元年（1163年）金兵大举南下，宋军损失惨重。孝宗的决心又告动摇，便罢免了张俊，起用了秦桧余党汤思退等人，并以割地纳贡、自称侄皇帝为条件同金国签订了"隆兴和议"。此后，宋金处于休战状态，孝宗开始致力于国内建设。

为了恢复国民经济，孝宗开始改革财政。他首先从整顿内政入手，改变以往赈灾方式，采用社仓法；后又改变盐钞，将官府拖欠盐商的钱还给盐商，放宽了盐的专卖限制。孝宗取消了很多加耗，大力削减冗官，严格控制"荫补任子"，以前不加考核的官员儿子即可当官的情况没有了。他还经常考察官吏的实际才能，不合格的统统开除。

1175 年时，孝宗亲自主持举人考试。四川籍考生杨甲在国策考试

答卷中说："朝廷恢复中原的意志不坚强，原因有两点，第一，后宫内女人太多，皇上的精力都用在了女人身上；第二，国策考试，都是只研究一些无关紧要的事儿，从来不谈军事等实际问题。"看了这份试卷后，孝宗很生气，但后果不是很严重，杨甲还是考中了第五名。

宋孝宗注重发展经济，减轻百姓负担。他不仅屡次下诏减轻百姓负担，而且注意实效。南宋经常提前征收本税季的田赋，此举被称为"预催"。比如，八月份缴纳的夏税，四五月份就要送到户部，所以各地三四月份就要征收田赋。但是其时农作物都还没有成熟，宋孝宗随即下诏改变。拖延多年的预催问题，在他亲自干涉下终于得到解决，这使得"民力少宽"。

高宗后期，秦桧独揽朝政，党羽遍布朝廷，威胁到了皇帝的权力。孝宗对于秦桧这种跋扈行为深有体会。他即位以后，"躬揽权纲，不以责任臣下"，不管是军国大事，还是县里面的刑事案件，他都要亲自过问。无论是在积极进取的隆兴、乾道时期，还是在消沉保守的淳熙时期，孝宗一直保持着这种亲力亲为的作风。

当时，地方官常以"羡余"名义给孝宗送钱，以此争宠。孝宗在乾道五年（1169 年）时就指出朝廷不差钱，表明自己不接受。但到淳熙五年（1178 年），绍兴知府张津，又将"本府支用剩钱四十万贯"进献，宋孝宗下诏把这笔资金作为今年该地的赋税代纳，如有的人交了税，则折算成明年应纳的税钱。宋孝宗常以"警厉臣工，风动中外"，规劝当官的执政为民多办实事。

宋孝宗即位之初的隆兴元年，即下诏将会子（南宋高宗绍兴三十年仿照四川交子发行的货币）加盖"隆兴尚书户部官印会子之印"，以表明其是由朝廷户部发行的纸币，以增加会子的权威性，促进会子流通。宋孝宗对会子十分关心，颁布了一系列纸币政策使人们开始信赖纸币。由于政策恰当，纸币币值的稳定与流通得以保障，这不仅促进了商品经济的发展，也促进了南宋社会经济的繁荣。

南宋政权建立后，财政一直拮据。为此，孝宗以身作则崇尚节俭，史称宋孝宗"性恭俭"，就是恭谨俭约的意思。宋高宗称赞他"勤俭过于古帝王"。孝宗日常生活的花费很少，常穿旧衣服，不大兴土木，平时也很少赏赐大臣，宫中的收入多年都没有动用，以至于内库穿钱币的绳索都腐烂了。宋孝宗认为"我其他没有太大的作为，只是能够节俭。"他经常告诫身边的士大夫："士大夫是风俗的表率，应该修养自己的德行，以教化风俗。"

为了改变民贫国弱的局面，孝宗对农业生产极为重视，不仅每年都亲自过问各地的收成情况，对新的农作物品种也很关注。一次，范成大进呈一种叫"劫麦"的新品种，孝宗特命人先在御苑试种，发现其穗实饱满，才在江淮各地大面积推广。

宋孝宗一改北宋后期与南宋初期，树一派打一派的学术政策，对主流学派——"王安石新学"及新兴起来的"程朱理学"，采取兼容并蓄、共同发展的政策。宋孝宗虽对新学有一些微词，但对理学派攻击新学、推崇理学并不支持。而沉寂了三十多年的苏氏蜀学，在宋孝宗即位后重新兴起。宋孝宗为苏轼文集作序并追谥"三苏"，推动了苏氏蜀学的发展。

宋孝宗倡导百家争鸣、共同发展的学术环境。这样的社会环境，造就了一大批卓有成就的文人学者。史书记载，孝宗乾（道）淳（熙）时，"正国家—昌明之会，诸儒彬彬辈出"。其时，不仅有著名的思想家朱熹、陆九渊、陈亮、叶适，还有著名的文学家，如陆游、范成大、杨万里、尤袤，著名词人辛弃疾等。

当然，孝宗亦非完人。他一生的缺点和错误也很多。比如，他是一个勤政派的领导，事必躬亲。然而，这种勤政却对南宋政治产生了消极的影响。在重大决策上，孝宗常常事先不经深思熟虑，就贸然施行，稍有挫折，又马上收回成命。他在位期间。朝令夕改、说话不算话的情况多次出现，所以恢复中原计划的最终落空与孝宗的这种为政作风不无关联。有人评价他"志大才疏"，是有一定道理的。

中国历史向来有一个陋习，那就是垂帘听政。孝宗朝也不例外。孝宗上台后，太上皇赵构的话还是要听的。

有一次，孝宗去拜见赵构。赵构问："近来可有什么好新闻？"

孝宗说："台臣们都在议论郑藻娶自己嫂子的事！"

赵构一听，勃然大怒："什么？他们也不看看这是谁做的媒？"

孝宗一脸纳闷："谁撮合这种乱伦的事儿？"

赵构把头一抬，昂然说道："朕！"

孝宗只好灰溜溜地回去了，第二天就给那些台臣定了诽谤罪。

孝宗一朝，换宰相有如换衣服，他在位二十八年，宰相共用了十七人，参知政事（副宰相）更是有三十四人之多。每位宰臣在任时间都不长。孝宗为树立绝对权威，有时听信片面之词，不经过调查核实，就将宰臣免职。乾道二年（1166年），有人检举参知政事叶颙受贿，有作风问题，孝宗没有调查就将叶颙免职。后来才知道自己错怪了叶颙，重新召其入朝。

淳熙二年（1175年），朝廷选派使臣赴金国谈判河南的宋室陵寝地一事，宰相叶衡推荐汤邦彦。汤邦彦胆小如鼠，怀疑这是宰相要自己去送命，因此怀恨在心，向孝宗上书告密，说叶衡曾有诋毁孝宗的言论。孝宗大怒，当日就罢去了叶衡的相位，并将其贬往郴州。宰相是百官之首，孝宗却轻易罢免，反映出他对宰臣们缺乏真正的信任。

俗话说："一朝天子一朝臣"，孝宗亦如此。他总是重用自己未当皇帝前的部属们，导致这些部属常常恃宠乱政，被士大夫们指斥为"近习"。其中比较有名的有曾觌、龙大渊、张说等人。曾觌、龙大渊原是孝宗为建王时的低级僚属，靠拍马屁得到恩宠，参与军机大政。直到出守建康府的陈俊卿跟孝宗一再指出"近习"结党营私的危害，孝宗才开始对曾觌等人稍有疏远。

当然，瑕不掩瑜，纵观南宋一朝，孝宗确实是非常有作为的一位皇帝，正是在他的治理下，南宋出现了"乾淳之治"的小康局面。可以说，宋孝宗是南宋在偏安屈辱中得以缔造辉煌经济奇迹的主要奠基人。

"涨海声中万国商"

虽然南宋偏安江南一隅，国土面积狭小，但其海外贸易却非常繁荣，其海上商队更是让中国人的旗帜在一个多世纪前，高高飘扬在广阔蔚蓝的大海之上……

清乾隆五十八年（1793 年），乾隆皇帝于八十三岁的生日前夕在承德避暑山庄接见了一队特殊的客人——"英夷"（当时清朝人对英国人的蔑称）派来的马戛尔尼使团。英王派遣使团不远千里前来大清国，当然不是为了向乾隆祝寿，而是向清廷提出两国通商的请求：开放宁波、舟山、天津、广州之中一地或数地为贸易口岸；允许英国商人在北京设一仓库以收贮发卖货物；允许英国在舟山附近一岛屿修建设施，作存货及商人居住；允许选择广州城附近一处地方作英商居留地，并允许澳门的英商自由出入广东。

贵为"天朝大国"元首的乾隆皇帝以非常友好的姿态接待了英国使团，却拒绝了英王的通商之请。他说道："天朝物产丰盈，无所不有。原不藉外夷货物以通有无。特因天朝所产茶叶、瓷器、丝绸，为西洋各国及尔国必需之物，是以加恩体恤，在澳门开设洋行，俾得日用有资，并沾余润。"

闭关自大的清王朝自处于世界大势之外，给中国 19 世纪的近代化转型预定了悲怆的调子。

我们不妨假设另外一种情况：如果马戛尔尼使团到访的是大宋朝，情况又会如何呢？

还是来看一个事例：北宋雍熙四年（987 年），宋太宗"遣内侍八人赍敕书金帛分四纲，各往海南诸蕃国勾招进奉，博买香药、犀牙、珍珠、龙脑；每纲赍空名诏书，于所至处赐之"。10 世纪的宋朝皇帝跟 18 世纪的英王一样，派遣特使分赴海外，招徕贸易。南宋时，宋高宗也说，"市舶（海上贸易）之利颇助国用，宜循旧法，以招徕远人，埠通货贿。"

跟诸邦展开海上贸易，乃是宋王朝的"旧法"。

可见，相比清王朝的"海禁"政策，宋王朝更为开放，其海外贸易也更为发达。

根据史料记载，北宋时每年海外贸易的税利约为 50 万贯，南宋时约为 200 万贯，约为年财政总收入的 1% ~ 5%。由于这笔收入直接归中央调用，其重要性就大于一般项目的收入。

宋朝的海运之所以能够起到如此重要的作用，就外部条件来说，是因为有官府的支持，就内部条件来说，大概就是指南针的发明和造船业的发达，这些才是海上贸易发达的硬件设施。我们不妨先来看看宋朝在海运硬件设施方面的成绩。

想要拥有海上贸易，首要条件就是要拥有贸易港口，贸易港口的大小决定了船只的承载量、贸易交易量等多种数据。贸易港口并不是说只要是临海、有钱就能够建成的，水容量能够承载多重的船只，也是非常重要的条件之一。否则，万一来了艘大船，准备做一笔大生意，眼看着船就要靠岸了，突然之间，船沉了，这不是悲剧吗？宋朝，尤其是南宋时期，各贸易港口的水容量非常大，承载当时最大的船只都没有问题。除了港口的水容量，港口陆地的承载量也非常重要。如果陆地无法容纳船只上面所有的货物和人力，那也是枉然。在南宋，上述问题都不是问题。

当时，贸易港口大概可以分为广南、福建、两浙三个自成体系的区域，这些区域内部有着非常完整、自成一派的海运体系，域中港口大小并存，主次分明，相互补充，形成多层次结构。而且，宋朝的港口不仅结构非常先进，就连管理制度也是一流，细致入微。朝廷根据各港贸易地位和规模设置市舶司、市舶务、市舶场等不同层次的机构进行管理。

比如南宋的两浙路、明州有市舶司，温州、杭州、秀州青龙镇、江阴军等则设市舶务，在澉浦设市舶场。另外，也有的港口不设置贸易机构，如闽、广两地，除泉州、广州设市舶司外，其他各港都不设市舶机构。由于官府制定了市舶条法，所以在进口商品的管理、征税、博买、商人的管理，以及仓储、码头的管理等方面都比前代更为具体。而这种不同的管理机构的设置恰恰是因各地交通、物产、市场等条件的差异形成的自然格局，各自的条件也就形成了对进口商品的消化和出口商品的供给能力的不同。

有了港口，海上贸易还需要一个不可或缺的传播介质，这就是船只。

历来造船业最发达的东南地区，在南宋时因宋廷南迁，既需要修造船舰、扩大水军以防备金朝渡江及渡海南侵，又要运送各种物资供南宋朝廷诸方面的需要。南宋朝廷为增加财政收入也积极发展海外贸易。这一切，都促使造船业在原来基础上得到进一步发展。据南宋人吴自牧在《梦粱录》里说，当时杭州周围的河道里，行驶着各式各样的船只，内河航运异常繁盛。沿海各个对外贸易港口，都有相当规模的造船工场。

造船技术在南宋时也有进步。当时内河航行的船，有的达到 2500 艘。在海上航行的船，每艘可容数百人至数千人，还可以装载供船上人员食用一年的粮食，并且可以在船上养猪及酿酒。南宋人洪迈还说当时南方有载重 2 万石（合 1000 吨）的大船。广南制造的藤舟，是一种可供远航的大海船，据说当时越海商贩都用这种大船出海远航。

南宋建炎四年至绍兴五年（1130—1135）的钟相、杨幺起义军为抗击官军的镇压所建造的车船，共有 24 车，分为上中下三层，高达 10 丈以上，可载上千人，船上装有激水的轮子，开动起来疾速如飞。

2007 年，我国打捞人员在广东省阳江附近的海域打捞出一艘南宋时期的沉船（被命名为"南海一号"）。

"南海一号"是中国南宋时期的一艘远洋贸易商船，也是迄今为止中国境内发现的年代最早、船体最大、保存最完整的古沉船，是保存在海上"丝绸之路"主航道上的珍贵文化遗存。自 1987 年被发现，到 2007 年整体打捞上岸，它沉睡海底 800 多年。

"南海一号"船长 30 多米，宽达 10 余米，船身（不算桅杆）高约 4 米，排水量估计可达 600 吨，载重近 800 吨。专家从船头位置推测，当时这艘古船是从中国驶出，准备赴现今新加坡、印度等东南亚地区或中东地区进行海外贸易。

"南海一号"虽然沉睡于海面下 20 多米深处，被两米多厚的淤泥覆盖着，但令人惊奇的是，这艘沉没海底 800 多年的古船船体居然保存相当完好，整艘船没有翻、没有侧，而是端坐在海底，船体的木质仍坚硬如新，这反映了当时造船技术的先进。

有了港口和船，并不一定就能做成生意。因为既然是贸易往来，就必须有买卖双方。在一片汪洋大海之外，普通的商户又如何能够联络到远在别国的买家或者是卖家呢？这就要说到当时朝廷在这中间的作为了。其实，有宋一代对于民间进行的海上贸易不仅持支持态度（比如开放港口），更重要的是，他们主动联络外商。对于普通的商户，如何联络外商是个非常大的难题，可是对于朝廷来说，就容易得多了。两宋时期，朝廷不仅在使节来访的时候，和他们谈论商业贸易的诸多事宜，而且还曾经主动到国外去招揽外商。

如前所述，987 年时，宋太宗曾遣人往海南诸蕃国洽谈贸易。此外，1115 年，福建市舶司也曾专门派人去占城（今越南中、南部）、罗斛（今泰国南部素攀武里一带）两国，劝说当地官府和商人来华贸易，虽然是地方官府的行为，但也是受到了最高领导的指示；1028 年，宋仁宗更是下诏书说道："令本司与转运司招诱而安之。"圣旨的意思都说得如此直白，相信在当时有很多外商都很乐意到这个环境极为宽松的国度淘金。大食（阿拉伯帝国）商人蒲希密来到广州向宋朝官府报告说，他之所以来，是因为接到蕃长来信招诱。对于勾招有功的蕃商，宋王朝还授予他们官职，如大食勿巡国进奉使辛押罗因这方面的贡献被宋朝廷封为"怀化将军"。

招揽外商不过是官府的最初举动，很多外商也很给宋朝面子，但当外商真的开始和宋朝商户进行贸易之后，朝廷的工作才算是真正开展。最重要的当然是要保障外商在宋朝的人身安全和财产安全。所以，市舶司常常会派兵保护那些进入宋朝领土的外商们，主要就是专门设置押伴官员，沿途保护他们的财产，禁止途中被人强买强卖。如果发生外商行贿朝廷官员的事情，朝廷也会严惩不贷。如果外商的船只在海上遇到了自然灾害，宋朝的官兵有责任进行人道救助；舶主失踪或溺死，货物要清点造册，妥为保管，待其亲属前来认领并严防盗窃或冒领；如果买卖双方在贸易往来的过程之中存在分歧，也可以报官，就跟现在打官司一样。这些举动看着是在保护外来商人，实际上也是在保护宋朝的商人。也正是因为宋朝在法律上给予外商这样那样的法律支持，宋朝的海上贸易才能够空前繁荣。

根据南宋人的记载，当时同南宋有海上贸易往来的国家和地区达五六十个。东至日本，南至印度尼西亚诸岛，西至非洲东海岸的坦桑尼亚等，都有中国海商同外国贸易往来的足迹。当时从海外运入南宋的货物计四百种左右。由南宋运往海外的商品，以丝绸及陶瓷器为大宗，还有各种金属及金属制品、农副产品、各种日用手工艺品等。

我们不妨以宋朝与日本的海外贸易为例，来说明当时海外贸易的状况。

宋朝和日本之间的贸易往来，在北宋年间主要还是民商贸易，所以在中国史料之中，记载的并不多，可是日本的史书中却有记载。

根据日方的记载，北宋年间，宋朝商人到达日本进行贸易，大概有将近七十次之多；经常赴日贸易的宋商如朱仁聪、周文德、周文裔、陈文佑、孙忠、李充等，其名字也为当时日本贵族、公卿、富豪等所熟知。

北宋时期，商船赴日所载货物大多为绵、绫等丝织品，还有瓷器、药材、香料、书籍、文房用具等。这些东西属于稀缺物品，所以在日本的售价非常高，但无须担心没有人买，因为日本的很多贵族都是宋商的主要经营对象。当然光卖，宋商还没有完成自己的使命，他们还要购进日货运回宋朝出售。当时购自日本的货物大体为砂金、水银、硫黄、木材、工艺品、日本刀等。此外，日本的工艺品也别具特色，工艺水平很高。如金银蔚绘、螺钿器皿、水晶、日本玉、木念珠、珍珠、屏风、日本扇、日本刀等，很受宋人的喜爱。宋都东京相国寺市场上出卖的日本漆柄折扇，极为精美，扇面的淡粉画，被人誉为"笔势精妙"。螺钿器皿也深受欢迎，被誉称"物象百态，颇极工巧"。

日本刀尤为宋人所爱，著名文学家欧阳修曾写《宝刀歌》诗一首，赞美日本刀。诗曰：

昆夷道远不复通，世传切玉谁能穷！

宝刀近出日本国，越贾得之沧海东。

鱼皮装贴香木鞘，黄白闲杂鍮与铜。

百金传入好事手，佩服可以禳妖凶。

……

一把精巧的日本刀，在宋时价值"百金"，可见其珍贵。

北宋治平年间（1064—1067），宋商在日本博多湾以七十贯或六十正绢买一颗"阿久也玉"，就是日本的尾张蚌珠，回国后可卖五万贯。宋商在对日贸易中一个往返所获之利，是难以估计的。因此，宋商赴日的船只逐年增加。

北宋商船入日船次，最初大体上为一年一船次。到了日本永延二年（988 年）开始，由于商业贸易的需求量变大，一年为两船次，后来又逐渐增加到了一年四次。

再后来，由于宋船入日次数和人员的增加过快，造成日本方面的接待费用暴增。不堪重负之下，日本朝廷开始对来日的宋商船发放官牒，规定年限实行定期贸易。但是，宋商在巨额利润的诱惑下，不想遵守规定，经常提前来日贸易。当然，不按规定年限来日的船只被查出后，有时会被拒绝入港。

如果说北宋时期中日之间只是一种单向的贸易往来，即基本上只是宋朝商人到日本去，卖掉宋朝的特产，然后买进日本的特产，再运回宋朝进行贩卖的话，到了南宋时期，这一状况则发生了改变。不仅宋朝商人会到日本进行贸易，日本的商人也会驾船来到中国进行贸易。这种贸易往来一直持续到南宋末年，直到元军占领明州之后，赴明州的日本商船因元军不准进港贸易而被迫回国，这才中断了宋朝和日本之间的贸易往来。

一位南宋诗人曾写过这样两句描述当年泉州港贸易的诗："苍官影

里三洲路，涨海声中万国商。"泉州港在南宋时期有"东方第一大港"的美誉，也是海上丝绸之路的起点。人们从这两句诗中，不难想见当时泉州港乃至南宋海外贸易的繁盛景象。当然，这两句诗也总是让人联想到唐朝王维的"九天阊阖开宫殿，万国衣冠拜冕旒"。如果说，"九天阊阖开宫殿，万国衣冠拜冕旒"表达的是唐王朝朝贡体制下的政治荣耀，那么"苍官影里三洲路，涨海声中万国商"体现的便是通商体制下的商业繁华。相比之下，"万国商"更让人欣喜，因为它更有近代气质、更贴近现实生活。

功不可没的两宋福利制度

看过《水浒传》的人都知道，那些"梁山好汉"们，时不时就"大块吃肉、大碗喝酒"。那么，在大宋朝尤其是南宋时期，百姓们的真实生活又是什么样的呢……

宋朝是一个极富裕的朝代，宋朝的皇帝也极其有钱，这一点是毋庸置疑的，那么宋朝的百姓生活又当如何呢？关于宋朝最有名的小说应当是《水浒传》，在很多人的心中，《水浒传》中的北宋末年，皇帝昏庸、奸臣当道，搜刮着民脂民膏，只为了自己的奢侈享受，遇上这样的统治者，用今天的话说，宋朝的百姓真是悲剧啊！

可是，平心而论，如果我们仔细检视《水浒传》中那些被逼上梁山的绿林好汉们，就会发现，他们中有些人落草为寇的理由多半都是因为触犯了宋朝的法律，或者杀了人，或者是抢劫。可不管你杀的是好人，还是坏人，也不管你抢劫的是穷人还是富人，杀人终究是要受到法律制裁，抢劫同样如此，这就是法律。而真正吃不饱饭、穿不上衣才逼上梁山的人，则几乎没有。我们不能因为《水浒传》就断言宋朝的百姓们是生活在水深火热之中，而且《水浒传》也只是反映了北宋末年这一段非常特殊的历史时期的故事，内容还大多数是虚构的。要想真正了解包括

南宋在内的整个宋朝百姓的生活，还是要应当尊重历史的本来面貌。

外国史学家无比惊讶中国早在一千多年前还有这样一个朝代，著名美籍华裔历史学家黄仁宇先生在《中国大历史》中是这样描述宋朝的——"历史进入了宋朝就好像从古代进到了现代"。之所以能让外国史学家这样惊叹，不仅仅是宋朝的财政收入，更多的是宋朝对于百姓的各种福利和人性化管理。看到这里，或许有很多人会觉得不可思议，难不成在一个封建社会之中还能够出现这样先进、文明的管理制度？

诧异归诧异，事实归事实。

我们不妨穿越到宋代，以"生老病死"为例，近距离观察一下彼时国家福利机制的运作。

1. "生"的福利

两宋的"生"福利可以分为预防性救济与补救性救济两大类。补救性救济是指国家设立福利机构，收养、赈济弃婴与孤儿。北宋时，主要由综合性福利机构如"福田院"负责收养京师汴梁的"老幼废疾"，"广惠仓"负责赈济各州县的"老幼贫乏不能自存者"。从哲宗朝（1085 年）开始，朝廷施行"居养法"，各地设立"居养院"，收养无法自存之民，遇有被遗弃婴儿、孤儿，也送入附近居养院养育，对婴幼儿，"雇人乳养"，稍大一点的儿童，则"令入小学听读"。

北宋熙宁年间，苏轼任密州（今山东省诸城）太守。不巧，密州连年遭灾，百姓靠"剥啮草木"度日，许多人家不得不把嗷嗷待哺的儿女抛弃在道旁。苏轼不但带头"洒泪循城拾弃孩"，将他们安置在专门的处所，还设法从官仓中拿出部分粮米专门用以收养弃儿。迄今为止发现的文献中，这应当是世界史上最早的公益性育婴院。同时，他四处动员家中无儿无女者领养各地的弃孩。凡每养一弃儿者"月给六斗"粮米补贴。几年间，被遗弃的孩子被救活者达数千人。后来，苏轼在《与朱鄂州书》中说："轼向在密州，遇饥年，民多弃子。因盘量劝诱米，得出剩数百石别储之，专以养弃儿，月给六斗。比期年，养者与儿，皆有父母之爱，遂不失所，所活亦数千人。"十年之后，苏轼赴任登州路过密

州时，那些当年被收养活下来的弃儿及其养父母闻知，纷纷前往苏大人住处感谢救命之恩。

如果说，北宋年间苏轼等人建造的公益性育婴院还只是个例的话，到南宋时，这类专门的儿童收养机构则已遍布天下，计有"散收养遗弃小儿钱米所""婴儿局""慈幼庄""慈幼局""及幼局"等，名称虽异，功能则差不多。按宋人吴自牧的描述，慈幼局是这么运作的："官给钱典雇乳妇，养在局中，如陋巷贫穷之家，或男女幼而失母，或无力抚养，抛弃于街坊，官收归局养之，月给钱米绢布，使其饱暖，养育成人，听其自便生理，官无所拘。若民间之人，愿收养者听，官仍月给钱一贯，米三斗，以三年住支。"慈幼局的效果很好，据元人的回忆，"宋京畿各郡门有慈幼局……故遇岁侵，贫家子女多入慈幼局。是以道无抛弃之子女。"

预防性救济则是指国家在发现贫家妇女怀孕之后，给她们提供生活补贴，以免穷困人家因养不起孩子而发生溺婴、弃婴等悲惨事情。比如南宋绍兴八年（1138 年），宋高宗下诏在全国推行"胎养助产令"，诏曰："禁贫民不举子，有不能育婴者，给钱养之。"具体做法是，每一家贫困户发钱四千文，这笔经费来自国家征收的"免役宽剩钱"。南宋的州县还设有"举子仓"，即由地方官府向贫家产妇发放救济粮，一般标准是"遇民户生产，人给米一石"。举子仓的仓本来自国家常平仓、官田收入及富人的捐赠。

2. "老"的福利

宋代收养贫困老人的福利机构包括综合性机构与专门的养老福利机构，"安老坊""安怀坊""安济院"等都是收养"老而无归"的养老院，"福田院""居养院""养济院"等综合性福利机构也收养孤寡老人、流浪乞丐、残疾人士、贫困人口等。按宋朝时官方的界定，六十岁以上为老人，可享有进入福利机构养老的权利，国家给他们的养济标准一般为每人每日一升米、十文钱；对八十岁以上的居养老人，官府还有额外补助，另给大米及柴钱；九十岁以上老人，则每日有酱菜钱二十文，夏天给布衣，

冬天给棉衣。

3. "病"的福利

宋代有专门收养、治疗孤苦贫困病人的机构——"安济坊",其首倡者也是苏轼。

北宋元祐四年(1089年)七月,苏轼以龙图阁学士的头衔任杭州知州,兼辖浙西七州。其时杭州正遭灾害,涝灾连着干旱,灾情十分严峻,几乎颗粒无收。刚上任的苏轼立即投入救灾。然而饥馑尚未过去,瘟疫却又降临。元祐五年正月,因粮食短缺导致粮价突然暴涨,出现了大面积饥荒,不少人因缺乏粮食而被迫用树叶草根甚至种种不合适的替代品来果腹,再加上水灾和旱灾的连续侵袭,所以春时灾后瘟疫严重爆发了。病人的主要症状是手脚冰凉,腹痛腹泻,发热恶寒,肢节疼重等。这是一种来势汹汹的可怕寒疫,许多医生都束手无策,无法救治。杭州百姓未脱饥饿又陷病痛,真是饥疫并作,奄奄一息。

就在人们深感绝望时,苏东坡取出一张神秘药方,让杭州宝石山下楞严院里的僧人按药方配药熬汤,然后分发给病人喝。据说这药很神奇,轻的病人,一大碗药喝下去,不一会儿就身额微汗,再过会就病症全消了;而病状很危急的,连饮数剂后,也会汗出气通,再稍进些饮食,就可基本恢复了。这药方名叫"圣散子",在《苏学士方》和《苏沈良方》中都有收录。《苏东坡全集》第四卷《圣散子叙》中也记载道:"用圣散子者……状至危急者,连饮数剂,即汗出气通,饮食稍进,神宇完复。"

据苏轼自己介绍,如果时疫流行,就在大釜中煮药,不问男女老少,各服一大盏,可避瘴气。由于所用药物都较为廉价,适合广为布施,于是苏轼以此方配了药料,请人在大釜中煮了药汤,然后分设在杭州城街头,布施百姓喝药防疫。

所谓"圣散子"是否真有此疗效,这是医学界的事情,姑且不讨论。但苏轼的善举是值得肯定的,因为苏轼在其文中记叙道,"圣散子"一方得自于一个名叫巢谷的奇士,此人很喜欢搜集古秘方,此方尤其秘藏不传，后在苏轼的苦苦恳求下，同意给他，但要苏指着长江水发誓不可再传。

当然，更值得称道的是，苏轼还为此开了福利医院的先河。为了更有效地救治众多的病人，并不富裕的苏轼又慷慨捐出家中五十两黄金，还从公款里拨出二千缗钱，作为治病基金，在后来的众安桥北面（今杭州市庆春路与中山路交叉处）设立了治病坊，名为"安乐坊"，专门收治穷苦病人。其弟苏辙在《亡兄子瞻端明墓志铭》中对此做了记述："公又多作饘粥药剂，遣吏挟医，分坊治病，活者甚众。公曰：'杭，水陆之会，因疫病死比他处常多。'乃哀羡缗得二千，复发私橐得黄金五十两，以作病坊，稍畜钱粮以待之，至于今不废。"

南宋周辉在其《清波别志》中也记载道："苏文忠公（苏轼）知杭州，以私帑金五十两助官缗，于城中置病坊一所，名'安乐'，以僧主之，三年医愈千人。"

从记载中"遣吏挟医，分坊治病"来看，治病坊是由官府主持的，有多处。其后，安乐坊更名为"安济坊"。

"安济坊"与唐代"悲田养病坊"有相似之处，但二者又有很大区别。唐代"悲田养病坊"是设于寺院内专门收养贫病孤老者的慈善机构，源于佛教"悲田"思想和僧俗赈济贫病的善举。唐长安年间官府开始把它纳入国家救济体系，其经济来源为官府供给、寺田及布施等，由出家僧众掌理。而宋朝的"安济坊"已离开寺院，单独设立，是医疗慈善由寺院走向社会所迈出的关键第一步，相比唐代，是一种很大的突破与进步。

《宋史》记载说："崇宁初，蔡京当国，置居养院、安济坊，给常平米，厚至数倍。"由此可以看出，苏轼去世后不久，"安乐坊"模式已在蔡京的主导下纳入国家救济体系，转成遍布各地的"安济坊"。南宋《淳祐临安志》记载说："行下临安府，将城内外老疾贫乏、不能自存及乞丐之人，依条养济。遇有疾病，给药医治。每岁自十一月一日起，支常平钱米。"为此，人们认为，"安济坊"及其前身"安乐坊"不仅是杭州历史上最

早的医院，也是中国第一家慈善性质的贫民医院。

崇宁元年（1102年），朝廷诏令各路遍置安济坊。大观四年（1110年），又颁行"安济法"：凡户数达到千户以上的城寨，均要设立安济坊，凡境内有病卧无依之人，均可送入安济坊收治。安济坊"宜以病人轻重而异室处之，以防渐染。又作厨舍，以为汤药饮食人宿舍"，即实行病人隔离制，并提供汤药、伙食。此后，这一慈善制度一直延续至南宋末年。

此外，两宋时期，由于官府对民间的管理宽松，人们生活自由，加之经济发达，因此人口的流动非常频繁，常常"有旅人有病于道途，既无家可归，客店又不停者，无医无药，倾于非命，极为可念"，宋官府因此又设立了专门收治患病旅客的机构——"安乐庐"。官府还要求旅店，如发现病人，不得将其赶走，而应就近请大夫治疗，然后报告官府，报销医药费。

今天，一些平价大药房、平价门诊部等并不罕见。其实在宋代，这些机构已经存在。两宋时期，除了收养病人的福利机构外，朝廷还设有"药局""施药局"等，它们就类似于今日的平价门诊部、平价大药房。宋人记载说，"民有疾咸得赴局就医，切脉约药以归"，药局只"收本钱不取息"。有时候，药局也向贫困人家免费发放药物。宋人吴自牧记述道，南宋时，"民有疾病，州府置施药局于戒子桥西，委官监督，依方修制丸散咀，来者诊视，详其病源，给药医治，朝家（朝廷）拨钱一十万贯下局。令帅府多方措置，行以赏罚，课督医员，月以其数上于州家，备申朝省（朝廷）。或民以病状投局，则界之药，必奏更生之效"。

4."死"的福利

每个人都难免一死。在两宋时期，死也有死的福利。

宋代之前，其他朝代也设有义冢助葬贫民、流民等举措，但制度化的福利性公墓体系则是在宋代才形成的，此即"漏泽园"制度。漏泽园先是设于京师汴梁，时人记载说，北宋真宗年间，朝廷在"京畿近郊佛寺买地，以瘗死之无主者。瘗尸，一棺给钱六百，幼者半之"。

神宗时期，官府又正式下诏："令逐县度官不毛地三五顷，听人安葬。无主者，官为瘗之；民愿得钱者，官出钱贷之；每丧毋过二千，勿收息。"

南宋建立后，宋高宗也下诏要求临安府及诸郡复置漏泽园，整个南宋时期，各地普遍都设立了这种福利性公墓。

我们不妨转述南宋著名文学家洪迈《夷坚志》中的一则"优伶箴戏"故事，来进一步了解宋代的国家福利情况。这则故事讲述的是，有一位伶人装扮成僧人在内廷演出时，以类似今天对口相声的形式细述宋人的"生老病死苦"。

故事的主要内容如下。

问："敢问生？"

答："本朝京师设有太学、辟雍，外郡即使是下州偏县，凡秀才读书，都有朝廷给予助学补贴，华屋美馔。科考中式，上可以为卿相。国家给予'生'的福利，没得说。"（这里的"生"，伶人理解为"书生"，指的是国家的教育福利）

问："敢问老？"

答："从前老而孤独、贫困，必沦沟壑。今各地设立孤老院，养之终身。国家给予'老'的福利也没得说。"

问："敢问病？"

答："今人不幸而有病，家贫不能拯疗，于是有安济坊，使之存活，免费差医付药，责以十全之效。国家对'病'的福利也是没得说。"

问："敢问死？"

答："死者，人所不免，唯穷民无所归葬，如今朝廷择空隙地为漏泽园，无以殓，则与之棺，使得葬埋，春秋享祀，恩及泉壤。国家对'死'的福利也没得说。"

问："敢问苦？"

这时，伶人"瞑目不应"，露出伤感的表情，"促之再三"，才皱眉答道："只是百姓一般受无量苦。"

看演出的宋徽宗听后"恻然长思"，却没有怪罪这名讥讽时政的伶人。

这个故事虽然说明，在北宋末年的徽宗朝，国家为了维持庞大的福利支出，致使赋税也比较沉重，导致一般平民"受无量苦"；但它同样透露出另外一点信息，即宋代国家福利制度确实非常完备，涵盖国民之"生老病老"，连讽刺它的伶人也不得不承认。

正是因为两宋时期有了以上的福利措施，百姓能够安居乐业，使这个朝代的人口数量急剧增长。北宋时期的人口规模前已述及，到南宋嘉定十六年（1223年），南宋人口总数是一千两百六十七万户。宋朝的人口计算以户为计算单位，假设一户为五人（父母、夫妻及其子女），那人口就已经突破了六千万大关，比当今世界绝大多数国家的人口还多。当然这还是保守的估计，毕竟在宋朝并没有"计划生育"这一基本国策，每户五口已经是最低的计算方式。在经过了"靖康之耻"、丢失了北边一半的土地之后，南宋还能够恢复到这样的水平，不能不说有南宋统治者的一份功劳。

其实，两宋时期不但福利搞得好，而且还出现了一些我们在近现代福利国家中常常见到的"福利病"。比如，北宋的州县给居养院的福利标准定得太高，要求配备炊事员、保姆、乳母、勤杂工，还要添置炊具饮膳、衲衣絮被等，养成了一些人好吃懒做的陋习，以致出现了讽刺国家"不养健儿，却养乞儿；不养活人，只管死尸"的民谣。官办福利机构的其他弊病也几乎都有出现，比如，肆意挥霍公款不心痛，有些居养院居然要酒给酒，要肉给肉，每逢祭祀日等还要大摆宴席；又如，应付公事总是漫不经心，有些居养院混入了年轻力壮者，整日白吃白喝。

当然，虽然两宋时期的福利制度存在这样那样的弊端，但不能因此而否定其福利制度。一个没有基本福利"兜底"的社会，是不可能安宁的。据相关学者研究，两宋时期发生的自然灾害频度之密虽然与唐代差不了太多，但其强度与广度则有过之而无不及，然而反观整个大宋朝三百余年间，出现的农民起义却少之又少，其规模也小得可怜。而且，两宋时期还是中国五千年历史上唯一一个没有发生过全国性民变的长命王朝。试想，如果两宋没有这么一个覆盖面广泛的国家福利系统，又面临北方辽、金等强敌的觊觎，它能维持这么长时间吗？恐怕民变早就一发而不可收拾。可见，其国家福利制度是功不可没的。

给皇权戴上"紧箍咒"

"普天之下，莫非王土；率土之滨，莫非王臣。"人们普遍认为，在中国古代的专制社会，皇权是几乎不受限制的。遍观中国古代史，也不能说这句话没有任何道理。然而，对两宋来说，却又似乎有一些例外……

众所周知，宋朝开国之初，宋太祖赵匡胤就通过种种措施，"弱干强枝"，分化事权，加强皇权。但另一方面，两宋时期，皇权又受到了很大的抑制。从某种程度上说，皇权已被戴上"紧箍咒"。

我们不妨先来看几个故事。

第一个故事。作为赵宋王朝的奠基人之一，三度拜相的赵普对文治时代的形成贡献巨大。"先南后北"战争思想，"杯酒释兵权"解决藩镇割据难题，始终坚持"父死子继"的皇位继承策略等，对宋初乃至整个宋朝都影响深远。

在执政思想上，赵普提倡法治，崇尚道理。这一点，也被宋朝历代君主宰执认可并继承。

有一次，宋太祖询问赵普："天地之间，什么东西最大？"

若是百姓，多半会回答天大地大；若是官员，多半会回答皇帝最大。可是，赵普却回答说："道理最大。"

宋太祖听后没有一点失落，反而多次在百官面前提起此事，大赞赵普所言不错。

因此，宋朝常常出现身为万乘之君的帝王，被宰执大臣，甚至一个太学生一再"挑衅"的现象。在不少人看来，宋代帝王多软弱。其实，这份"软弱"正是宋朝帝王身上最可宝贵的东西——对法理的尊重，对民意的尊重。

还有另外一个故事。开封的冬天比较寒冷，有一天，宋太祖吩咐随从宦官，增加一只熏笼（放在炭炉上的竹罩）。几天之后，宦官回禀说，熏笼还没有准备好。宋太祖大怒，质问到底怎么回事。宦官说，报告已经呈给了尚书省，尚书省审核后交给礼部，礼部审核后交给太常寺，太常寺审核后交给具体制作部门，到那时候才能够开始制作，制作好了再交由皇城司部门查验，最后交给负责皇帝起居的部门。

宋太祖听后更加恼火，堂堂皇帝做个熏笼竟然如此麻烦。他找来宰相赵普，斥责说："昔日朕是普通人，花数十个钱立刻就可以买到一个熏笼。如今朕贵为天子，要个熏笼几天都得不到。这是什么道理？"

赵普听后，一点儿也不害怕。他从容地说："这个规矩从来都是如此，并非特别刁难陛下。国家设立法度，要为子孙后代着想。陛下您仅仅是需要一个熏笼就需要部门审核，确实有些小题大做。不过，若后代帝王建造宫殿，追逐奢靡，同样需要部门审核，如此一来，台谏部门就会出面阻止了。这就是设立国家法度的深意啊。"

宋太祖听后大喜，说："这个规矩太好了！"'

第三个故事。有一次，赵普要提拔一名有功的官员，但宋太祖平时特别讨厌这个人，压着不批准。赵普仍然坚持自己意见。

宋太祖说："我就是不提升他，你能怎么样？"

赵普说："古往今来，惩治恶人要用刑罚，奖励有功的人就应该赏赐官位。提拔人才，这些都是为国家着想，陛下怎么能够凭自己的喜好行事呢！"

宋太祖听了大怒，脸都气白了，拂袖而去。赵普紧紧跟在后面，宋太祖走进内宫，赵普就站在宫门外不动。宫门前的卫士见宰相站在门口不走，只能向宋太祖回报。这时候宋太祖慢慢醒悟，就叫太监通知他，说皇上已经同意他的请求，叫他回家。

第四个故事。据北宋时期人侯延庆的《退斋笔录》记载，神宗执政时期，一次因为陕西用兵失利，神宗震怒，批示将一名漕臣斩了。

次日，宰相蔡确奏事，神宗问："昨日批出斩某人，今已行否？"

蔡確说:"方欲奏知,皇上要杀他,臣以为不妥。"

神宗问:"有何不妥?"

蔡確说:"祖宗以来,未尝杀士人,臣等不欲自陛下开始破例。"

神宗沉吟半晌,说:"那就刺面配远恶处吧。"

这时,门下侍郎(副宰相)章惇说:"如此,不若杀之。"

神宗问:"何故?"

章惇说:"士可杀,不可辱!"

神宗声色俱厉地说:"快意事更做不得一件!"

章惇毫不客气地回敬了皇上一句:"如此快意事,不做得也好!"

第五个故事。据陆游的《老学庵笔记》记载,南宋绍兴五年(1135年),宋徽宗死于金国,高宗在为父皇服丧期间,将御椅换成了尚未上漆的木椅。

有一回,钱塘江钱氏公主入觐,见到这张龙椅,好奇问道:"这是不是檀香做的椅子?"

一名姓张的妃子掩口笑道:"宫禁中,妃子、宫女用的胭脂、皂荚多了,宰相都要过问,哪里敢用檀香做椅子?"

其时宰相乃是赵鼎、张浚。宋代实行"以外统内"之制,内廷的一切用度,须经外朝的宰相核准。

第六个故事。南宋人张端义在《贵耳集》中记载说,宋孝宗是个围棋爱好者,"万机余暇,留神棋局"。内廷中供养着一名叫赵鄂的国手。

赵鄂自恃得宠,向皇帝跑官要官,孝宗说:"降旨不妨,恐外廷不肯放行。"

大概孝宗也不忍心拒绝老棋友的请托,又给赵鄂出了个主意:"卿与外廷官员有相识否?"

赵鄂说:"葛中书是臣之恩家,我找他说说看。"

便前往拜见葛中书,但葛中书不客气地说:"伎术官向无奏荐之理。纵降旨来,定当缴了。"

赵鄂又跑去向孝宗诉苦:"臣去见了葛中书,他坚执不从。"

这下，孝宗也不敢私自给他封官，只好安慰这位老棋友："秀才难与他说话，莫要引他。"

第七个故事。据《宋史》记载，南宋光宗朝，皇帝左右的近臣、私臣每每向光宗请求"恩泽"（即请皇帝恩赐个大一点的官做），光宗总是说："朕倒好说，只恐谢给事有不可耳！"谢给事是时任给事中的谢深甫，曾多次抵制过光宗提拔请托的私旨。

楼钥当中书舍人时，也直接告诉光宗，对不合法度的私旨，"缴奏无所回避"。光宗很是顾忌，遇到禁中私请，只能推掉："楼舍人朕也惮也，不如且已。"

综观史书，宋光宗并不是一个具有优良品质的皇帝，但他行使皇权时却也不敢肆无忌惮。

第八个故事。据《宋史》记载，宋度宗有几次绕过宰相机构，径自下发"内批"（即私旨），违背了为君之道，监察御史刘黻很愤怒，上书批评他："命令，帝王之枢机，必经中书参试，门下封驳，然后付尚书省施行，凡不由三省施行者，名曰'斜封墨敕'，不足效也。臣睹陛下自郊祀庆成以来，恩数绸缪，指挥（即皇帝的诏敕）烦数，今日内批，明日内批，邸报之间，以内批行者居其半，窃为陛下惜之！"

刘黻还告诉皇帝："政事由中书则治，不由中书则乱，天下事当与天下共之，非人主所可得私也。"

他说的这些道理，度宗也不能反对。

在上面引述的八个历史故事中，涉及的君主为北宋、南宋各四位，其中既有雄才大略的开国皇帝宋太祖，也有处于穷途末路的宋度宗；既有才艺非凡却治国无能的君主宋徽宗，也有一无是处的君主宋光宗；既有励精图治的君主如神宗，也有碌碌无为的君主如度宗。应该说这些案例是有代表性的，是可以反映宋代的权力结构与权力运作的——无论是明君还是昏君，都难以乾纲独断，君主一旦露出这样的苗头，即预示着将受到文官集团的抗议与抵制。

上述对于宋代君权的描述，似乎挑战了人们通常的看法。一直以来，诸多史学家都认为，宋代是"君主独裁体制得到了空前巩固和加强"的一个时代。支持这种论断的依据主要有二：一是中央集权的强化。用宋人范祖禹的话来说，"收乡长、镇将之权，悉归于县；收县之权，悉归于州；收州之权，悉归于监司；收监司之权，悉归于朝廷。……是故天子任宰相，宰相察监司而已，监司察郡守，郡守察县令，朝廷据其所察而行赏罚。"这也是后世许多人认为宋代君主独裁体制得到空前巩固和加强的重要原因。然而，我们需要明白：中央集权并不等于君主专制。

另一个依据是两宋时期的相权遭到分化。前已述及，宋代将军权与财权从宰相机构中划分出去。对此，北宋文学家范镇提出批评说："古者冢宰制国用，今中书主民，枢密主兵，三司主财，各不相知。故财已匮而枢密院益兵不已，民已困而三司取财不已。中书视民之困，而不知使枢密减兵、三司宽财者，制国用之职不在中书也。"

后世许多人从范镇的观点出发，认为宋代宰相的权力确实比不上汉唐宰相的大，但实际上，宋代的整个执政集团（包括中书、枢密院）的权力更加稳固，汉唐的外朝法定权力常常被帝王或其非正式代理人（如宦官、外戚、后妃）侵占，而这样的事情在宋代则几乎没有发生过。从前面列举的故事中也可以得知，在两宋，皇帝的诏书如果没有宰相副署，是不具备合法的效力，也无法施行于天下的。这恰好可以佐证，宋代的皇帝假如想独裁，在法理上、制度上以及权力结构上，都是难以做到的。

那么宋朝人心仪的是一种什么样的政体呢？我们先来听当时的宋朝人怎么说。

宋仁宗："屡有人言朕少断。非不欲处分，盖缘国家动有祖宗故事，苟或出令，未合宪度，便成过失。以此须经大臣论议而行，台谏官见有未便，但言来，不惮追改也。"

杜范："凡废置予夺，一切以宰执熟议其可否，而后见之施行；如有未当，给（给事中）、舍（中书舍人）得以缴驳，台（御史）、谏（谏官）得以论奏。是以天下为天下，不以一己为天下，虽万世不易可也。"

朱熹："上自人主，以下至于百执事，各有职业，不可相侵。盖君

虽以制命为职，然必谋之大臣，参之给舍，使之熟议，以求公议之所在，然后扬于王庭，明出命令而公行之。是以朝廷尊严，命令详审，虽有不当，天下亦皆晓然，知其谬出于某人，而人主不至独任其责。臣下欲议之者，亦得以极意尽言而无所惮。此古今之常理，亦祖宗之家法也。"

陈亮："自祖宗以来，军国大事，三省议定，面奏获旨。差除（人事任命）即以熟状（宰相意见书）进入，获可，始下中书造命，门下审读。有未当者，在中书则舍人封驳之，在门下则给事封驳之，始过尚书奉行。有未当者，侍从论思之，台谏劾举之。此所以立政之大体，总权之大纲。端拱于上而天下自治，用此道也。"

上述四人，仁宗是大宋皇帝，杜范是南宋的宰相，朱熹与陈亮分别为宋代理学与事功学派的代表性人物，二人亦友亦敌，在政治主张上分歧极大，曾为此争论不休。有意思的是，此四人对于"共治"政体的陈述，则不论君主，还是官僚，抑或是不同学派之间，都表现出惊人的一致。

如果我们仔细审视上述四人的意见，则不难发现，宋人追求的"共治"政体其实是一个权力分立的结构，即"君主—宰执—台谏"。三权之间相对独立，"各有职业，不可相侵"。具体说来，皇帝的权力至高无上，"以制命为职"，一切诏书均需以皇帝的名义颁发。但是，皇帝的诏令并非由皇帝一个人说了算，而是"以宰执熟议其可否，而后见之施行"。也就是说，宰相具体执掌国家的治理权。还有，如果政令"有未当者"，则由"台谏劾举之"，换言之，台谏掌握着监察、审查、司法之权，以制衡宰相的执政大权。

从上述四人的话中，我们还可以看出这样一个细节，即四人在陈述两宋的"共治"政体时，仁宗认为是"祖宗故事"，杜范认为是"虽万世不易可也"的治世之道，朱熹则说"此古今之常理，亦祖宗之家法也"，陈亮也认为是"自祖宗以来"的制度惯例。可见，君臣"共治"既是宋代君臣的共识，又被作为一种制度安排确立下来，成为两宋时期一直在运行的政体。在这样的政体内，可以认为，皇权在一定的程度上已经被戴上"紧箍咒"。

第八章　堕入万劫不复的深渊

"惊鸿一瞥"的改变

"惊鸿一瞥"是中国的一个成语，意思是对人或者物，只是匆匆看了一眼，却留下了强烈、深刻的印象。然而，有时候惊鸿一瞥给人留下的却不只是对人或物强烈、深刻的印象，还有可能影响一个国家的兴衰存亡……

在南宋时期，有这样一个小人物，因为他的"惊鸿一瞥"，在很大程度上改变了历史的走向。这个人就是余天锡。

余天锡（1180—1241），字纯父，号畏斋，昌国县（今舟山定海区）甬东村人。他只是南宋朝一个普通得不能再普通的教书先生，是个教科书上都找不出名字的小人物。"命薄不如趁早死，家贫无奈做先生"，郑板桥的自嘲诗无疑反映了中国古代教书先生的地位和命运，即使余天锡作为当朝丞相史弥远家的家塾先生也是如此。然而，余天锡却又在无意中做了一件足以改变历史的大事。

宋宁宗嘉定十四年（1221 年）的一天，余天锡由南宋都城临安回乡探亲经过绍兴时，突遇暴雨，便随便到一位叫全保正的人家避雨求宿。这时，全保正十七岁的外甥赵与莒和弟弟赵与芮来看舅舅，全保正向余天锡介绍赵与莒时顺便将赵与莒夸赞一番，余天锡也对赵与莒多看了一眼。谁也不会想到，这惊鸿一瞥，不仅改变了赵与莒的一生，也将南宋王朝推上了灭亡的快车道。

余天锡自幼天资聪慧，读书过目不忘，是一位很有学问的人。因其祖父余涤曾任昌国县学教谕，与盐监史浩是好友，后史浩当了丞相，聘余涤任家塾师。宋宁宗嘉定初年，史浩三子史弥远拜相，又聘余天锡为家塾师。由于余天锡性格内向，办事谨慎，不善言谈，只知道一心教书，从不过问外事，这种本分让史弥远很是器重。

当时史弥远位居丞相之位很久了，可谓大权独揽。为此皇太子赵竑非常憎恶他。史弥远害怕太子登基后对自己不利，整天提心吊胆的。为了给自己留条活路，被逼上梁山的史弥远不得不使出最厉害的手段。他决定想法废掉皇太子赵竑，而代之以支持自己的沂王。

他的手段最后落在了余天锡身上。

嘉定十三年（1220年）的秋天，余天锡准备回老家参加乡试。史弥远说："现在沂王无后，你如果遇到宗室中有贤良厚道的，希望能带来。"

余天锡是个聪明人，他马上明白了史弥远的心思，马不停蹄地向老家赶去，由此发生了遇雨夜宿全保正家之事。

再说余天锡在全保正家看到两个孩子后，他突然想起史弥远的嘱咐，再仔细观察两个孩子的言行举止，觉得挺不错的，就连乡试也不去参加了，当即回到临安告诉了史弥远这件事。史弥远就让余天锡带两个孩子一起来京。

孩子带到丞相府后，史弥远一见大奇。但他城府很深，怕有人知道这件事，以后做起手脚来会不方便，就立即让他们回绍兴。余天锡以为史弥远看不上这两个小孩，也没多嘴，便再也不提此事了。

到了第二年夏初，史弥远忽然对余天锡旧事重提，说："绍兴的那两个孩子可以再叫来吗？"

丞相的话余天锡不能明白，全保正更是不知就里，当他得知余天锡又想带走两个孩子时，怕像以前一样去而复回，让邻里笑话，因此非常不乐意。

史弥远便让余天锡捎话给他说："两个孩子中，哥哥福分最大，最富贵，应该在京城里抚养。"

丞相发话，全保正岂敢过分违拗，余天锡才得以用马车接赵与莒到临安。没多久，在史弥远的运作下，皇帝就让赵与莒入沂王府为嗣，并将之改名为赵昀。

一个平民的命运就这样改变了，一个王朝的命运也即将改变。

次年农历八月，宋宁宗病危。位高权重的史弥远就以宁宗的名义宣布立赵昀为皇子，授武泰军节度使，封成国公。当然，这时的太子仍然还是赵竑。

嘉定十七年（1224年）闰八月，宁宗在福宁殿驾崩。

宁宗死后，余天锡向史弥远分析形势，陈述利弊，强烈建议他发动政变，扶持赵昀做皇帝。史弥远听从了这个建议。

由于史弥远大权在握，政变并没有遇到大的麻烦。赵昀顺利即位，是为宋理宗。赵竑则被下派到湖州。但史弥远还是感觉到有潜在的危机，如果以前太子赵竑为首的对立势力与其他势力联合，刚刚确立的政权就将岌岌可危了。

于是史弥远决定斩草除根。他以给赵竑治病为名，派余天锡赴湖州为赵竑送药。赵竑本来没什么病，但余天锡也不容他申辩，只说是皇帝的命令，赵竑只好喝下了一杯毒药，迅即死亡，其幼小的儿子也一同被杀。

赵竑的死引起了巨大的震动，部分大臣为赵竑鸣冤。史弥远大怒，便用诬告手段将这些反对者杀死或罢官，铲除了异己。宋理宗也任由史弥远掌握朝中大权达十年之久，直至绍定六年（1233年），史弥远病死方休。

在史弥远把持朝纲的十年里，由于余天锡"推荐"皇帝有功，史弥远对他另眼相看，让其历任临安、福州知府和户部尚书、吏部尚书。史弥远死后，宋理宗也对其感激不尽，到嘉熙二年（1238年），他已是参知政事兼同知枢密院事，封奉化郡公，授资政殿学士等，最后以观文殿学士退休。他的母亲也封为周楚国夫人，寿过九十。本来理宗准备在她生日那天拜余天锡为丞相的，但余天锡没有等到那一天，就匆匆地结束了自己的一生。

观余天锡的一生，从他个人的角度来说，还算不赖。他在改写别人命运的同时也缔造了自己平步青云的神话。但他明白，政治斗争从来是胜王败寇。也许心灵深处，他还是不愿与对手结仇。因此，后来当左司谏曹豳上疏论余天锡的过失，理宗视天锡为恩人要贬曹豳时，余天锡不计前嫌，上《留曹豳疏》："臣与豳交最久，相知最深，今观其所论，于君父有陈善之敬，友朋有责善之道。"字字诚恳，看不出丝毫虚情假意。曹豳因而复官。这篇《留曹豳疏》应该是余天锡人格和官格的一种反映，在苟安于乱世、不落井下石已属难能可贵的南宋小朝廷中，尤其难得一见其"以德报怨"的风范。

余天锡死后，宋理宗任用史弥远之侄史嵩之为相，继奸相史嵩之后，又任用巨奸丁大全为相，丁大全之后，宋理宗又用误国有名的贾似道任相，在这些奸相一个接一个地折腾下，南宋灭亡的局势无法挽回，直到1279年元朝统一中国，南宋宣告灭亡。

虽然说，把南宋灭亡的罪责推到余天锡身上是极为荒唐的，但谁又能说，这与他当初对赵与莒的"惊鸿一瞥"没有关系呢？

历史的改变有时就是这样地让人哭笑不得。

"朝中无宰相，湖上有平章"

后人每当读到南宋末年这段历史时，总是要掩卷沉思：南宋为什么会灭亡？除了蒙古铁骑的强大和统治阶级的腐败引发的国力衰弱外，还有没有别的原因呢……

"朝中无宰相，湖上有平章"，这是南宋末年在民间广为流传的一首儿歌中的词句。"平章"本是宋代授予德高望重的元老大臣的官职，位于宰相之上。然而在宋末担任这一要职的，却是祸国殃民的贾似道。后人每当沉思南宋灭亡的原因时，总会将贾似道视为南宋灭亡的第一罪人。

确实，翻检史书，这位高权重、胡作非为、飞扬跋扈、欺上瞒下的

"蟋蟀宰相"，对南宋的灭亡，理所当然地应当负有重大责任。

贾似道生于宋宁宗嘉定五年（1212 年），台州（今浙江宁海）人，父亲贾涉曾官至淮东制置使，虽然官职不算太高，但毕竟衣食无忧，贾似道的童年也应算是在富裕生活中度过。不料在贾似道十岁那年，父亲忽然病死，由此失去了生活的保障，家境立刻落入困顿之中。贾似道生性浮滑，在失去父亲之后，更是无人管教得住，他就同一帮流氓无赖混在一起，吃喝嫖赌，不务正业。

在宋代，朝廷有一项不成文的规定，往往对那些做过高官或立过大功的官吏的子孙授以一定的官职，叫"恩荫"，所谓泽被后世、荫及子孙，就是这个意思。贾似道也领沐了这浩荡的皇恩，被朝廷授以嘉兴司仓之职，成了一个"官二代"。这虽是一个管理县级粮仓的小官，但毕竟能供他衣食，使他从流氓阶层中脱离出来。

后来，贾似道同父异母的姐姐被选入宫，没想到这位贾氏不但人长得超众脱俗，心思也灵慧乖巧，不久就深受宋理宗的宠爱，被立为贵妃。贾氏也真算贤德，她邀宠之后，便念念不忘她这位兄弟，成天给理宗吹枕边风，说她这位弟弟如何贤能，如何有本领，理宗便不问是非，对他这位小舅子大加提拔。

贾似道得到高官厚禄后，仍然骄奢淫逸、为所欲为，常带着一批美貌的妓女和侍女游山玩水，饮酒作乐。有一天晚上，理宗在宫内登高远眺，见西湖上面灯火辉煌，于是就对身边的侍臣说："肯定是贾似道那小子！"

侍臣知道皇上十分宠幸贾似道，也就凑趣说："别看他年轻气盛，喜欢玩乐，但是能力大着呢！"

第二天经过询问，昨晚果然是贾似道在西湖游乐。后来贾似道官至宰相后，依然不思朝政，整日游玩西湖。这就是后来"朝中无宰相，湖上有平章"一语的来历。

南宋末年，金国日益衰败，而北方的蒙古族却日益强大，于是南宋就联合蒙古，灭掉了金国，终于出了一口恶气。然后南宋趁机出兵，想收回开封、安阳等失地。蒙古将领窝阔台（成吉思汗的第三子）借口南

宋破坏协议，率兵进攻南宋。从此，南宋与蒙古间战争不断。

后来窝阔台的侄儿蒙哥即位后，一心要灭掉南宋，于是派弟弟忽必烈和大将兀良合台进军云南，控制了西南地区，对南宋构成威胁。1258年，蒙哥亲自率军攻打南宋，他自己率主力进攻合州（今四川合川），弟弟忽必烈攻打鄂州（今湖北武昌），另一路由兀良合台率领，从云南向北攻打潭州（今湖南长沙），准备胜利后三路会师，再去攻打临安。但是蒙哥在攻打合州的时候，由于宋将王坚和全城军民的奋力反抗，蒙古军围攻了五个月也没打下来。而蒙哥却在攻城的时候被炮石打中，受了重伤，不久就死了。

当时忽必烈正向鄂州进兵，还没来得及过江，就得到蒙哥死去的消息，他的部下劝他停止进军，赶快回北方去夺汗位，否则会被别人夺取。但是忽必烈却说："我是奉命来攻打宋朝的，怎么能空手回去呢？这样会遭到他人耻笑的。"于是他专心于攻打南宋。

忽必烈认真分析了沿江的形势，派了敢死队作为先锋，先过去探知情况，然后强渡长江。宋朝军队完全没有防备，与训练有素、勇猛善战的蒙古军一接触就溃败。于是忽必烈率领蒙古大军渡过长江，牢牢地把鄂州围住。

蒙古军的挺进震动了整个南宋王朝，可能是他们的马蹄声把正在临安酣睡的统治者们惊醒了，于是朝廷只好手忙脚乱地开始想办法抵御蒙古军。宋理宗急忙命令各路宋军援救鄂州，又任命贾似道担任右丞相兼枢密使，到汉阳督战。

贾似道哪是指挥打仗的料，但皇命难违，他只好硬着头皮去了。

有一次，贾似道听说前面有一队蒙古兵，吓得直打哆嗦，嘴里连声叫着："怎么办？怎么办？"后来，蒙古兵抢了一些财物走了，贾似道才拍拍胸口，喘了口气。

忽必烈攻城越来越猛。贾似道眼看形势紧张，就瞒着朝廷，偷偷地派个亲信到蒙古营去求和，表示只要蒙古退兵，宋朝就愿意称臣，进贡银绢。忽必烈急着想回去争夺汗位，就答应了贾似道的请求，订下了秘

密协定。贾似道答应把江北土地割给蒙古，并且每年向蒙古进贡银、绢各 20 万。忽必烈得了贾似道的许愿，就急忙撤兵回北方去了。

贾似道回到临安，把私自订立和约的事瞒得严严实实，却抓了一些蒙古兵俘虏，吹嘘各路宋军取得大胜，不但赶跑了鄂州的蒙古兵，还把长江一带的蒙古势力全部肃清了。

昏庸的宋理宗听信了贾似道的弥天大谎，认为贾似道立了大功，专门下一道诏书，赞赏他奋不顾身，指挥有方，立刻给他加官晋爵。

忽必烈回到北方后，在大多数蒙古贵族的支持下，即了大汗位。他想起了在鄂州跟贾似道订下的和议，就派使者郝经到南宋去，要求履行和约议定的条件。郝经到了真州（今江苏仪征），先派副使带信给贾似道。贾似道一听郝经要到临安来，怕他的骗局露馅，赶快派人到真州把郝经扣了起来。

忽必烈听到这个消息，愤怒之极。然而那时候蒙古内部发生了内讧，忽必烈的弟弟阿里不哥跟忽必烈争夺权力，发生了战争。忽必烈全力对付阿里不哥，只好暂时把征讨南宋的事暂且搁置起来。

说来也是神奇，贾似道靠欺骗过日子，居然做了十几年的宰相。景定五年（1264 年）十月，理宗驾崩。在贾似道一手扶持下，太子赵禥继位，这就是宋度宗。宋度宗是一位发育不良、具有先天缺陷的太子，虽接受了十余年东宫教育，但资质平庸，继位后又纵情声色，热衷享乐。宋代制度规定，被皇帝临幸的嫔妃宫女次日要到合门谢恩，记录在案。一天之内前去谢恩者竟多达三十余人，可见其荒淫程度了。除此之外，度宗还是一个"球迷"（宋人喜蹴鞠），哪怕战争危局，也影响不了他蹴鞠的热情。孱弱无能的度宗无心朝政，将其一股脑儿委托给贾似道，朝中大小事一概看他脸色，其地位宛如太上皇。

咸淳元年（1265 年）四月，度宗加封贾似道为"太师"兼"魏国公"。这时的贾似道权势煊赫，如日中天，对度宗的态度越发专横。每逢上朝时，度宗都要起身答谢他，退朝时还要起席目送他出殿。度宗不称其名而呼之为"师臣"，群臣则称其为"周公"。

不过，贾似道对此似乎还不满足，为显示自己的重要性，迫使度宗授予他更大的权力，常以"炒皇帝鱿鱼"的姿态来威吓皇帝，时不时地就说他不想干了。他假意离开京城，背地里指使心腹吕文德谎报蒙古兵犯境的军情。对蒙古兵恐惧至极的度宗及文武大臣顿时慌作一团，只好忙不迭地请贾似道出山，以挽救臣民社稷。

就这样，以假辞官威胁皇帝从而换取更大好处的贾似道，将皇帝和群臣玩弄于股掌之间，乐此不疲。而度宗更是每每流泪恳求其留任，官员也对他俯首帖耳。直到执政江万里认为其行为有悖君臣之礼，说："陛下不可拜，太师不可再言去。"贾似道才收起这场戏。但是，此时的度宗对他愈来愈倚重，不敢得罪其半分。

贾似道专权后，制定各种法令，加重对民众的剥削，致使南宋经济萧条。他以"富国强兵"为由，实行"买公田"法：按官品规定可以占田的限额，凡超出限数的，由官府买回，作为公田出租，然后收公田租米充军粮。买"公田"使南宋官府从民间掠夺到了大批粮食。有些地方官为了完成买田数额，就强迫没有达到限数的中小地主和自耕农卖田，使不少人破产失业。有官员曾经上书要求停止实行"买公田"，都遭到了贾似道的报复。贾似道还滥发纸币，造成了物价飞涨，使城市的商业遭受到巨大的破坏。

南宋咸淳二年（1266年），蒙古兵再次南下包围襄樊。在此危急时刻，贾似道依然悠闲地躺在其位于葛岭的私宅中，过着荒淫无耻的生活。他不仅四处建楼阁亭榭，还弄了几个"养乐圃""半闲堂"，让道士在堂中供奉自己的塑像。他纳漂亮的宫女和美貌的妓女、尼姑为妾，还请来从前的赌友，关起门来赌个痛快，不许别人偷看。有一天，他的一个侍妾的哥哥来贾府探看妹子，正站在大门口想进去，贾似道以为他是来偷看的，立即让人把他捆起来投入火中烧死。

对身边的侍妾贾似道也非常残酷。一次，他泛舟西湖，有一名侍妾看见长得比较漂亮的游客，就赞叹说："多美的少年啊！"贾似道醋性大发，立刻叫人砍下了她的头。他还把这颗砍下的头装在盒子里，捧给其

他侍妾观看，以达到杀鸡儆猴的目的。

贾似道还经常与自己的小妾一起蹲在地上斗蟋蟀玩，他甚至自己写了一本《蟋蟀经》，来描述自己养蟋蟀、斗蟋蟀的经验。一次，他和群妾正围作一团斗蟋蟀，他身边的一个狎客笑呵呵地拍着他的肩说："原来这是平章的军国重士啊！"贾似道听罢，居然大笑不已。由此博得了"蟋蟀宰相"的称谓。

除了蟋蟀，贾似道还喜欢搜集奇玩珍宝，为此而不择手段。他听说已故的兵部尚书余阶有很好的玉带殉葬，就派人掘坟取来。要是知道了谁有珍宝却不肯送给他，他就会将那人诬陷下狱。他建了很多宝阁贮藏自己收集到的宝物，每天都要登阁去玩赏一次。

. 所谓"善有善报，恶有恶报。不是不报，时候未到"。南宋德佑元年（1275年），宋军与蒙古军在鲁港交战大败后，当时垂帘听政的谢太后虽想包庇贾似道，但顶不住朝臣的压力，只好将他贬为高州（今广东高州东北）团练使，派人监押到循州安置，并抄了他在临安和台州的家。

负责押送贾似道去循州的是绍兴府的一个县尉，叫郑虎臣，他曾经受过贾似道迫害，为了报仇，他主动要求担任押送官。

真是"狗改不了吃屎"，贾似道这时依然不忘享乐，身边带了几十个侍妾，还有许多珍宝。郑虎臣一来到，立即将贾似道的侍妾遣散，并没收了他的珍宝。

在押送途中，郑虎臣又命人撤去贾似道所坐轿子的顶盖，让他在烈日下烤晒。郑虎臣还让轿夫用杭州方言唱歌嘲骂贾似道。

一路上，贾似道被折磨得苦不堪言。一天晚上，他做了个噩梦，预感到自己很快就要死了，就自己服冰片打算自杀。谁知吃了之后却没有死成，只是不断拉肚子。

郑虎臣知道贾似道有自杀的想法后，不想让他轻易地死去。当贾似道又一次上厕所的时候，郑虎臣走进厕所，扭住贾似道的前胸，将他的整个身体提起来，狠狠地向地上摔了几下。早被酒色淘空了身子的贾似道哪经得起这样的折腾，一翻白眼，终于死掉了。

只可惜，贾似道虽死，南宋王朝的命运却也扭转不过来了。

"臣心一片磁铁石，不指南方不肯休"

"几日随风北海游，回从扬子大江头。臣心一片磁针石，不指南方不肯休。"这是南宋著名英雄文天祥所写的《扬子江》诗。文天祥是这么说的，也是这么做的……

南宋咸淳十年、元至元十一年（1274年），刚建国不久的元军经过五年战争，最后攻下了南宋的重镇襄樊。不久，南宋皇帝宋度宗赵禥因病而死，由三岁的宋恭帝继位，元朝乘机派出二十万人马，由左丞相伯颜统帅，水陆并进，大举进攻南宋的都城临安。

元军一路取胜，没有人能够抵挡，一直攻到临安附近。宋恭帝的祖母谢太后（太皇太后）慌忙下诏，命令各地将领发兵前来解救朝廷的危急。但只有文天祥、张世杰等人率军前来救援。

文天祥，号文山，少年时代就立志报效国家。他博览群书，二十岁时就中了进士（中国古代科举制度中，通过最后一级考试者，称为进士）。元军侵犯南宋时，文天祥屡次上书，主张抗敌，却遭到投降派的猜忌和迫害，不得不在三十七岁时就退休。后来朝廷又委派他为赣州的州官。当他看到朝廷要求救援的诏书后，立刻招募了三万人马，火速赶到临安。

当时宋恭帝还是一个年幼的孩子，朝廷大事都由他的祖母谢太后做主。谢太后见元军兵临城下，宋军又无抵挡的兵力，就派人到伯颜军营求和投降。伯颜当时是元朝的丞相，他提出只能与宋朝丞相等级的人谈判。而当时的右丞相陈宜中是个贪生怕死之辈，早已悄悄溜走，左丞相留梦炎也早就不知去向；另一位重要大臣张世杰因不同意投降，已从海上出走，另寻机会组织反攻复国。谢太后无可奈何之下，只好临时提拔了文天祥的官职，派他前往。

文天祥来到元军大营，见到伯颜后，就义正言辞地对他说道："你们元军若想消灭我大宋朝，一定不会有什么好结果，因为我们南方的广大军民一定要同你们抗争到底。"

伯颜用轻蔑的眼神看着文天祥说："你还是先管好自己吧。今天如果你不老老实实投降，只怕难有明日。"

文天祥毫不退缩地回答："我文天祥忠心为国，何惧之有！"

伯颜极为恼怒，就将文天祥囚禁起来。

不久，谢太后和宋恭帝又任命贾庆余为右丞相，前去元营求降。文天祥得知消息后，把贾庆余痛斥一顿，但南宋向元朝投降称臣已成事实。

不过，伯颜在1276年占领临安后，并没有像此前承诺的那样善待谢太后和宋恭帝，反而将他们当作俘虏押往元大都，并将文天祥也一同押去。

当一行人途经镇江时，文天祥看到元兵防备松懈，便同随从杜浒等十二人连夜逃脱。他们先到真州（今江苏仪征），后过扬州，本想联络各地宋军，抗元复国。但因为当地宋将轻信元朝的挑拨，怀疑他是元兵的奸细，都不肯接待他，他才不得不继续往南奔走。最后到温州时，文天祥听说张世杰在福州拥立赵昰为宋端宗，又赶到福州。后来他作为朝廷的大臣，积极招募人马，组织抗元，连续转战于江西、福建各地，多次打败元军，收复了不少县城。

端宗死后，张世杰、陆秀夫、文天祥等人又拥立赵昺为帝，是为宋怀宗，继续在南海一带抗敌。1278年底，元军元帅张弘范大举攻打潮州，文天祥被迫率兵转移到五坡岭（今广东海丰北）。然而由于叛徒出卖，文天祥在五坡岭做饭时，被张弘范的士兵俘获。

文天祥被押送到张弘范的大营后，元军将领要他向张弘范下跪。文天祥坚定地说："我文天祥可死，但不能跪！"

张弘范装出宽宏大量的口气说："我不杀你，杀了你倒成全了你的忠义之名。我不是狭隘之人，我对你将以礼相待。"说罢，亲自为文天祥松绑，礼敬有加。

文天祥说："既以礼待我，那就给我一把剑，我当自刎。"

1279 年正月，张弘范兵分两路向崖山开进，文天祥也被押送随行。船过珠江口外的零丁洋时，张弘范拿出纸和笔，让文天祥写信劝崖山的张世杰投降。文天祥奋笔疾书，写下了著名的《过零丁洋》：

辛苦遭逢起一经，干戈寥落四周星。

山河破碎风飘絮，身世浮沉雨打萍。

惶恐滩头说惶恐，零丁洋里叹零丁。

人生自古谁无死，留取丹心照汗青。

张弘范看到这首诗，不禁感慨道："好人好诗！"遂放弃了让文天祥招降张世杰的做法。

元至元十六年、南宋祥兴二年（1279 年）四月，忽必烈命令将文天祥押往大都。押送途中，文天祥两次自杀未成。被押送的还有宋朝官员邓光荐，他们虽为囚徒，但一路上谈诗论史，还计划着有朝一日再举义旗，驱逐元军。

文天祥到达元大都后被待为上宾，每天都有美酒佳肴款待，但文天祥只吃友人送来的食物。尔后，劝文天祥投降的人一个接着一个，但文天祥不为所动。元朝统治者见文天祥铁骨铮铮，就把他押入污秽不堪的土牢。

土牢阴暗潮湿，只有一扇矮门和小窗户，终年不透阳光。夏天又闷得透不过气来，下雨时水往屋里灌，床和小桌都泡在水中。粪便、死老鼠以及各种脏物堆在屋里，臭气熏天。

在这样的监狱里，文天祥经受着折磨，但仍坚持斗争。对他来说，生命不终止，斗争就不会停息。文天祥始终没有屈服，还写出了不少诗篇，《指南后录》第三卷、《正气歌》等气壮山河的不朽名作，都是在狱中完成的。他的诗歌是中国诗坛的一朵奇葩，以诗言志，情文并茂。

在狱中，文天祥收到女儿柳娘的来信，得知妻子和两个女儿都在元宫为奴，过着囚徒般的悲惨生活。文天祥深知元廷的暗示：只要投降，家人即可团聚。他尽管心如刀割，却不愿因妻子和女儿而丧失气节。他在写给妹妹的信中说："收柳女信，痛割肠胃。人谁无妻儿骨肉之情？

但今日已到这里，于义当死，乃是命也。奈何？奈何！……可令柳女、环女做好人，爹爹管不得。泪下哽咽。"

多次劝降无效后，元至元十九年（1282年）十二月，忽必烈在大殿上召见文天祥做最后努力："你能以对宋朝的忠心效力元朝，我就让你做元朝宰相。"

文天祥坚决回答："我是大宋宰相，宋亡，只能死，不当活！"

元世祖又问："那你愿意怎样？"

文天祥回答："但愿一死足矣！"

忽必烈见没有办法，只好叹息道："好男儿，不为我用，杀之太可惜！"于是下令立即处死文天祥。

十二月初九就义那天，行刑前忽必烈还想劝他几句，文天祥说："我不会尽弃生平而遗臭万年。"

面对上万名前来送别的百姓，文天祥从容走向刑场，向故国所在的南方拜了两拜，慷慨就义。

文天祥死后，人们在他衣服中发现几句文字："孔曰成仁，孟曰取义，唯其义尽，所以仁至。读圣贤书，所学何事？而今而后，庶几无愧。"文天祥就义时年仅四十八岁。

从出生就被家人寓意"宋朝祥瑞"的文天祥，并没有完成扭转国家命运的重任。尽管敌强我弱、困难重重，但他还是知其不可为而为之，置个人、家庭安危于不顾，临危受命，独撑大局。但历史前进的车轮是不可阻挡的，文天祥的努力注定会成为历史的影子。经历了国破、家亡、兵败、妻离、子丧等难以想象的打击和灾难后，而他仍意志坚强，百折不回，面对敌人劝降的种种诱惑，不为所动，真正做到"富贵不能淫，威武不能屈，贫贱不能移"。他留给世人的千古佳句，更是成了无数士大夫的座右铭。我们中华民族优秀传统中的这一美德——气节，因文天祥那浩然正气而益加光辉，哺育出了一代又一代仁人志士。他将永远活在人们心中。

最后的骨气

当蒙古军队的铁蹄践踏着南宋国土时，英勇不屈的南宋军民并没有被侵略者的残暴所吓倒。虽然他们知道抵抗并不能改变历史的走向，然而他们仍然义无反顾地拿起了手中的刀……

1276 年，谢太后和宋恭帝投降元朝后，元朝统治者并没有将二人视作投降"功臣"，而是将二人押解到元大都，软禁了起来。谢太后虽已年迈，体弱多病，但是仍被元军拉来拉去，到各处劝降那些还未投降的南宋臣子。在国主投降的情况下，南宋末年那些有骨气的大臣们仍然不愿投降，他们率领着部下做着顽强的抗争。

不久，元军进占建康，随即攻陷镇江，控制了江东地区，建立起稳固的南进基地。与此同时，元世祖忽必烈命阿术率军渡江，进围扬州。阿术在扬州东南的瓜洲修造楼橹，缮治战具，又在扬州城外围树栅，修筑坚固的堡垒长围，截断了宋军增援部队，又派水师堵截江面，控制了长江天险，断绝了宋军渡江南救的通道。

然而，元军虽然攻势凶猛，但攻打扬州城很久都没有攻下来。那时镇守扬州的大将是李庭芝、姜才，元军就拿来谢太后的诏书，命令他们向元朝投降。

李庭芝回答说："我只知道奉诏守城，从来没听说过要奉诏投降。"

后来，全太后（宋恭帝之母）和恭帝北上经过扬州时，元军又让全太后命令李庭芝和姜才投降。

全太后无奈，只得下诏说："现在连皇帝都已经投降了元军，你还为谁守城呢？"

使者要李庭芝和姜才接全太后的谕旨，二人也不答话，只是命令士兵放箭，当场射死了招降而来的使者，其他人都狼狈逃走了。

随后，李庭芝和姜才带 4 万人马出城袭击元军，想夺回全太后和宋恭帝。但是敌强我弱，经过激烈的战斗，没有获得成功，只好回到扬州城里。

元军主帅阿术亲自派姜才原来的好友前去劝姜才投降，姜才对这个好友说道："你怎么做我不管你，可是我宁可死掉，也不做投降的将军。"

后来，元世祖忽必烈又派人招降李庭芝。李庭芝大怒，他不仅把使者杀死，而且烧掉了元世祖的招降诏书。

元军看到李庭芝和姜才都不肯投降，还对元军如此无礼，就派大军将扬州城连着攻了几十天。

由于围困时间过长，扬州城里的粮食都吃光了，李庭芝和姜才就跟士兵一起煮牛皮等东西充饥，甚至有的士兵以死人的尸体充饥。但是，扬州军民仍然不肯投降，继续抵抗元军的进攻。直到后来，陆秀夫和张世杰拥立端宗在福州即位后，端宗急令李庭芝和姜才带兵前去保卫福州，李庭芝和姜才这才离开扬州，前往福州，却不料走到泰州的时候，被元军包围，双方经过激烈战斗，李庭芝、姜才被元军俘虏，最后为国捐躯。

扬州失陷后，元朝军队势如破竹般向福州方向逼近，没有多长时间，元军就开始进攻福州。守将陆秀夫、张世杰见福州守不住，就护卫着端宗和他的弟弟，乘上海船沿着海岸往南逃到了广东。

宋端宗身体很虚弱，受不了这种艰苦的生活，不久就病死在广东省硇州（今雷州湾中的一个小岛）。当时，福建和广东的军民都在坚决抵抗元军的进攻，而那些作了叛徒的人则受到人们的唾弃。

当元军打到兴化（今福建省莆田市）时，元朝人劝守卫兴化的宋将陈文龙投降，陈文龙也不客气，连续两次杀死元军派来招降的人。部下有人贪生怕死，劝他投降，他说："人生本来都有一死的，与其屈辱地死，还不如英勇抗敌而死。"

人们都很敬佩陈文龙。可是，后来叛徒出卖了他，他被俘后仍然没有投降，后在福州绝食死去了。他的母亲当时也被押到福州，她为儿子为国牺牲而自豪，在临死前说："我和我的儿子一块儿死去，又有什么怨恨呢！"

端宗死后，陆秀夫和张世杰拥立端宗的弟弟赵昺为帝，即宋怀宗，

继续进行抗元斗争。怀宗任命陆秀夫为左丞相，专门掌管文事；张世杰为枢密副使，专门掌管军事。可是，元军又跟着打到了广东。当时，张世杰认为硇州是个小岛，难以据守，就护卫着怀宗来到新会的崖山。

崖山与其西的汤瓶山对峙如门，阔仅里许，故称崖门，门内形成天然避风港。在张世杰看来，此处进可乘潮而战，退可据险而守，完全可以建设成一个根据地。于是，一上崖山，他就命兵士造行宫三十间，建军屋三千间，作长期据守的打算。

元军下定斩草除根的决心，对南宋小朝廷紧追不舍。祥兴二年（1279年）正月，元朝蒙古汉军都元帅张弘范从潮阳由海路到达崖山，包围了张世杰的部队。几天后，副帅、江西行省参知政事李恒，也从广州率战舰一百二十艘入海前来汇合。

张弘范包围张世杰的次日，恰是元宵佳节，在双方战舰云集的海面上，当地居民依旧举行了每年一度的海上元夕竞渡。喧闹的鼓乐，与密布的战云形成强烈反差。

只是，欢乐过后，战事依旧。

这时，包括官军与民兵，宋军大约还有二十万人，战舰至少近千艘。而张弘范所率元军是水陆共两万人，加上李恒的部队，总数估计不会超过三万人，战舰四百余艘。从崖山之战的绝对兵力对比来看，宋军并不处于劣势。

但张世杰其人，虽是宿将，却不知兵，这时的心态也是有点失常，不是做好打得赢就打、打不赢就走的两手准备，而是孤注一掷，打算与元军一决胜负。

当时有人建议他先据海口："幸而胜，国家之福；不胜，还可西走。"

他不耐烦地说："连年航海，何日是头，成败就看今日！"

张世杰决定不派战舰扼守崖门，却把千余艘战舰背山面海围成方阵，贯以大索，四周围起楼栅，一如城堞模样。宋怀宗赵昺的御船居于方阵之中。

就张世杰的布阵来说，放弃入海口的控制权，是一大失误；把千余艘战船贯以大索，更是一大失误，曹操赤壁战败就是一个活生生的例子。如今，他不但无视前车之鉴，还把同样错误犯得更大。崖山之战的结局其实已经注定了。

张世杰的战舰方阵准备了半年的干粮，但所需燃料与淡水仍来自崖山，每天派快船前往砍柴与汲水。张弘范一方面派重兵把守崖山上的淡水源，一方面派出小型哨船袭击宋军的运水船。十余天后，宋军淡水供应成了问题，士兵一饮海水就上吐下泻，战斗力大减，水战优势逐渐丧失。

元军在崖山西山头上架炮射击怀宗的御舰，但御舰张起布帷抵挡炮石，纵受炮击仍岿然不动。张弘范又派出满载柴草的小船，点火直冲宋军方阵。但宋军以泥涂舰，外缚长竿顶住火船，再用水桶浇灭火苗，使火攻不能得逞。

二月六日，乌云密布，阴风怒号，元军兵分四路，从东、南、北三面向崖山发起总攻。张世杰的方阵南北受敌，士兵都疲惫无力再战。战斗从黎明进行到黄昏，元军摧毁了宋军七艘战舰，突破了对方的防线。张世杰见水师阵脚大乱，但大索贯联，进退不得，这才下令砍断绳索，率十余艘战舰护卫杨太后（宋度宗之妻）突围。

此时已近黄昏时分，突然风雨大作，对面不辨人影。张世杰率帅船杀到外围，见怀宗的座舰被其外围的战舰壅塞阻隔在中间，自己无法接近它，便派小舟前去接应怀宗。遗憾的是，御舰上的陆秀夫唯恐小船是元军假冒，断然拒绝来人将怀宗接走。

张世杰只得率领十余艘战舰，护卫着杨太后，借着退潮的水势，杀出崖门。然而，宋军最终还是全军覆没，战船沉没，给南宋王朝画上了句号。

眼见国家灭亡已不可避免，抗元名臣陆秀夫决定以死殉国。临死之前，他决定带着年仅九岁的小皇帝一起跳海。但是他也有些担心，毕竟小皇帝年纪还小，如果他不是南宋皇室的后裔，如果他身上没有血海深仇，现如今或许应该过着非常快乐的日子吧，至少能够拥有正常小孩的童年时光，可是命运却偏偏将他推向了风口浪尖，想想真是心酸。

但是为了南宋的尊严，他还是跪倒在地，对小皇帝说："皇上，您是大宋的正统后裔，断然不可作出辱没您血统的决定……"

这句话的目的当然很明显，就是让小皇帝安心赴死。然而让陆秀夫没有想到的是，小皇帝这时候却出奇的平静，他认真地说道："爱卿，这个时候朕仍然感激上苍，在最困难的时候，朕身边还有一个忠臣，肯在这种时刻还一直陪伴朕。"

相比于小皇帝的冷静和从容，一心寻死的陆秀夫也不禁泪流满面。最后他背起皇帝，用一根绳子将两人紧紧地绑在一起，投海自尽。据说在投海之前，陆秀夫高声喊道："蒙古军啊，将来有一天，继承我们遗志的同胞，一定会征讨你们的！"

皇帝既死，不愿做亡国奴的十多万南宋军民亦相继跳海，《宋史》记载，战后有十余万具尸体浮上海面。

崖山之战是宋朝对蒙古军队作出的最后一次有组织的抵抗，十余万人投海，宁死不降，何其壮哉！

崖山之战后，宋朝户籍簿上四分之三的汉人都被屠杀。据说，当时的汉人精英要么隐居海外，要么投海自尽。

宋朝既是中国传统文化和经济、科技最发达的朝代，也是中国资本主义开始萌芽的时代。据相关专家统计，在这个时代（比如宋仁宗时期），中国的 GDP（国内生产总值）占到了全球总量的一半以上（还有一种说法是占到 80%），而人均 GDP 也赫然超过 2000 美元。

如果相关统计无误的话，那么宋代中国的经济实力在整个世界史上恐怕都是前无古人、后难有来者了。因为，即便在今天，就算是美国，在最巅峰时期，其 GDP 也只占到全球总量的 30% 左右，甚至当年号称"日不落"的英国，在 19 世纪中叶最为强盛之时，其 GDP 也未曾超过全球总量的 40%。

而且，人均 GDP 超越 2000 美元大关，就算是在西方发达国家，也只是近代工业革命之后才得以实现的，与宋朝时期的中国比，相差了好几百年。

可见，宋朝的经济实力、科学技术和文明程度在当时都是世界第一。

对于中国而言，宋朝就是一个"文艺复兴"时期。中国文化在这个时候是一种积极的、开放的文化。汉朝国强，唐朝武盛，宋朝文旺。宋朝是中国历史上最接近现代管理制度的朝代，也是中国文化最巅峰的时代。国学大师陈寅恪评价说："华夏民族之文化，历数千载之演进，而造极于赵宋之世。后渐衰微，终必复振。"

相比历朝历代，应当说，在对于百姓的统治上，显然宋朝更加开明、开放，也更加人性化。这在中国历史上实属罕见。不管是"刑不上大夫"，还是对平民百姓的各种福利制度，都让我们看到了"人性化"这三个闪光的大字。对于普通的百姓来说，还有什么比这更好的呢？当然，也正是由于宋朝统治者的开明、开放和人性化管理，才有崖山之战后十余万人的生死相随。想想看，在古代中国，无论是强汉、盛唐，抑或别的什么朝代，也无论这个朝代出过多少所谓的"千古一帝"或是干过什么开疆拓土的大业，当它面临灭亡时，有几个百姓会生死相随呢？恐怕连拍手称快都嫌来不及呢！

难怪有人感叹说，如果南宋没有灭亡，那今天的中国又会是一番什么样的景象呢？

可惜，历史不容假设。

第八章　堕入万劫不复的深渊

第九章　悠悠大宋的世俗百态

中国历史上唯一的"金婚皇后"

在中国漫长的历史长河里，有个女人不仅战胜了皇帝身边所有的女人，而且还牢牢地抓住了皇帝的心，和皇帝一起走过了五十多年的人生岁月，成就了一段"金婚"奇缘……

有人说，古代的皇后不是身份和地位的象征，而是一份"职业"，还是最危险的职业。这种看法不无道理。

打个比方，如果说皇帝的职业是终身制（事实上历代皇帝多是如此），那身为"第一夫人"的皇后就是"聘用制"的。俗话说"伴君如伴虎"，她们的压力可想而知，面对"叫你三更死，绝活不过五更"的皇帝，她们不仅要和天下所有的女人竞争，还要时刻应付着反复无常的丈夫。历史上当然也有皇后将皇帝玩弄于股掌之间者，慈禧就是个例子，但这种情况毕竟凤毛麟角。几千年的封建社会，产生了无数有名和无名的皇后，但像慈禧这样的女人有几个呢？

所以，对于一个皇后来说，她们的职业可谓如履薄冰。要熬成"金婚皇后"，那就实在是"难于上青天"。但是，在漫长的历史长河里，有个女人不仅稳固地抓住了皇帝的心，还和皇帝一起度过了五十多年，用现在的话说，就是他们浪漫地度过了金婚岁月。这个皇后，就是宋高宗赵构的皇后吴氏。

吴氏出生于北宋政和四年（1114 年），名芍芬，现今河南开封人，

宋高宗赵构的第二位皇后。相传吴氏的父亲吴近在女儿降生之前，曾梦到一亭，亭子两旁遍种芍药，万绿丛中一朵红花，亭子的匾额上有"侍康"二字。吴近从梦中醒来，不知是何预兆。后来，十四岁的吴氏被选入宫，侍奉高宗赵构时，方才明白"侍康"的梦兆（赵构即位前为康王）。

吴氏虽肖貌一般，但文武双全，胆识过人。在赵构南渡建立南宋时，吴氏一直穿戴盔甲陪伴在他左右，甚至还为赵构摆平过宫廷卫士兵变这类大事，令赵构大为感动。

南宋政权建立不久，金国便于南宋建炎三年（1129 年）再次发动了大规模入侵。这时候的赵构根基不稳，面对金兵的入侵，他只能到处流亡，甚至还写信给金兵的统帅，请求给予怜悯。

作为妃嫔的吴氏始终伴随在赵构的身边，不离不弃。而吴氏的行为也感动了赵构，因此在从定海转赴昌国的路上，赵构封她为和义郡夫人，到了越州的时候又封她为才人。没过多久，她又被封为贵妃。贵妃相比于皇后，只低了一个级别，如此看来，吴氏的晋升之路还是颇为顺畅和迅速的。

那么，赵构为何不将吴氏直接封为皇后呢？这其中有个原因，就是他的原配邢秉懿在靖康之变后仍然被金兵控为阶下囚。

虽然说赵构贵为皇帝，没有多大的作为，但作为丈夫，他还是比较称职的。邢秉懿被俘到金国后，受到了非人的待遇。据说，当时她已经怀有身孕，但在押往金国的途中不小心流产了。赵构在江南建立南宋政权后，金国朝廷为了羞辱和打击赵构，将邢秉懿以及赵构的生母韦贤妃等，都送到官营充当官妓。

赵构希望和邢秉懿能早日相聚，这是他未封吴氏为皇后的一个重要原因。不过，邢秉懿没等到和赵构重逢的那一天，就于绍兴九年（1139 年）去世了。直到三年后，赵构迎回生母韦贤妃时，才得知邢秉懿已死。此时，皇后之位已闲置了十六年之久。

邢秉懿的死对于赵构来说是个巨大的打击，因为思念发妻，赵构茶饭不思，甚至辍朝数日。他对邢秉懿的感情，也从来没在吴氏面前

有所掩饰，但吴氏并没有争风吃醋，相反，还对归来的韦太后孝顺有加，亲自伺候其起居，恪尽孝道。吴氏的行为不仅感动了赵构，也感动了韦太后。在韦太后的劝慰下，绍兴十三年（1143 年），吴氏终于被正式册立为皇后。

绍兴三十二年（1162 年），赵构禅位于宋孝宗，吴氏被尊为寿圣太上皇后。吴氏一生，经历高、孝、光、宁四朝，在后位（含太后）长达五十五年，是中国历史上在位时间最长的皇后之一。而她也和赵构携手走完了五十九年的人生，成为中国历史上唯一的"金婚皇后"，创造了中国皇室婚姻史上的一个奇迹。

大难临头各自飞的李清照夫妇

十八岁时，李清照与赵明诚结婚。婚后，夫妻二人情投意合，如胶似漆，共同谱写了一曲爱之颂歌。然而，二人的感情真有那么美妙吗？还是让事实说话吧……

李清照（1084—1155），号易安居士，宋代女词人，婉约词派代表，有"千古第一才女"之称。

李清照出身名门。父亲李格非知书善文，工于辞章，精通经史，颇负盛名。母亲是当代状元王拱宸的孙女，知书能文，很有文学修养。

在家庭的熏陶下，李清照小小年纪便文采出众，对诗、词、散文、书法、绘画、音乐，无不通晓，而以词的成就最高。

关于李清照的相貌，历来说法不一。有人说她有才无貌，有人说她才貌双全。那么，号称"千古第一才女"的李清照究竟长什么样呢？

对此，史书没有明确记载，但可以推测一二：第一，从遗传学角度来看，李清照的长相不应该是"恐龙""鳄鱼"之类，因为《宋史》说她的父亲李格非"俊警异甚"，长相非常英俊，是个大帅哥。从遗传学的角度讲，女儿的长相大多偏向父亲，而史书也从未说起其母长相丑陋之类的内容。因此，从这个角度上说，李清照的长相无论偏向哪一方，都应该是个大美女。

还有，李清照出生不久，李格非就开始官运亨通，应酬很多，来往交际的都是当时的一些名士才子。女儿从小就很聪明，诗文歌赋无所不通，出口成章，李格非很为这个女儿感到骄傲，所以，他和朋友们之间的交游唱和就常常带上小清照，让她从小接受良好的文化熏陶。这些个名士才子哪个不是"审美"高手？如果李清照仅仅是聪明伶俐，长相却很对不住观众，李格非敢把这个小"恐龙"带出去到处招摇？就凭这，也可以想象李清照就算不是个绝色美女，至少也是个非同一般的美女。

此外，李清照自己的词中也曾经写过：

卖花担上，买得一枝春欲放。

泪染轻匀，犹带彤霞晓露痕。

怕郎猜道，奴面不如花面好。

云鬓斜簪，徒要教郎比并看。

这首词写的应该是她结婚以后的事情。意译过来就是，春天的花开得多漂亮啊，鲜红鲜红的，还带着清晨的露珠，李清照忍不住买了一枝最漂亮的来插在头发上。女为悦己者容啊，戴花当然是给她的丈夫看了。怕丈夫说自己还不如花好看呢，就故意把鲜花斜斜地插在云鬓上，在老公面前扭过来晃过去，一定要老公说说看：到底是老婆漂亮，还是花儿漂亮？虽然词里面没有说丈夫怎么回答她的，但是完全可以想象得出，李清照对自己的美貌那是相当有自信的。

如此多才多艺且美貌的官家小姐自然有许多人追求。不过，李清照独倾心于赵明诚。

赵明诚（1081—1129），字德甫（或德父），宋徽宗崇宁年间宰相赵挺之的第三子，著名金石学家、文物收藏鉴赏大家及古文字研究家。

有史料记载，有一天，赵明诚与李清照的从兄李迥外出游玩，在元宵节相国寺赏花灯时与李清照相识。赵明诚早就读过李清照的诗词，本已赞赏不已，此时一见，便产生了爱慕之意。赵明诚回去后，便以"言

与司合，安上已脱，芝芙草拔"的字谜方式，委婉地向父亲赵挺之谈及此事。父亲恍然大悟，便派人去向李家提亲。很快，李清照便与赵明诚结为夫妻。这时的李清照刚满十八岁。

婚后，夫妻二人感情融洽，志趣相投，互相切磋诗词文章，共同研砥钟鼎碑石，经常会有新奇感悟和发现。虽然当时夫妻两人家境都较宽裕，但是为了搜集名人书画和古董漆器，他们居然"食去重肉，衣去重彩，首无明珠翡翠之饰，室无涂金刺绣之具，"每逢初一和十五，夫妻两人总要到相国寺一带的市场上去寻访金石书画，然后倾囊买回家里。如此几年，积少成多，他们的书斋"归来堂"，单是钟鼎碑碣之文书就有两千卷之多。

在赵明诚编纂《金石录》的时候，李清照给予丈夫全力支持，凭借广博的见识，出众的记忆力，每当丈夫对材料出处有所遗忘或疑惑时，李清照总能很快说出出处。长此以往，夫妻之间就以谁说得准、说得快决胜负，确定饮茶先后，胜者往往举杯大笑，致使茶倾覆在衣衫上，反而喝不上。在那段日子里，他们相互鼓励，乐在其中。

相传有这样一个故事：

中秋佳节，赵明诚的好友陆德夫等人来访。陆德夫向李清照施过礼后，转身笑问赵明诚："赵兄，近日又有几首佳作，能否拿出与大家共享？"

赵明诚将夹有李清照填好词的十几篇近作递给好友们，大家传换阅读，吟咏品味。

忽然，只听陆德夫拍案叫道："好一首《醉花阴》，真可谓千古绝唱。"

众人也都齐声叫好，纷纷评论说："《醉花阴》果然是上乘之作，特别是'莫道不消魂，帘卷西风，人比黄花瘦'三句更是绝妙之极。"

赵明诚又是高兴，又是惭愧，只好承认这一阕实为夫人所作，并当着众人的面拜夫人为师。

在爱情的感召下，李清照文思泉涌，一首首佳作纷至沓来，她的诗词创作进入成熟期，并形成了情景相生、形神俱似、体物超妙、绝尘去俗的独特风格。就这样，他们在互相激励与学习的日子里，共同度过了一段美好的时光。

然而，美好的日子总是不那么容易长久，他们的婚姻也远未如后人所描述的那般令人艳羡。

根据《宋史》的记载，南宋赵构建炎三年（1129 年），时任江宁知府的赵明诚获悉御营统制官王亦阴谋叛乱，遂弃城逃跑，连恩爱了二十七年的老婆李清照也没顾上带走，令其差点儿做了叛军的俘虏。

也许有人会怀疑赵明诚怎么会做出这种不齿的事情呢？

实际上，赵明诚其人是典型的"高干子弟"，纨绔劣迹不少。夫妻二人的性格也相差较大。

赵明诚懦弱而好声色犬马，李清照则自视极高。表面看是两人性格互补，其实不然。李清照和大多数女人一样，"嫁鸡随鸡"，对丈夫满怀柔情，但赵明诚就难说了。

崇宁四年（1105 年）十月，赵明诚做了鸿胪少卿，需要下基层"挂职锻炼"，李清照饱尝相思之苦，写了许多名词佳作寄给丈夫。这些佳作字里行间诉尽了为人妻的满腔柔情和秋闺的寂寞。而赵明诚呢，据说前前后后虽然写了五十首词回寄给李清照，但这些词稀松平常，毫无才气可言。要知道，赵明诚是家学渊源的太学生，要说没有才气恐无人能信，唯一的解释就是他在敷衍老婆，没有用心去写。

大观元年（1107 年）三月，赵明诚的父亲去世，他本人遭到蔡京的诬陷，李清照劝赵明诚上表申诉，可赵明诚哪敢做这种事，慌忙举家迁出京城，到青州（今山东省青州市）避难去了。

以此可见，李清照对丈夫的爱是基于婚姻的约束，在气节和才华方面，她是瞧不起赵明诚的。而赵明诚心里也很清楚，新婚后的甜蜜早已在二人的性格迥异中烟消云散了。

二人此后在青州生活了十年，这期间过得也并不幸福，赵明诚生活在妻子的光环里心情一直十分压抑，他把时间和精力几乎都消磨在了金石、字画和古玩上，因祸得福，竟完成了《金石录》的写作。此时的李清照已经觉察到丈夫在情感上的变化，但她一如既往地帮助丈夫勘校文

稿、整理题签，希望唤回丈夫的心，其委曲求全的心态在其时词作里多有出现。比如：

寂寞深闺，柔肠一寸愁千缕。

惜春春去，几点催花雨。

倚遍阑干，只是无情绪！人何处？

连天衰草，望断归来路。

这首《点绛唇》就是当时生活的写照。

这期间，李清照还写过一篇《词论》，提出词"别是一家"的说法。李清照在这篇文章中，对苏轼、欧阳修、曾巩、黄庭坚、柳永等多有批判，着实得罪了不少人，受到广泛非议。要知道，苏轼、欧阳修等既是当时的文坛领袖，也是政治精英，他们的徒子徒孙充斥朝野，李清照这么做，无疑为赵明诚带来极大的政治风险。可以说，《词论》一出，赵明诚休妻之心顿起。靖康二年（1127年）三月，赵明诚去江宁奔母丧，李清照作为正妻，却未能随行，说明此时二人的感情已经彻底完了，只不过赵明诚碍于诸多原因不便写休书罢了（李清照的父亲是苏轼的学生，与得势的朝廷保守派颇有渊源，赵明诚不便再去得罪老岳父）

还未等到赵明诚守孝期满，囿于当时的政治形势，南宋朝廷起用赵明诚做江宁知府。赵明诚虽然把李清照接到了江宁，但夫妻感情并未由此得到改变。如前所述，不到一年工夫，就发生了王亦的叛乱，"夫妻本是同林鸟，大难临头各自飞"。赵明诚真的自己跑了，让李清照险些成了王亦的战利品。经此一事，李清照对赵明诚仅有的一点爱意也就荡然无存了。

李清照在逃亡途中，行至乌江时写下有名的《夏日绝句》：

生当作人杰，死亦为鬼雄。

至今思项羽，不肯过江东。

这首词赞项羽讽丈夫。赵明诚自感羞愧，心情郁郁，后死于上任湖州知事途中。

寡居的李清照在孤寂之时，遇到了张汝舟（一作张汝州）。张汝舟对李清照百般示好，无依无靠的李清照便顶着世俗之风嫁给了张汝舟。

　　不过，后人对李清照的再嫁持怀疑态度。这主要缘于以下几个原因：一是当时李清照已年近六十，似无改嫁的可能；二是官宦出身的妇女，是不允许改嫁的；三是赵明诚的表甥，在《四六谈麈》一书中未提及李清照改嫁之事，仍称之为"赵内人李"；四是李清照晚年曾自称"嫠妇"，意即寡妇，若改嫁又离婚，她怎敢以此自称？此外，还有另外一些别的理由。

　　上述理由看似充分，但仍有人坚持改嫁之说，理由也很充分：首先，同时代的胡仔、洪适等在各自的书中记录了李清照改嫁之事。胡仔撰著的《苕溪渔隐丛话》成于湖州，洪适撰著的《隶释》成于越州，离李清照所处之地并非远隔万里，可信度较高，且这些著作成书时，李清照尚健在，难道这些学者能在人生前造谣？

　　其次，赵明诚的表甥之所以在自己的书中仍称李清照为"赵内人李"，有可能是不忍心提起旧事，也有可能是为了维护赵明诚的"面子"。

　　再次，宋代妇女改嫁极为平常。关于这点，不妨多说几句。如果我们以为古代只有丈夫单方面的"休妻"，而没有双方都同意的离婚，那就错了。其实古代也有离婚，法律上叫"和离"。在宋代，和离并不是什么稀罕事，妇女主动提出离婚的诉讼也不鲜见，以致宋人应俊感慨地说："为妇人者视夫家如过传舍，偶然而合，忽尔而离。"

　　我们不妨来看几则宋代的离婚案例。

　　其一，庞元英《谈薮》记载："曹然待郎妻硕人厉氏，余姚大族女，始嫁四明曹秀才，与夫不相得，仳离而归，乃适咏。"这是因夫妻感情不和（不相得）而离的婚。

　　其二，一本叫《师友谈记》的书记载："章元弼顷娶中表陈氏，甚端丽。元弼貌寝陋，嗜学。初，《眉山集》有雕本，元弼得之也，观忘寐。陈氏有言，遂求去，元弼出之。"这是妻子因为丈夫长得丑，而且冷落了自己而提出离婚。

　　其三，洪迈《夷坚志》记载：唐州有个叫王八郎的富商，在外面有

了女人，嫌弃结发妻子。妻子"执夫袂，走诣县，县听仳离而中分其赀产。王欲取幼女，妻诉曰：'夫无状，弃妇嬖倡，此女若随之，必流落矣。'县宰义之，遂得女而出居于别村"。妻子拉着丈夫到公堂闹离婚，法官准离，并判妻子可分得一半家产，获得女儿的抚养权。

其实，宋朝的法律不但允许妇女离婚，而且还保护妇女主诉离婚的部分权利，如"不逞之民娶妻，给取其财而亡，妻不能自给者，自今即许改适"。意思是说：丈夫若没有能力赡养妻子，妻子有权利离婚；"夫出外三年不归，听妻改嫁"，丈夫离家三年未归，妻子也有权利离婚；"被夫同居亲属强奸，虽未成，而妻愿离者，听"，妻子被夫家亲属性侵犯，也有权利提出离婚。这是前所未有的法律对女性离婚权的承认。

不过古代毕竟是男权社会，离婚需要丈夫写一道"放妻书"，作为法律上的凭证。两宋时期的"放妻书"通常写得非常温文尔雅。下面来看一道敦煌出土的"放妻书"：

盖闻伉俪情深，夫妇语义重，幽怀合卺之欢，念同牢之乐。夫妻相对，恰似鸳鸯，双飞并膝，花颜共坐，两德之美，恩爱极重，二体一心。共同床枕于寝间，死同棺椁于坟下，三载结缘，则夫妇相和。三年有怨，则来仇隙。今已不和，想是前世怨家。反目生怨，作为后代增嫉，缘业不遂，见此分离。聚会二亲，以求一别，所有物色书之。相隔之后，更选重官双职之夫，弄影庭前，美逞琴瑟合韵之态。械恐舍结，更莫相谈，千万永辞，布施欢喜。三年衣粮，便献柔仪。伏愿娘子千秋万岁。

时×年×月×日×乡百姓×甲放妻书一道。

这不是某一个读书人写的"放妻书"，而是流行于敦煌一带民间通用的"放妻书"样本，有点类似于今天的格式合同。夫妻好聚好散，相离不出恶声，正是文明的表现。

综上所述，在离婚较为自由的宋代，李清照改嫁之事应当是真实的。后人之所以否定李清照改嫁之事，多是因为宋明以后的卫道士们，不能接受一代才女没有从一而终的事实，从而拼命掩饰、否认她的改嫁。

至于李清照晚年曾自称"嫠妇"，则与她改嫁后的遭遇有关。原来，当初张汝舟之所以讨好李清照，是为了贪求她的财产。但婚后，二人发现自己都受到了欺骗：张汝舟发现李清照并没有自己预想中的家财万贯，而李清照也发现了张汝舟的虚情假意，甚至到后来的拳脚相加。

再之后，李清照发现张汝舟有"妄增举数"之举。何谓"妄增举数"？宋朝有规定，举子考到一定次数，取得相应的资格，就可以给你官做。但是，张汝舟说了谎话，谎报了考试的次数，"填表"时弄虚作假。早就受够了张汝舟的李清照即以此为由状告张汝舟欺君。最终，张汝舟被削去官职，流放外地。

根据宋朝法律的规定，妻子告发丈夫，即使印证丈夫有罪，妻子也要同受牢狱之苦。李清照入狱后，由于家人收买了狱卒，入狱九天便被释放，这段不到百天的婚姻就此结束。

李清照晚年自称"嫠妇"，恐怕更多是因为自己在情感上不愿承认张汝舟是自己第二任丈夫的缘故。

此后，目睹了国破家亡的李清照在"寻寻觅觅、冷冷清清、凄凄惨惨戚戚"中度过了自己的晚年。多年的背井离乡，她那颗已经残碎的心，又因她的改嫁问题而遭到士大夫阶层的大力攻击，受到了更严重的残害。她无依无靠，呼告无门，贫困忧苦，流徙漂泊，最后寂寞地死在江南，留给后人无穷的感叹。

源自宋代的"走后门"

今天，人们总是把那些通过不正当手段来谋求利益的行为，叫"走后门"。其实这种说法就来源于宋代，而且据说还跟宋王朝的开国皇帝赵匡胤有关……

"走后门"是日常生活中大家经常听到的一句俗语。实际上，"走后门"一词首先来自"开后门"，所谓"开后门"，原指在房屋的两侧或后面开一些小门，以方便人的出入。从这些新开的小门出入就被称作"开

后门"。可见，"走后门""开后门"原本都是指生活中的一些平常行为，并无其他含义。那么，这句话后来怎么"变味"了呢？

有人考证说，这跟宋朝的两则故事有关。

一则故事说，北宋年间，有一次，宰相蔡京和众大臣一起看戏，这时，来了一个和尚，要求离开京城，到外地出游，因为他手中的戒牒是先皇哲宗颁发的，蔡京便下令让他还俗。

随后，又来了一位道士，说自己遗失了度牒，要求官府补发，因为他也是在哲宗年间出家修行的，结果又被蔡京判为立刻剥下道袍，恢复百姓身份。

紧接着，一个下属走上前，在蔡京耳边低声说："刚才有人给您送了一千贯钱，都是先皇时期的旧钱，如何处置？"

蔡京略做沉思，悄悄地说："那就走后门，从后门搬进来吧。"

自此以后，凡是给官府送礼送钱的，均走后门。"走后门"一说便就这样传了下来。

还有一则故事说，大宋朝的开国皇帝赵匡胤是个有情有义又放荡不羁的人，他年轻时常进赌场、逛柳巷。某一年，他结识了一个花容月貌的妓女韩素梅。这韩素梅虽说是个青楼女子，却也颇有见识。她认定赵匡胤日后定成大器，跟他情投意合，非常要好。

一天，韩素梅情真意切地对赵匡胤说："奴家看你很有才气，日后定成大器，说不定能登龙位。将来一定不能忘了小妹哟。"

赵匡胤也情真意切地回答说："他日我若当了皇帝，定封你为娘娘贵妃！"

后来，赵匡胤果真当了大宋开国皇上。想起当年对韩素梅的承诺，欲把她接进宫，可又觉不妥："我已是一朝君主，怎么能娶个妓女，众大臣岂能赞成……"

不料，韩素梅和他哥哥韩龙听说赵匡胤当了皇上，连夜进京找上门来。赵匡胤是条汉子，不想食言。他担心韩家兄妹从皇宫正门进来，会招到文武大臣议论，就让内监从皇宫后门悄悄把他俩领进来。不久，他找机会把韩素梅封为西宫娘娘，韩龙也成了国舅。

因韩家兄妹是从后门进宫的，后人就把这种不正当的办事手段，叫作"走后门"。

当然，上述说法是否确切，还有待进一步的考证。但无论如何，"走后门"的这种作为都是"下三滥"的，是败坏社会风气的罪魁祸首，理当受到抵制。

"剩男剩女"遍地行

"剩男剩女"，又称大龄单身青年男女，通常指已经过了社会一般所认为的适婚年龄，但是仍然未结婚的人士。在今天，由于多种多样的原因，"剩男剩女"的群体日益壮大。然而许多人不知道的是，在宋朝，其实"剩男剩女"也很流行……

在今天，人们对大龄单身男女青年各有一个可爱的称呼——剩男、剩女。这些人因为各种各样的原因就是没有结婚，而且数量和影响还在一天天壮大，终于在 2007 年 8 月，"剩男剩女"被教育部列入一百七十一个汉语新词中。

其实，词语虽新，其义却旧。因为早在一千多年前的两宋时期，就已经是剩男铺天盖地，剩女漫山遍野了。

陆游的《家世旧闻》里记载：

尝闻邻家女，及笄不思春。

未知世间事，花谢本无痕。

女子"及笄之年"是十五岁，到了这个年纪还不考虑出阁，连陆游也看不过去了：当真要等到花儿都谢了吗？

稍微有些历史常识的人都知道，古代为加快人口繁衍速度，解决人均寿命短、人口总量不足的社会弊端，人们通常采用早婚早育的婚姻模式来加以平衡，男子一般在十四五岁、女子一般在十二三岁，就开始考

虑婚嫁了。在宋代，虽然男女婚嫁年龄平均推迟到十七八岁，但这还是应该属于早婚吧？那为什么还会出现那么多"剩男剩女"呢？难道那时的人们没有朝廷的大力号召，也都很自觉地晚婚晚育吗？

应当说，这种可能性也不是没有。

宋人姚宽在《西溪丛话》里有这样一段有趣的记载："时人适龄而未婚者，非王家女也。乃东床无婿乎？则斯人也，得其所好矣。所好者，开风气之先也。"想来这位王家小姐并非找不到婆家，而是她自己压根就不想找，她想做晚婚晚育的时代"弄潮儿"。

可见，在一些宋人的思想里，确也有晚婚的想法，这也从侧面反映了宋朝的先进与文明。

但是，这种"开风气之先"的人毕竟不是普遍现象，那么究竟是什么原因造成了宋朝"剩男剩女"的广泛存在呢？

细说起来，其实最主要的还是科举制度惹的祸。

前文早已述及，两宋时期是一个重文轻武的时代，宋真宗有首诗就写道：

富家不用卖良田，书中自有千钟粟；

安房不用架高梁，书中自有黄金屋；

娶妻莫恨无良媒，书中自有颜如玉；

出门莫恨无随人，书中车马多如簇；

男儿欲遂平生志，六经勤向窗前读。

归结大意便是在大宋朝，最有前途的职业不是行贾的商人或其他，而是读书的文化人。其原因在前文早有描述。

总之，有宋一代大量起用文官，为了安抚这些文官，更是不惜血本地施行了高薪养廉的政策，将官员的工资提到了任何一个朝代都无法企及的境界。

宋代文官不但工资丰厚，逢年过节还会发福利，遇到特殊的日子还有额外的奖金。不仅如此，但凡官员犯点错误，那也是能免就免，从轻发落。宋朝对官员的纵容程度和它的工资制度一样让人叹为观止。

没有严厉的监督惩罚体系，宋朝官员就算是贪污受贿，犯罪以后，也可以钻法律的空子，逃脱惩罚。例如地方官员的调任就十分方便，只要向上级上一道疏表，基本都会被批准。所以，在一个地方的政绩有了污点，官员便调到另一个地方，而且那时的官员数量十分庞大，常常是一个官位有两三个人同时担任。

官员的生活如此安逸，天下的男人自然向往，于是读书便成了宋朝的一大热潮。不论是耕田的农夫还是茶馆的伙计，个个都悬梁刺股，发奋读书，一心要考取功名，入朝做官。

古语有云："先成家，后立业。"这些怀揣着伟大理想的男人们自然是想功成名就之后再娶妻生子。况且，功成名就之后，有什么样的妻子娶不到呢？所以，他们宁愿独身，忍受寒窗苦读的寂寞，也不放弃目标。但可惜的是，宋朝的官位再多，也是有限的，能通过科考的人毕竟是少数，许多人头年不中，便一年两年三年……年复一年地考下去，如此便造成了许多男人中年未娶。

男人如此，女人又岂甘落后。

所谓"男怕入错行，女怕嫁错郎"，为了后半生能安稳无忧，锦衣玉食，女人们当然要对自己的夫婿千挑万选，既然当官那么吃香，她们自然是要当官太太了。

因此，每到放榜的日子，有钱有势的人家便纷纷出动"择婿车"，去发榜的地点选择乘龙快婿，但凡榜上有名者，十之八九会被这些人家选中。而那些没有抢到的也不放弃，来年再接再厉，于是，等来等去，一批剩女也就这样等出来了。

当然，另外一个原因也不容忽视。那就是，除了官位的货源奇缺、供不应求之外，便是当时婚娶费用非常高。宋朝的商品经济日益发达，整个社会逐渐形成了一股攀比奢华的不良风气。时人记载："风俗奢靡，日甚一日"。很多人家为了撑场面，就算借钱也要将婚宴办得风光无比，将婚房布置得美轮美奂，让嫁妆多多益善……如此一来，许多银两不够的家庭自然也就会出现"剩男剩女"了。

防不胜防的宋代伪钞

一提起伪钞，人们总是深恶痛绝，因为它侵害了人们的切身利益。同时，人们也认为这是今天科技高度发展的产物。其实不然，早在中国宋朝时期，伪钞就已经出现……

我们知道，北宋的交子是世界上最早使用的纸币，此外宋朝还有钱引、会子、关子等各类纸币。与今天世界上流行的包括人民币在内的所有纸币一样，宋朝的这些纸币也已经开始使用防伪技术。然而，正所谓防不胜防，类似今天的伪钞问题在宋朝时期也还是出现了。

北宋仁宗时期，益州路转运使认为不法分子时常伪造交子，打算废弃交子的流通。监交子务孙甫反对说："交子可以伪造，铁钱可以私铸，有犯私铸，钱可废乎？但严治之，不当以小害废大利。"

虽然益州路转运使的话说得让人有"因噎废食"的感觉，但从他的话里，我们能看出，当时伪造纸币的问题肯定已经非常严重了，否则他不会说出如此的狠话。

面对伪钞的横行，北宋朝廷采取了许多措施来对其进行防范和打击，使得伪钞的流行在一定程度上得到了遏制。

到了南宋初期，由于社会动荡，伪造纸币的现象又出现了。《宋史》记载，南宋初年的四川有个五十人犯罪团伙，专门印制假钞，后来被发现并逮捕，查出假币三十万张，每张面额最高千贯，最低十贯，而经他们之手印制的大量假币已经进入市场流通了。此团伙所造伪币的规模，真可谓骇人听闻。更有意思的是，这个五十人的犯罪团伙，本来已经判了死罪，负责审判他们的宣抚使张浚突发奇想，既然他们能造假币，肯定也能造真币，干脆让他们进印钞厂当技工算了！这就像传说中的电脑黑客，虽然犯了大案子，却因技术过硬而被高薪聘请为网络安全员。

《宋史》还记载说，南宋有一个名叫胡子远的县令，在当时也是盛名一时的才子，他与很多文人交好，是著名词人范成大的故友。胡子远出生于一个富贵家庭，家世很好。据说，在他出生的时候，家里已经拥有几千亩地、几百间房产，是一个很富有的家庭。这样的一个大地主家庭，需要经常与佃户和房客打交道，在手中流通的钱也不是小数目。

然而，有一天，胡子远的父亲在盘账的时候，发现自己手中的钱有5000贯假钞。当时的5000贯按购买力计算差不多相当于现在的90万元人民币（南宋初期一石米约为今日59.2公斤，米价为每石2贯左右，今日米价以每公斤6元算），是一笔很大的数目。胡家得知这一消息，马上傻眼了。

在外做官的胡子远听说这件事后，既心疼，又生气，马上给老家的官员写信，准备把那些用假钞交租的房客和佃户狠狠地教训一顿。胡老先生宅心仁厚，给挡住了，说这些人都是穷苦人，你一追究，他们以后的日子更没法过，反正咱家有的是钱，犯不上为这些钱而大动干戈。既然是假币，就一把火烧掉吧。

不巧，有做假钞生意的人听说了这件事情，决定收购这5000贯假钞。这个人找到胡老先生，表明来意，并且对老先生说："这些假钱放在您的手中，就是一堆废纸，但是这些钱到了我的手中，我能将这笔钱花出去。"

胡老先生一口回绝："我已经被假钞坑了，怎么能让它们流到市场上再坑别人呢？"然后当着那个人的面，一把火烧掉了那些假钞。

南宋时还有一个著名案例：有个雕版刻字的工匠，技艺精湛，名叫蒋辉。他在淳熙四年（1177年）因参与伪造纸币被捕，事后被发配到台州。台州官府正准备雕版印刷书籍，就让他参加雕刻。蒋辉为官府干活，技术又好，所以官吏对他的管制逐渐放宽。三年后，他在回乡（婺州）探亲期间又偷偷与人合伙伪造纸币。

不久蒋辉在婺州伪造纸币的事被查出。婺州官府派人捉拿了蒋辉。蒋辉伪造纸币的活动至此才告终结。

面对层出不穷的假钞事件，宋朝朝廷在防伪上面想了很多办法，当时的防伪标识主要有三种：印刷纸币的纸、纸币上的图案和画押。

　　宋朝时制作纸币的纸张与我们平时见到的纸张不同，这种纸是以楮树的皮秘制而成的，树皮则被送到专门造纸的抄纸院。这种纸制作方法是严禁外流的，官府会给造纸工人很高的待遇，同时限制人身自由，以防止纸币的制作方式流传出去。

　　宋代纸币上的图案有很多花样，花纹散布在纸币的四周，中间是政府的红头文件，或者是一段历史故事。

　　画押在设计的时候有专门种类，很多画押是一种类似于文字的东西，有些就跟现代明星的签名似的，喜欢的人认为那是书法，不喜欢的人认为那是鬼画桃符，总之，就是与众不同。

　　特殊的纸张，复杂的图案，再加上个性的花押，使得宋朝纸币很难被印假钞者模仿。

　　当然，很难模仿不等于不能模仿，否则就没有前面讲述的那些故事了。